지은이 **최중화**

유대학을 공부하고
대역사로 석사학위를,
로 박사학위를 받았다.
지금은 부산장신대학교 교수로 브리어, 이스라엘 역사,
구약성경, 성경 난제, 성경해석학 등을 가르친다.
저서로 네덜란드 레이든의 국제학술출판사 브릴(Brill)에서 출판된
Jewish Leadership in Roman Palestine from 70 C.E.
to 135 C.E. (2013)가 있고,
주요 논문으로 「이사야 10:34과 유대 대반란의 메시아 사상」
「역사로 읽는 랍비문학, 어떻게 읽을 것인가?:
m. Yad. 3:5를 중심으로」 등이 있다.

미쉬나 길라잡이

이 책을
나의 스승이자 작은아버지이신
최창모 교수님께 바칩니다.

미쉬나의 세계로 독자들을 초대하며

• 책을 펴내면서

유대인은 여러모로 특별한 민족이다. 기원후 70년 로마에 의해 예루살렘 성전이 파괴되고, 나라 없이 전 세계로 흩어진 지 2000년이 지난 지금도 유대인으로서의 강한 민족 정체성을 지니고 있다는 것이 놀랍다. 더구나 2000년 만에 실제로 유대인을 위한 국가가 탄생했다는 사실이 경이롭다.

유대인이 정체성을 지킬 수 있었던 이유는 크게 일반화하면 종교적·문화적 이유 때문일 것이다. 제2차 성전시대 말부터 성경의 법이 유대법으로 구체화되었고, 유대법을 중시하는 문화적·사회적 분위기가 중세에도 유대인 정체성의 바탕이 되었다. 이런 의미에서 성경의 법이 유대법 형태로 집대성된 최초의 유대법전인 『미쉬나』는 유대인의 정체성과 유대교의 뿌리라 할 수 있다.

한국 독자들에게 『미쉬나』는 낯선 책이다. 하지만 아이러니하게도 『미쉬나』의 주석서인 『탈무드』는 무척 친숙하다. 이는 아마 『탈무드』의 '아가다'만 가려 뽑아 이야기로 만들어놓은 책들이 우후죽순으로 국내에 소개되었기 때문일 것이다. 단적으로 그와 관련된 서적들이 서점의 '지혜와 처세' 코너를 차지하고 있는 것만 봐도 『미쉬나』와

『탈무드』가 얼마나 오해받고 있는지 알 수 있다. 이제 『미쉬나』를 한국 독자들에게 제대로 소개하는 책이 필요할 때가 되었다.

『미쉬나』는 크게 세 부류의 사람들에게 의미가 있으리라 생각한다. 첫째, 종교로서 유대교를 깊이 이해하고 싶은 사람들이다. 일단 『성경』을 읽고 『미쉬나』를 알아야 유대교의 근간인 『탈무드』로 들어갈 수 있다. 『탈무드』를 따라가다 보면 중세 유대교와 현대 유대교로 자연스럽게 인도된다. 둘째, 로마 역사를 공부하는 연구자들이다. 『미쉬나』는 로마가 지중해 동쪽을 다스리던 시기에 집대성되었다. 따라서 동시대의 역사를 재구성하기 위한 사료로서도 중요한 문헌이다. 셋째, 『성경』을 좀 더 깊이 이해하고 싶은 사람들이다. 『미쉬나』는 『구약』의 법을 토대로 하기에 내용과 주제 면에서 서로 공통분모를 이루고, 『신약』의 배경이 되는 시기에 구전되고 쓰여졌기에 그 시대적 맥락이나 정황을 이해하는 데도 중요한 정보를 제공한다.

사실 『미쉬나』는 원어로 읽어야 하는 책이다. 원어를 아는 사람이 번역서도 이해할 수 있다. 이런 의미에서 유대교는 진입장벽이 비교적 높은 종교다. 이 책은 이런 어려움을 조금이나마 해소하기 위한 목적으로 쓰여졌고, 그 취지에 맞게 『미쉬나』를 읽는 데 필요한 기본적인 개념과 지식을 일목요연하게 정리했다. 성문토라, 구전토라, 구전전승, 랍비문학 등 기본 개념을 설명하고 하나의 책으로서 『미쉬나』가 집대성되는 과정, 그 구성과 내용, 다양한 판본 이야기까지 살펴본다. 또 『미쉬나』의 주인공인 랍비들을 일컫는 '타나임'들이 살던 시대의 역사를 재구성하고, 5세대에 걸친 주요 랍비들도 소개한다. 무엇보다 마쎄켓 「브라홋」 1, 1을 예로 들어 『미쉬나』가 어떤 책인지 분위기를 느낄 수 있게 했다.

이 책은 한 번 읽고 마는 책이 아니다. 옆에 두고 궁금할 때마다 찾아보았으면 한다. 다양한 랍비문학들, 주석서들, 타나임의 세대와 주요 랍비들,『미쉬나』의 63개 마쎄켓들… 낯선 용어들이 어느새 친숙하게 다가올 것이다.

　문명사의 한 획을 그은 유대 전통문헌『미쉬나』의 세계로 초대한다.

2024년 5월
최중화

미쉬나 길라잡이

미쉬나는 탈무드의 뿌리다

• 들어가며

최중화 부산장신대학교 신학과 교수

지금까지 우리나라에 미쉬나가 제대로 소개된 적은 없는 듯하다. 하지만 아이러니하게도 미쉬나의 주석서인 탈무드에 관한 책은 무수히 많다. 인터넷 서점에 검색해보면 나오는 책이 천 권도 넘는다. 아마 유대인들이 이 사실을 안다면 깜짝 놀랄지도 모른다.

미쉬나와 탈무드가 우리에게 제대로 알려지지 않은 이유 중 하나는 책장르에 대한 오해 때문일 것이다. 실제 시중 서점에 가보면 탈무드는 법전으로 분류되어 있지 않고 지혜와 처세를 주제로 한 자기계발서 코너에 있다. 탈무드의 일부 교훈적이고 흥미로운 이야기(아가다)만 간추려서 출판함으로써 그런 책으로 인식된 것이다. 독자들에게 관심을 받고 꾸준히 읽히는 것은 좋지만, 미쉬나의 주석서인 탈무드가 일종의 법전이라는 기본적인 사실도 모르는 것은 문제일 수 있다. 예를 들어보자. 아래는 탈무드 관련 책에서 쉽게 접할 수 있는 못생긴 랍비 이야기이다.

총명하지만 생김새가 추한 한 랍비가 로마 황제의 딸을 만났다. 황녀는 그의 용모와 총명함이 어울리지 않는다고 생각해 비꼬듯 말했다. "뛰어난 총명함이 이런 못난 그릇에 담겨 있다니!" 이에 랍비가 물었다. "왕궁 안에 술이 있습니까?" 황녀는 고개를 끄덕였다. "무슨 그릇에 들어 있습니까?" 랍비는 거듭 물었다. "항아리나 술병에 들어 있지요." 그녀가 대답했다. 랍비는 놀란 체하며 말했다. "황녀님같이 고매하신 분이, 금 그릇이나 은 그릇도 많이 있을 텐데 어찌 그런 보잘것없는 항아리를 쓰시는지요!"

이 말을 들은 황녀는 항아리에 든 술을 금이나 은으로 된 그릇에 옮겨 담았다. 그러자 곧 술맛이 변했고 맛이 없게 되었다. 나중에 이 사실을 알게 된 황제가 버럭 화를 냈다. "누가 이런 어리석은 짓을 했느냐?" 황녀는 대답했다. "그렇게 하는 것이 옳다고 여겨 제가 했습니다." 그리고 곧장 랍비에게 달려가 따지듯 물었다. "당신은 어째서 내게 이런 일을 권했습니까?" 랍비는 웃으며 말했다. "저는 단지, 대단히 귀한 것이라 할지라도 때로는 싸구려 항아리에 넣어두는 편이 나을 때가 있음을 당신에게 알려주고 싶었을 뿐입니다."

아무리 인품이 훌륭해도 입버릇이 나쁜 사람은 마치 멋진 궁전 옆에 악취 풍기는 가죽공장이 있는 것과 같다.

랍비, 로마 황제, 황녀가 등장하는 위의 이야기는 가볍고 흥미로워 보이지만 인간의 어리석음을 날카롭게 풍자하고 있다. 사람은 보이는 겉모습이나 외양이 전부가 아니며, 사물도 그 쓰임새에 맞는 꼴이 중요하다는 것이다. 이야기를 마무리 짓는 마지막 문장은 위트 있는 비유로 황녀의 경솔한 입버릇을 꼬집으며 독자에게 또 다른 깨달음을 준다. 결론적으로 말하면, 이러한 이야기 모음집이 미쉬나와 탈무드를 지혜문학으로 오해하게 만든 것이다.

사실 이 이야기는 바빌로니아 탈무드 「타아닛」 7a에 나오는 것으로, 미쉬나의 쎄데르 모에드(סדר מועד)의 마쎄켓 「타아닛」(תענית מסכת) 주석의 일부다. '타아닛'은 말뜻 그대로 금식에 관한 법들을 주로 다룬다. 마쎄켓 「타아닛」에 추한 랍비 이야기가 나오는 논리적 흐름을 살펴보면 다음과 같다.

금식하는 경우 중 하나는 비가 오지 않을 때인데, 마쎄켓 「타아닛」에서는 비가 오지 않아 금식하는 것과 관련하여 여러 이슈를 논의한다. 언제부터 아미다(עמידה, 유대인이 매일 세 번 드리는 기도)에 비 관련 기도를 넣어야 하는지, 언제 그 기도를 그만해도 좋은지, 비로 인해 금식할 때는 어떻게 해야 하는지 등 다양한 사안을 다룬다. 이러한 여러 논의 중에 랍비들은 비의 위대함을 이야기하는데, 라브* 예후다는 심지어 비 오는 날을 시내산에서 토라를 받던 때와 비교할 수 있다고 말한다. 그만큼 비가 중요하다는 것이다.

이야기는 계속되어, 토라를 불에 비유하여 작은 나무가 큰 나무에 불을 옮겨 붙게 하는 것처럼 어린 학생이 나이 많은 현자를 가르칠 수 있다고 하고, 토라를 물에 비유하여 물이 낮은 곳으로 흐르듯 토라도 겸손한 사람에게서만 제대로 세워지게 된다고도 한다. 이런 가운데 토라를 술이나 우유에 비유하면서 '추한 랍비 이야기'가 전개된다. 좋은 것일수록 좋은 그릇에 담아야 한다는 황녀의 생각은 틀렸고 사람의 외모와 학식은 전혀 상관없다는 것이 주된 논지다.

정리하면, 금식에서 출발한 이야기가 '비' 주제로 이어지고, '비'의 중요성은 '토라'와 비교되고, 토라는 물·불·우유·술 등에 비유되는 맥락에서 위의 이야기가 나온다는 것이다. 이렇듯 탈무드의 모든 이

---

* 라브(Rav)는 바빌로니아에서 활동하던 현자를 말하고 팔레스타인 지방에서 활동하던 현자를 '랍비'라고 부른다.

토라 두루마리(창세기 부분). 유대인에게 토라는 모세를 통한 하나님 말씀이다.

야기는 토라의 법적인 맥락 위에 놓여 있기 때문에 넓은 의미에서 미쉬나는 법전이고 탈무드는 그 법전의 주석이다.

미쉬나가 우리나라에 제대로 소개되지 않은 이유는, 첫째가 고전을 정통으로 소개하기보다는 상업성을 기대하며 얄팍하게만 소개하는 출판 풍조 때문일 것이고, 둘째는 시간과 노력이 많이 드는 것에 비해 돈이 안 된다는 이유로 전문 연구자들이 외면해온 탓도 클 것이다.

이 책은 탈무드의 뿌리가 되는 미쉬나를 간략히 소개하는 입문서다. 그 취지에 맞게 미쉬나를 읽어가는 데 필요한 기본적인 개념과 지식을 일목요연하게 정리했다. 본문에서 일일이 구체적으로 밝히지는 않았지만 여러 논문과 자료를 참고했고 그 목록은 책 끝에 밝혔다.

본론으로 들어가기에 앞서 히브리어 음역과 관련해 몇 가지 원칙을 제안해본다. 아직 우리나라에는 랍비 이름을 비롯해 랍비문학 전반에 대해 정립된 표기 체계가 없다. 아래는 랍비문학의 여러 개념과 용어들을 우리말로 바꾸는 데 적용한 나름의 표기 원칙들이다.

(1) 히브리어는 현대 이스라엘에서 사용되는 스파라디 발음을 기준으로 음역했다. 예를 들면, 현대 히브리어 발음은 경강점을 살리지 않는다. 이스라엘에서 정통으로 탈무드를 공부하는 사람들과 소통하기 위해 경강점을 살리지 않고 발음하는 것이 좋을 듯하다. 마쎄켓 '닛다'가 아니라 마쎄켓 '니다'로, '탄나임'이 아니라 '타나임'으로 발음하도록 한다.

(2) 쉐바(שוא)는 경우에 따라 '으'나 '에'로 발음될 수 있다. 성경의 첫 단어 'בראשית'(태초에)이 좋은 예다. 사람에 따라 이 단어를 '베레쉿' 또는 '브레쉿'으로 읽기도 한다. 한마디로 통일된 규칙이 없다. 하지만 쉐바를 발음할 때 '으' 또는 '에' 가운데 하나를 선택하여 모든 단어에 일률적으로 적용하면 특정 단어가 이상하게 들리기도 한다. 이런 경우는 이스라엘에서 사용하는 스파라디 전통을 기준으로 귀에 익숙한 발음을 선택했다. 예를 들면, 마쎄켓은 '베라콧'(ברכות)이 아니라 '브라콧'으로 하여 쉐바를 '으'로 표기했다. 하지만 마쎄켓 '브코롯'(בכורות)이 아니라 귀에 익숙한 대로 '베코롯'으로 표기했다.

(3) 문법에 따라 음역하되 그 우리말 발음이 히브리어 원래 발음과 멀어지면 원칙을 깨고 현대 히브리어 발음에 가깝게 표기한다. 대부분 문법 원칙을 따르는 데 문제가 없고 몇 군데 예외적인 경우가 있다. 예를 들면, 히브리어 헤트(ח)는 일반적으로 'ㅎ'으로 음역한다. 하지만 문제는 일부 단어의 경우 히브리어의 후음 발음을 모르는 한국인이 음역된 히브리어를 한국식으로 읽을 때 발음이 원어와 멀어진다는 것이다. 따라서 일부 단어들은 'ㅎ'보다는 'ㅋ'로 표기하여 히브리어를 모르는 한국인이 읽었을 때 원어민 발음에 더 가까울 수 있게 하는 게 좋을 듯하다. 예를 들면, 마쎄켓 '제바힘'보다는 '제바킴'으로 표기한다.

(4) 히브리어의 음절을 한글로 옮기는 것은 쉽지 않다. 폐음절 단어를 모음 밑에 붙일 수도 있고 따로 떨어뜨릴 수도 있다. 일관성 있는 규칙을 적용하기에는 때때로 모호한 경우가 발생한다. 예를 들면 רבי אלעזר를 '랍비 엘르아자르' 또는 '랍비 엘아자르'로 표기할 수 있는데, 히브리어를 모른다고 가정했을 때 '엘르아자르'보다는 '엘아자르'로 발음하는 것이 이스라엘 스파라디 발음에 더 가깝게 느껴진다. 자음 '라멧'을 모음 아래 붙여 표기한 것이다. 하지만 똑같은 원칙에서 סדר를 '쎄델'이라 하면 조금 어색하다. 오히려 자음을 빼서 '쎄데르'로 표기하는 것이 더 원어에 가깝다. 똑같은 이유로 רבן גמליאל도 '라반 감리엘'보다 '라반 가믈리엘'이, רבי טרפון도 '랍비 탈폰'보다는 '랍비 타르폰'이 원어 발음에 가깝다. 결론적으로 히브리어 음절은 일관성 있는 원칙보다는 이스라엘 스파라디 발음에 가까운 쪽으로 선택했다.

(5) 히브리어 발음으로는 '미쉬나'보다 '미슈나'가 더 원어에 가깝다. 하지만 이미 널리 쓰이고 있는 '미쉬나'를 그대로 사용했다.

위의 음역원칙은 이 책에서 거의 지켜졌으나 마쎄켓 이름에서는 예외가 있음을 밝힌다. 이번에 함께 출판되는 '미쉬나 번역·주해서'(전 6권, 한길사, 2024)와 최소한의 표기는 통일할 필요가 있었기 때문이다. 표기 원칙이 일관되지 않은 점에 대해서는 독자들에게 양해를 구한다.

■ 히브리어–한글 음역 대조표

히브리어	라틴음역	한글: 초성	한글: 음절 종성	한글: 낱말 종성
א	'	ㅇ	-	-
ב	b/v	ㅂ	ㅂ/브	ㅂ
ג	g	ㄱ	ㄱ/그	ㄱ
ד	d	ㄷ	ㅅ/드	ㅅ
ה	h	ㅎ	흐	-
ו	w	ㅂ	브	브
ז	z	ㅈ	즈	즈
ח	ḥ	ㅎ	흐/크	흐/크
ט	ṭ	ㅌ	ㅅ/ㅌ	ㅅ/ㅌ
י	y	이(+모음)	-	이
כ	k	ㅋ	크/ㄱ	ㄱ
ל	l	ㄹ/ㄹ-ㄹ	ㄹ/ㄹ-르	ㄹ
מ	m	ㅁ	ㅁ/므	ㅁ
נ	n	ㄴ	ㄴ/느	ㄴ
ס	s	ㅆ	ㅅ/쓰	ㅅ/쓰
ע	'	ㅇ	-	-
פ	p/f	ㅍ	프/ㅂ	ㅂ
צ	ṣ	ㅉ	쯔	쯔
ק	q	ㅋ	ㄱ/ㅋ	ㄱ
ר	r	ㄹ	르	르
שׂ	ś	ㅅ	스	스
שׁ	š	시(+ 모음)	쉬	쉬
ת	t	ㅌ	ㅅ/트	ㅅ/트

1 미쉬나, 이것만은 꼭 알자

미쉬나는 누구나 읽고 바로 이해할 수 있는 책이 아니다. 일례로 우리가 한국 근대문학을 공부하려면 일제강점기와 해방, 전쟁과 분단, 민주화로 이어지는 큰 역사적 흐름 아래 정치·사회·문화의 변화상을 알아야 하듯이, 미쉬나도 그러한 역사적·문화적 배경지식이 어느 정도 있어야 한다. 여기서는 그런 지식을 쌓기 전에 꼭 알아두어야 할 세 가지 필수개념을 먼저 정리해본다.

1) 유대교가 태동한 미쉬나–탈무드 시대

미쉬나는 로마가 지중해 전역을 다스리며 제국의 위용을 떨치던 기원후 1~3세기에 팔레스타인 지방에서 형성되었다.

유대인들은 기원후 70년에 로마의 침략으로 예루살렘 성전이 무너지는 것을 목도했고, 이스라엘은 성전 없이 살아가는 새로운 시대를 맞게 되었다. 이 시기를 후대 학자들은 '미쉬나–탈무드 시대'(The Period of the Mishnah and the Talmud)라 부르고, 유대 역사에서는 구체적으로 70년 이후부터 아랍제국이 출현하는 7세기(638)까지를 가리킨다. 시대를 규정한 이 용어에서 알 수 있듯이 이 시기에 가장 중

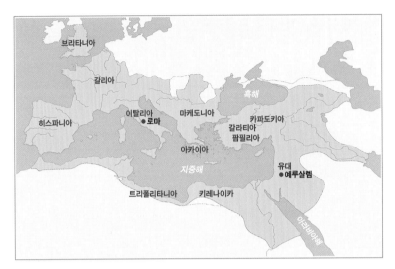

미쉬나가 형성되던 시기의 로마제국 판도(기원후 117).

요한 사건은 미쉬나와 탈무드가 집대성되었다는 사실이다. 미쉬나-
탈무드 시대에 구전전승(Oral Tradition)이 모여 미쉬나, 토쎄프타, 미
드라쉬, 예루살렘 탈무드, 바빌로니아 탈무드 같은 랍비문학을 형성
하게 되었다. 그리고 이 시기에 집대성된 랍비문학을 중심으로 시작
된 유대교를 '랍비 유대교'(Rabbinic Judaism)라고 한다. 중세 유대교
와 현대 유대교의 기원이 된다는 점에서 랍비 유대교가 태동한 이 시
기는 매우 중요하다. 이 책이 따르는 유대교의 기본적인 시대구분은
오른쪽 표와 같다.

2) 유대교는 신조보다 삶이 중요한 종교

사람들은 종종 묻는다. "유대인들은 뭘 믿나요?" 기독교에서 믿음
의 대상이 예수 그리스도라면 유대교에서 믿음의 대상은 누구냐는
것이다. 또한 이 질문은 신조를 중심으로 발전한 기독교와 비교해볼
때, 유대교의 중심에는 어떤 신조가 있느냐는 질문이기도 하다. 기독

■ 유대교의 시대구분

고대시대~제1차 성전시대(The Period of the First Temple)		
이스라엘 종교 (Israelite Religion)	기원전 15(혹은 13)세기~ 기원전 6세기(537)	모세 때부터 솔로몬 성전 파괴 때까지
제2차 성전시대(The Period of Second Temple)		
제2차 성전시대 유대교 (The Second Temple Judaism)	기원전 6세기~ 기원후 70년	바빌론 포로 귀환(6세기) 때부터 예루살렘 성전 파괴 (기원후 70)까지
미쉬나-탈무드 시대(The Period of the Mishnah and Talmud)		
랍비 유대교 (The Rabbinic Judaism)	기원후 70년~ 약 630년	예루살렘 성전 파괴 때부터 아랍제국이 팔레스타인에 들어오는 시기까지
중세시대(The Middle Ages)		
중세 유대교 (The Medieval Judaism)	약 630년~18세기	아랍제국 시대부터 유대인이 이스라엘로 이민을 시작한 (18세기 초) 시기까지
현대(The Modern Period)		
현대 유대교 (The Modern Judaism)	약 18세기~현재	유대인이 이스라엘로 이민을 시작한 시기 & 하스칼라 (18세기) 시기부터 현재까지

교의 눈으로 유대교를 바라보는 것이다.

하지만 유대교는 교리나 신조가 중요하지 않다. '무엇을 믿는가' 보다는 '(하나님의 말씀에 따라) 어떻게 사는가'가 더 중요하다. 따라서 랍비문학은 어떻게 사는가에 대한 다양한 의견으로 가득하다. 놀랍게도 역사적으로 봤을 때 일반화된 유대교의 교리는 중세 철학자 마이모니데스(Maimonides, 1135-1204)에 의해 12세기에 처음 나타난다. 바로 마이모니데스의 '13개 신조'(שלושה עשר עיקרים, Thirteen Principles)다. 기독교가 출현하고 1,100년이 지난 뒤의 일이다. 유대교의 이 첫 번째 신조는 지금은 정통 유대교(Orthodox Judaism) 신앙

마이모니데스는 12세기 에스파냐 코르도
바 출신의 위대한 유대교 학자·철학자·
의학자다. 최초의 체계적인 유대 법전인
『미쉬네 토라』(*Mishneh Torah*, 1180)를 집
필했다. 사진은 코르도바의 유대인 지구
에 있는 동상이다.

의 기초로 많은 이들이 받아들이지만, 처음에는 극렬한 반대에 부딪
쳤다. 실제로 모든 유대교가 받아들이는 신조는 지금까지도 존재하
지 않는다.

기독교가 믿음이 중요한 오소독시(Orthodoxy)의 종교라면 유대
교는 삶이 중요한 오소프랙시(Orthopraxy)의 종교다. 이런 의미에서
3세기에 등장한 미쉬나는 중요한 책이다. 왜냐하면 히브리 성경에 근
거한 삶을 어떻게 살아가야 하는지를 정리해놓은 최초의 법전이기
때문이다. 이런 의미에서 미쉬나를 아는 것은 유대교를 이해하는 첫
걸음이 된다.

3) 미쉬나는 구전토라의 모음집

일반적으로 토라(תורה, Torah)는 크게 세 가지 의미가 있다. 첫째 모세오경을 가리키고, 둘째 히브리 성경 전체를 가리키며, 셋째 하나님의 백성이 하나님의 뜻대로 사는 삶에 대한 모든 지식을 포괄한다. 우리에게는 좀 낯설게 여겨지지만 미쉬나는 바로 세 번째 범주에 속한다.

세 번째 범주를 이해하기 위해 구전토라(תורה שבעל־פה, Oral Torah)의 개념을 좀 더 살펴보자. 랍비 전승에 따르면 구전토라는 모세시대(기원전 15/13세기)로 거슬러 올라간다. 모세는 시내산에서 이스라엘을 대표하여 하나님께 두 가지 형태의 계시를 받았다. 작은 계시는 글로 적힌 형태로 받았는데 이것이 우리가 잘 아는 성문토라(תורה שבכתב, 모세오경)이고, 좀 더 큰 계시는 구전 형태로 받았다고 한다(미쉬나「아봇」1, 1). 그리고 이 계시의 가르침은 여호수아, 장로, 선지자 등에게 이어지고 미쉬나를 집대성한 랍비 예후다 하나씨(Judah haNasi)에게 까지 내려왔다는 것이다. 이를 '샬쉘렛 하메쏘라(שלשלת המסורה), 즉 전승의 사슬(Chain of Tradition)이라고 부른다(「아봇」1, 1 이하 인용). 결론적으로 미쉬나는 구전토라의 모음집이라 할 수 있다. 이 점은 미쉬나를 이해하는 데 매우 중요하다.

히브리어 원문	한글 번역
מֹשֶׁה קִבֵּל תּוֹרָה מִסִּינַי, וּמְסָרָהּ לִיהוֹשֻׁעַ, וִיהוֹשֻׁעַ לִזְקֵנִים, וּזְקֵנִים לִנְבִיאִים, וּנְבִיאִים מְסָרוּהָ לְאַנְשֵׁי כְנֶסֶת הַגְּדוֹלָה. הֵם אָמְרוּ שְׁלֹשָׁה דְבָרִים, הֱווּ מְתוּנִים בַּדִּין, וְהַעֲמִידוּ תַלְמִידִים הַרְבֵּה, וַעֲשׂוּ סְיָג לַתּוֹרָה: .	(「아봇」1, 1) 모세는 시내산에서 토라를 받았다. 그리고 (모세는) 토라를 여호수아에게 전했다. 여호수아는 (토라를) 장로들에게 전했고, 장로들은 (토라를) 예언자들에게 전했다. 예언자들은 (토라를) 위대한 공의회 사람들에게 전했다. 위대한 공의회 사람들은 세 가지를 이야기했다. 판결을 내릴 때는 신중하라. 제자들을 많이 세우라. 토라(주변)에 울타리를 치라.

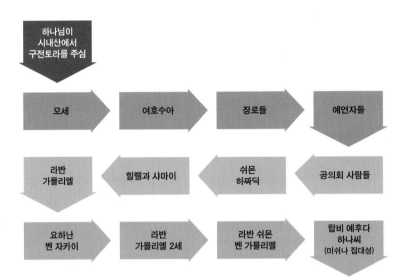

하나님이 시내산에서 구전토라를 주심

모세 → 여호수아 → 장로들 → 예언자들

라반 가믈리엘 ← 힐렐과 샤마이 ← 쉬몬 하짜딕 ← 공의회 사람들

요하난 벤 자카이 → 라반 가믈리엘 2세 → 라반 쉬몬 벤 가믈리엘 → 랍비 예후다 하나씨 (미쉬나 집대성)

모세가 시내산에서 하나님으로부터 받은 구전토라가 미쉬나로 집대성되기까지 전승의 흐름을 보여준다.

구전토라를 전해준 사람들 중에는 우리가 알 만한 인물들도 있다. 성서를 읽어보았다면 출애굽기·민수기·여호수아에 등장하는 영웅 모세와 여호수아를 잘 알 것이고, 유대인에 관심이 있다면 나사렛 예수와 동시대의 사람인 힐렐과 샤마이도 들어보았을 것이다. 이들을 따르는 제자들은 각각 학파를 이루었는데, 샤마이 학파는 모세 율법을 보수적으로 엄격하게 해석한 데 반해 힐렐 학파는 개방적이고 대중적으로 해석했다. 예를 들면 샤마이 학파는 결혼식에 가서 신부가 못생겼을 때 아름답다고 말하는 것은 거짓말이라고 해석하는 반면, 힐렐 학파는 신부는 언제나 아름답다고 해석한다(바빌로니아 탈무드 「케투봇」 16b-17a).

힐렐과 샤마이의 뒤를 이은 라반 가믈리엘 1세도 잘 알려진 인물이다. 그는 힐렐의 손자나 산헤드린의 수장으로서가 아니라 사도 바울의 스승으로 기독교인들에게 친숙하다. 사도행전 5장에서 예수의 제자들이 산헤드린에 붙잡혀 왔을 때 풀려날 수 있게 도와준 인물로도 잘 알려져 있다. 요하난 벤 자카이도 유대교에 관심이 있는 사람이면 들어보았을 것이다. 기원후 70년 예루살렘 성전이 파괴될 때 베스파시아누스 황제를 만나 담판을 짓고 야브네에서 벹 미드라쉬(בית מדרש, 일종의 랍비 학교)를 시작했다. 마지막으로 라반 가믈리엘 2세는 신약을 공부하는 사람들에게 익숙한 인물이다. 라반 가믈리엘 2세 때 슈무엘 하카탄(שמואל הקטן)을 통해 비르카트 하미님(ברכת המינים, 기독교인을 저주하는 기도)을 아미다(עמידה, 유대인이 하루에 세 번 드리는 기도)에 넣도록 한 사람이다. 여러 학자들이 비르카트 하미님을 요한복음 9장의 회당 출교사건과 관련지어 해석한다.

후기 청동기 사람 모세로부터 기원후 1세기 바리새인과 랍비들에게까지 이어지는 구전전승으로 미쉬나가 집대성되었다는 이야기는 어찌 보면 조금 낯설고 황당하게 다가올 수 있다. 하지만 역사성을 떠나서 조금만 생각해보면 구전토라는 이해하기 어려운 개념이 아니다. 학교 교실을 상상해보자. 학생들에게 교과서가 있지만 그들이 교과서 내용을 모두 이해하는 것은 아니다. 때로 어려운 어휘와 개념을 말로 설명해주어야 하고, 때로 교과서 내용과 관련하여 질문이 있으면 대답도 해주어야 한다. 여기서 교과서는 성문토라라 할 수 있고, 선생님의 가르침을 구전토라라 할 수 있다. 따라서 랍비 전승은 이렇게 주장하는 것이다. 성문토라와 그 해석인 구전토라는 하나님이 모세에게 가르쳐주셨고, 모세 때부터 계속해서 전해 내려왔다.

구전토라를 좀 더 이해하기 위해 히브리 성경의 법을 적용하는 단계를 살펴볼 필요가 있다. 글로 쓰여지게 된 모든 진리는 해석과 적용의 단계를 거치게 되는데, 이때 구전토라가 필요한 것이다. 예를 들면 출애굽기 31:14-15에 '안식일에 일하지 말라'는 토라의 가르침이 있다. 하지만 성문토라는 구체적으로 무엇이 '일'인지를 정의해주고

십계명 돌판을 들고 시내산
을 내려오는 모세(귀스타브
도레, 1865). 랍비전승에 따르
면 모세는 성문토라와 함께
구전토라도 받았다.

있지 않다. 이러한 문제제기에 구전토라인 미쉬나는 마쩨켓 「샤밧」7,
2에서 안식일에 해서는 안 되는 일을 39가지로 규정한다. 구전토라가
있다는 것은 성문토라가 완벽하지 않다는 말이 아니라 성문토라를
보충하여 적용 가능하게 해석해준다는 뜻이다.

　구전토라를 비롯해 유대교의 토라 이해는 파급효과가 상당히 크
다. 만약 구전토라가 하나님이 모세에게 허락해 계속 전승되어온 것
이라면 토라를 이해하기 위해서는 구전토라를 반드시 알아야 한다.
다시 말하면, 구전토라를 아는 사람만이 토라를 온전히 이해하게 된
다는 의미. 이 같은 맥락에서 구전토라가 집대성된 미쉬나는 모세
를 통해 전해진 하나님의 말씀이며 성경적 권위를 가진다. 한 걸음 더
나아가 미쉬나의 주석서인 탈무드도 구전토라 모음집으로 볼 수 있
기에 성경적 권위를 가진다고 할 수 있다.

그렇다면 구전토라는 성문토라와 같은 권위를 갖는가? 이 질문에는 한마디로 대답하기가 어렵다. 모세가 시내산에서 처음으로 받았던 구전토라는 모세의 법(הלכות למשה מסיני)을 형성하고 성문토라와 같은 권위가 있었다고 한다. 하지만 모세 이후 세대의 구전토라는 성격이 조금 다른데, 가장 큰 특징은 오류가 있다는 것이다. 성경적 권위를 가진 해석이 틀릴 수 있다니 놀랍게 들린다. 하지만 이러한 구전토라의 특성은 랍비문학에서 중요한 해석학적 전제가 된다. 하나님은 틀린 것조차 용납하시고 해석과 적용의 권한을 인간에게 부여하셨다는 것이다(바빌로니아 탈무드 「바바 메찌아」 59b). 또한 시대와 상황에 따라 이전 세대의 구전토라를 계속해서 고쳐나갈 수 있는 근거도 여기에 있다.

2 미쉬나는 어떤 책인가

백문이 불여일견(百聞不如一見)이듯이 일단 미쉬나라는 책이 어떻게 생겼는지를 한번 살펴보자. 다음 페이지의 왼쪽 사진은 현존하는 미쉬나 사본 가운데 가장 오래되고 문헌적 가치가 높은 카우프만 코덱스(Codex Kaufmann, MS Kaufmann A50)다. 10-11세기 이스라엘(혹은 이탈리아)에서 쓰여진 것으로 추정된다. 카우프만 코덱스는 자음만 있는 사본에 스파라디 전통의 모음이 추가되어 지금의 형태와 모습이 되었다.

오른쪽은 1953년 뉴욕에서 출판된 미쉬나 본문의 한 페이지다. 상단 가운데 색깔 부분이 미쉬나이고 그 주변을 다양한 주석들이 둘러싸고 있다. 주변의 주석들은 미쉬나 본문의 정확한 뜻을 밝혀주기 위해 더해진 것으로 미쉬나 본문의 왼쪽에 자리잡고 있는 랍비 오바디아 바르테누라의 주석과 오른쪽에 있는 토쎄펫 욤 톱, 그리고 본문 아래쪽에 멜레켓 슐로모가 대표적이다.

현존하는 가장 오래된 미쉬나 카우프만 사본이다.

1. 미쉬나의 정의와 특징

1) 주제별로 정리된 첫 번째 유대법

미쉬나에 대해 공부하면 할수록 더 어렵고 복잡하다고 여길 수 있지만, 미쉬나를 한마디로 정의하면 주제별로 정리된 첫 번째 유대법전이다. 주제별로 정리되었다는 것이 미쉬나를 이전의 다른 법전과 구별되게 한다. 언약법전(출 20-23)이나 성결법전(레 17-26)같이 성경 안에도 법이 있고, 카이로 게니자와 쿰란에서 발견된 CD(다마스쿠스 문헌)나 쿰란 공동체에서 동시대의 유대 지도자에게 보낸 편지인 4Q MMT 같은 두루마리도 법을 다룬다. 하지만 이런 법전들은 주

1953년 뉴욕에서 출판된 미쉬나. 색깔 부분이 미쉬나 원문이다.

제별로 되어 있지 않다. 미쉬나는 법전이므로 이야기도 없고 신학적인 메시지나 적용점도 없다. 이제 조금 더 다양한 관점에서 미쉬나를 정의해보자.

2) 유대법 구전전승의 모음집

어원을 따져보면 미쉬나(משנה)는 히브리어 동사 '샤나'(שנה)에서 왔다. 샤나는 '(배운 것) 반복하다'는 뜻이 있다. 책이 흔하지 않았던 고대사회에 선생이 반복하여 학생들을 가르쳤던 것을 생각하면 샤나가 '배우다' '공부하다'로 뜻이 확장되는 것은 이해가 된다. 따라서 샤나의 명사형인 미쉬나는 '공부'를 뜻한다.

'가르침'으로서 미쉬나는 단수형태로 '미쉬나' 또는 '할라카'(הלכה), 복수형태로 '미쉬나욧'(משניות)이라 한다. 미쉬나욧(가르침들)은 시내산의 모세로부터 전해 내려왔다고 알려져 있으며 이를 '구전토라'라 부른다. 이러한 유대법 구전전승의 모음집이 우리가 흔히 알고 있는 3세기 초에 랍비 예후다 하나씨가 집대성한 미쉬나(משנה)다. 이 경우 히브리어 정관사 '헤'(ה)가 항상 붙는다. 정관사를 살려서 더 정확히 번역하자면 '그 미쉬나' 정도가 될 것 같다.

3) 권위를 주장하지 않는 책

미쉬나의 장르를 정의하기는 쉽지 않다. 비교할 만한 동시대의 다른 비슷한 문헌이 없기 때문이다. 일단 미쉬나는 성경의 권위를 가지려고 애쓰지 않는다. 히브리 성경처럼 기술하여 권위를 가지려는 일부 사해사본과 달리 미쉬나의 저자들은 그럴 의도가 없는 듯하다. 또한 미쉬나는 위경(僞經)처럼 성경의 어떤 인물이 말했다는 식으로 서술하여 권위를 가지려 하지도 않는다. 나아가 신약성경과 동시대의 많은 문헌과 달리 하나님의 영감을 받아 쓰여졌다고 주장하지도 않는다.

오히려 랍비 전승은 하나님이 초자연적인 방법으로 인간의 성경 해석에 관여하는 것을 불편해한다. 성경 해석은 하나님이 인간에게 맡기신 일이기 때문이다. 특이한 점은 미쉬나는 책의 서두에 누가 썼는지 누가 독자인지도 밝히지 않고, 왜 미쉬나를 읽어야 하고 그 법을 따라야 하는지도 말하지 않는다. 이런 측면에서 미쉬나는 매우 독특한 책이고, 한 번도 미쉬나를 접하지 않은 사람에게 미쉬나욧의 모음집으로서 미쉬나를 이해시키기란 쉽지 않다. 따라서 미쉬나를 아는 가장 좋은 방법은 텍스트를 직접 읽어보는 것이 아닐까.

4) 이해하기 어려운 불친절한 텍스트

이제 미쉬나 본문의 일부 구절을 실제 읽어보고 책으로서 미쉬나의 특징을 살펴보자. 다음 표는 미쉬나의 제일 첫 부분인 마쎄켓「브라홋」1, 1이다.

히브리어 원문	한글 번역
מֵאֵימָתַי קוֹרִין אֶת שְׁמַע בְּעַרְבִית.	저녁(에 쉐마를 읽어야 한다고 하는데) 언제 쉐마를 읽어야 하는가?
מִשָּׁעָה שֶׁהַכֹּהֲנִים נִכְנָסִים לֶאֱכֹל בִּתְרוּמָתָן,	제사장이 거제를 먹으러 (성전에) 들어가는 시간부터
עַד סוֹף הָאַשְׁמוּרָה הָרִאשׁוֹנָה, דִּבְרֵי רַבִּי אֱלִיעֶזֶר.	첫 번째 야간근무가 끝나는 시간까지다. 이는 랍비 엘리에제르의 말이다.
וַחֲכָמִים אוֹמְרִים, עַד חֲצוֹת.	(일반적으로 대부분의) 랍비들은 '자정까지'라고 말한다.
רַבָּן גַּמְלִיאֵל אוֹמֵר, עַד שֶׁיַּעֲלֶה עַמּוּד הַשָּׁחַר.	(하지만) 라반 가믈리엘은 '동이 틀 때까지'라고 말한다.
מַעֲשֶׂה שֶׁבָּאוּ בָנָיו מִבֵּית הַמִּשְׁתֶּה,	(한번은 라반 가믈리엘의) 아들들이 잔치에서 (자정이 넘어) 돌아왔을 때,
אָמְרוּ לוֹ, לֹא קָרִינוּ אֶת שְׁמַע.	그들은 라반 가믈리엘에게 '우리는 아직 쉐마를 읽지 않았다'고 말했다.
אָמַר לָהֶם, אִם לֹא עָלָה עַמּוּד הַשַּׁחַר, חַיָּבִין אַתֶּם לִקְרוֹת.	그러자 (라반 가믈리엘이) 아들들에게 말했다. '아직 동이 트지 않았다면 너희는 (쉐마를) 읽어야 한다.'
וְלֹא זוֹ בִלְבַד, אֶלָּא כָּל מַה שֶׁאָמְרוּ חֲכָמִים עַד חֲצוֹת, מִצְוָתָן עַד שֶׁיַּעֲלֶה עַמּוּד הַשָּׁחַר.	이런 경우뿐 아니라 (일반적으로) 랍비들이 '자정까지'라고 말하는 명령들은 모두 동이 틀 때까지로 (해석)해야 한다.
הֶקְטֵר חֲלָבִים וְאֵבָרִים, מִצְוָתָן עַד שֶׁיַּעֲלֶה עַמּוּד הַשָּׁחַר.	기름과 내장의 제사에 대한 명령도 (역시) 동이 틀 때까지로 해야 한다.
וְכָל הַנֶּאֱכָלִים לְיוֹם אֶחָד, מִצְוָתָן עַד שֶׁיַּעֲלֶה עַמּוּד הַשָּׁחַר.	먹어야 하는 제물은 모두 하루 내에 처리해야 하며 (그와 관련된) 명령은 동이 틀 때까지 (지켜야 한다.)

히브리어 원문	한글 번역
אִם כֵּן, לָמָּה אָמְרוּ חֲכָמִים עַד חֲצוֹת,	그렇다면 왜 (일반적으로 대다수의) 랍비들은 '자정까지'라고 했는가?
כְּדֵי לְהַרְחִיק אֶת הָאָדָם מִן הָעֲבֵרָה:	그것은 사람(들)이 규정을 어기지 않도록 하기 위해서다.

도대체 무슨 소리야? 이게 미쉬나였다고? 그런데 내가 왜 읽어야하지?

위의 미쉬나 텍스트를 읽고 이런 생각이 들었다면 제대로 읽은 것이다. 이해가 안 된다고 당황하거나 실망할 필요는 없다. 사실 히브리어를 어느 정도 아는 사람이 읽어도 잘 이해가 되지 않는다. 이는 단어의 뜻을 모르기 때문이 아니라 배경과 맥락을 설명해주지 않고 바로 논의에 들어가는 미쉬나의 불친절한 특성 때문이다.

그러면 미쉬나에서 독자가 이미 알고 있다고 전제하고 자세히 말해주지 않는 숨은 개념들을 몇 가지 살펴보면 아래 표와 같다.

숨어 있는 개념	내용
크리앗 쉐마	'크리앗 쉐마'(קריאת שמע)는 직역하면 '쉐마를 읽는다'는 뜻이다. 유대인들은 기도문과 함께 쉐마를 같이 읽었다. 이를 '크리앗 쉐마'라고 한다. 유대인들은 하루에 두 번 쉐마를 읽었다. 아침에 한 번 저녁에 한 번. 이는 신명기 6:7의 '누워 있을 때든지 일어날 때든지'(ובשכבך ובקומך)를 아침·저녁으로 해석한 것이다.
쉐마	쉐마(שמע) 기도에 들어가 있는 성경구절은 신명기 6:4-9, 11:13-21, 민수기 15:37-41이다.
테루마	제사장이 테루마(תרומה)를 먹으러 성전에 들어간다고 했는데, 여기서 테루마는 제사장이 먹을 수 있는 제사인 거제를 말한다.

숨어 있는 개념	내용
성전에 들어가는 시간	그렇다면 제사장이 거제를 먹으러 성전에 들어가는 시간은 언제인가? 이를 이해하려면 유대인 정결의식을 알아야 하는데, 제의적으로 부정한 상태인 투마(טומאה)에서 제의적으로 깨끗한 상태인 타하라(טהרה)가 되려면 상황에 따라 세 단계를 거쳐야 한다. (1) 미크베(מקוה, 물에 잠겨 정결하게 해주는 정결례탕)에 온몸을 담그고, (2) 저녁까지 진 밖에서 기다리고, (3) 성전에서 희생제물을 드린다. 따라서 부정한 제사장이 거제를 먹기 위해서는, 부정하기 때문에 성읍 밖에서 저녁이 될 때까지 기다리던 제사장은 미크베에서 몸을 씻고 저녁이 될 때(즉, 중간 크기의 별 3개가 나타나면 저녁으로 판단함) 성읍에 들어가서 거제를 먹을 수 있다. (이때 희생제사는 드리지 않아도 된다.) 결론적으로 제사장이 테루마를 먹으러 성읍에 들어가는 때는 저녁이 막 시작된 시간이었을 것이다. 미쉬나의 저자는 이 사실을 잘 알고 있었지만, 독자들에게 일일이 설명하지 않는다. 왜냐하면 이미 모든 독자들이 알고 있다고 전제하기 때문이다.
하카밈 오므림	'랍비들은 자정까지라고 말한다'에서 '랍비들은 (이렇게) 말한다'(חכמים אומרים, 하카밈 오므림)라는 표현을 볼 수 있다. '하카밈 오므림'은 미쉬나에 가장 많이 나오는 표현 중 하나인데, 특정 이슈에 대해 다수의 의견임을 드러내기 위해 사용한다. 처음 읽는 독자들은 직역은 할 수 있지만 어떤 의미인지 설명을 듣기 전까지는 알 길이 없다.
생소한 등장인물들	랍비 엘리에제르가 누구인지, 라반 가믈리엘이 누구인지 알려주지 않는다. 언제 살았는지 얼마나 중요한 사람인지, 어떤 해석학적 성향을 보이는지를 알지 못한다면 그가 한 말이 어떤 무게인지도 가늠하기 힘들다. 따로 공부하여 암기해야 한다. 참고로 여기 인용된 랍비 엘리에제르는 라반 요하난 벤자카이의 제자로, 예루살렘 성전 파괴 이후 야브네 시대에 가장 중요한 랍비 중 하나이고, 라반 가믈리엘은 신약에 나오는 바울이 같이 공부했던 가믈리엘이 아니라 예루살렘 성전 파괴 이후 1세기 중·후반에 살았던 라반 가믈리엘 2세이다.
기름과 내장의 제사	레위기 3:3-5에 나오는 화목제를 이야기하는 것이다. 기름과 내장만 하나님께 불살라 드리고 고기는 제사장과 제사에 참여하는 사람들이 같이 먹는다.

이렇게 숨은 개념과 의미를 알고 나니 이제 조금 이해가 될 것이다. 결국 하루에 두 번 기도하는 습관을 좇아 '쉐마를 언제 읽어야 하는가'에 대한 여러 의견이 있다는 것이 아닌가. 얼핏 보더라도 미쉬나에 나오는 여러 개념과 지식들을 일반인들이 이해하기는 쉽지 않다. 문맹률이 지금보다 훨씬 높았을 고대에 쓰여진 것을 감안하면, 미쉬나는 보통의 성인이나 어린아이를 위한 책이라기보다는 교육받은 소수를 위한 전문서적이다. 그렇다면 이런 텍스트는 어떤 목적으로 쓰여진 것일까?

5) 성경의 법들을 구체화한 법전이자 법 교본

많은 학자들이 동의하듯이 미쉬나는 일종의 법전이다(예를 들면, Epstein 1957: 224-226). 왜냐하면 미쉬나는 해야 할 일과 하지 말아야 일을 규정한 일종의 법을 다루기 때문이다. 앞서 예를 든 미쉬나 구절에서는 기도 관련 종교법을 다룬다. 본문에 직접적으로 나와 있듯이 초점은 쉐마를 '언제 암송해야 하는가?'다. 실제로 삶에 적용되는 기도 관련 종교법이라는 측면에서 미쉬나는 일종의 법전 성격을 띤다.

다른 예를 살펴보자. 미쉬나는 히브리 성경에 나오는 법들을 체계화하는 과정에서 불확실한 부분을 명료히 하기도 하고, 특정 상황에서 미진한 부분을 보충하기도 한다. 안식일 관련 규정을 구체화한 예를 출애굽기 20:8과 신명기 5:12에서 살펴볼 수 있다.

- 안식일을 기억하여 거룩하게 지키라(זכור את יום השבת לקדשו) — 출 20:8.
- 네 하나님 여호와가 네게 명령한 대로 안식일을 지켜 거룩하게 하라(שמור את יום תבשה לקדשו) — 신 5:12.

두 구절에서 '지키라'로 번역된 두 동사는 히브리어로는 엄연히 다른 두 단어다. 출애굽기 20장은 '기억하라'(זכור)이고 신명기 5장은 '지키라'(שמור)다. 미쉬나는 두 구절의 동사가 다르다는 것에 근거해 안식일을 기억하는 법을 구체화한다. 금요일 저녁에 시작되는 안식일은 (포도주와 두 촛불과 함께하는) 키두쉬(קידוש) 기도로 시작하고, 토요일 저녁 해질 무렵인 안식일의 마지막은 하브달라(הבדלה) 기도와 함께 끝나게 했다. 이런 구체화의 맥락에서 우리가 잘 아는 「샤밧」 7, 2에 대한 미쉬나의 해석이 이해가 된다. 미쉬나 「샤밧」 7, 2에서는 안식일에 금지된 일을 39가지 범주로 정한다.

때때로 미쉬나는 히브리 성경에서 다루지는 않지만 중요하다고 생각되는 질문들도 다룬다. 희생제사를 다루는 레위기 1-7장을 다루며, 미쉬나는 희생제사를 드릴 때 제대로 된 의도가 중요하고 의도가 불순하면 어떻게 되는지 이야기해준다(미쉬나 「제바힘」 1, 4). 이렇듯 미쉬나는 히브리 성경의 법을 분류하고 실제적인 이슈를 구체적으로 다룬다는 면에서 일종의 법전이라 할 수 있다.

하지만 법전으로서 미쉬나는 조금만 자세히 들여다보면 문제가 있음을 알 수 있다. 앞에서 인용한 미쉬나 「브라홋」 1, 1 이하를 살펴보자. 미쉬나는 '언제 쉐마를 암송해야 하는가'에 대해 여러 상반된 의견을 제시한다. 일반적으로 랍비 엘리에제르는 '제사장이 거제를 먹으러 들어가는 시간부터 첫 야간근무가 끝나는 시간까지', 일반적인 랍비들은 '자정까지', 라반 가믈리엘은 '동이 틀 때까지'라고 했다. 미쉬나는 소개된 여러 의견 가운데 어떤 의견이 옳은지, 실제로 삶에서 어떻게 적용해야 하는지 결론을 명확히 내리지 않고 있다. 미쉬나가 법전이라면 이런 부분은 좀 이상하다.

1, 1 이하 뒤따르는 구절에도 상황은 비슷하다. 힐렐 학파와 샤마이 학파가 '어떤 자세로 쉐마를 암송해야 하는가'에 대해 이견이 있고 힐

렐 학파가 다수 의견이라는 것을 소개한다. 하지만 미쉬나는 어떤 이유로 힐렐 학파가 다수 의견인지를 밝히지 않는다. 법 정신을 명확하게 밝히지 않는데 법전이라고 할 수 있을까?

이상한 점은 이것만이 아니다. 「브라홋」 1, 5를 보면 갑자기 벤 조마 이야기가 중간에 끼어든다. 더불어 연결된 신명기 16:3 해석도 나온다. 법전에 이야기도 있고 성경 해석도 있다. 이런 점을 볼 때 정말 전형적인 법전이 맞는지 의문이 든다.

알벡(Albeck 1923)은 미쉬나가 일관성 있는 전형적인 법전이라고 말하기 어려운 이유를 다음과 같이 정리했다.

- 여러 주제를 가진 문학적 단위를 통째로 인용한다. 다시 말하면, 논의하고 있는 특정 주제가 포함된 문학 단위가 있을 때 특정 주제만 가지고 오는 것이 아니라 관련 없는 주제까지 통째로 가지고 들어온다.
- 특정 마쎄켓에 그 마쎄켓의 주제와 맞지 않는 할라카들이 들어와 있다. 하지만 정작 실제로 관련된 주제를 다루는 마쎄켓에서는 그 할라카가 들어와 있지 않다.
- 똑같은 할라카가 여러 곳에서 일관성 없이 인용되곤 한다.

한편, 랍비 예후다 하나씨는 미쉬나를 집대성하면서 구전전승을 바꾸거나 수정하지 않고 전해 내려오는 그대로 미쉬나에 보존했다. 심지어 자신의 의견과 다른 할라카도 가감없이 전한다. 이 역시도 법의 정신을 정확히 전달하여 삶에 구체적으로 적용하기 위해 만든 법전이라고 보기에는 어딘가 좀 부족하다.

많은 랍비문학 전문가들이 지적하듯이, 미쉬나는 그 자체로 법전의 역할보다는 법을 가르치는 용도의 교본일 가능성이 크다(예를 들면

Goldberg 1987: 1:227). 우선 어원적인 근거를 살펴보자. 앞서 말했듯이 미쉬나는 '반복하다' '공부하다'라는 뜻의 히브리어 '샤나'에서 나온 명사로 '학습'이라는 뜻이다. 2,000년 전 유대인의 교육방법이 반복학습이었음을 생각할 때, 책의 제목을 '미쉬나'라고 붙인 것은 법 교본으로서 책의 역할과 연결되는 것은 아닐까?

　법 교본이라고 한다면 불친절한 전문서적인 미쉬나의 특성과도 잘 맞는다. 공교육도 없었고 책도 희귀했던 시절 불친절한 전문서적을 가르치는 누군가가 옆에 있었다는 이야기다. 구전전승이라는 것이 벤 미드라쉬에서 선생이 학생을 가르치고 그것이 계속해서 전해 내려오는 삶의 정황이었음을 감안하면, 법 교본과 열린 법전으로서의 미쉬나의 특징이 이해가 된다. 미쉬나는 유대법이 체계적으로 어떻게 분류되어 있는지를 알려주고, 다양한 의견과 관점이 반영되어 일종의 법 해석사를 보여준다. 이를 정리하면 미쉬나는 궁극적으로 성경의 법 정신에 맞는 올바른 법 해석을 할 수 있게 가르치는 교본에 더 가깝다. 실제로 미쉬나의 편집자인 랍비 예후다 하나씨는 자신이 강조하고 싶은 부분이 있다고 하더라도 구전전승을 바꾸지 않고, 일반적으로 랍비 아키바를 통해 내려온 힐렐 학파 전승을 그대로 보존했다. 또한 미쉬나가 할라카를 가르치는 데 쓰이는 법 교본의 역할을 한다면 미쉬나에 나오는 현실에 실제로 적용되었을 것 같지 않은 이론적인 논쟁들도 이해가 된다.

　미쉬나는 말로 가르치던 당시의 교수법을 책으로 대체하기 위해 쓰여진 것이 아니다. 오히려 말로 제자를 가르칠 때 도움이 되기 위해 쓰여진 책이라 할 수 있다. 이러한 미쉬나의 특성은 외우기 편하도록 간결하고 반복되는 문체에도 나타난다.

　사실, 미쉬나가 법전인지 법 교본인지 둘 중 하나로 규정할 필요는 없다. 왜냐하면 미쉬나는 법을 분류하고 논하는 법전의 특성도 있고,

동시에 법을 가르치는 법 교본의 특성도 있기 때문이다. 다시 한번 이야기하면, 미쉬나는 히브리 성경의 법을 따라 살기 원하는 사람들을 위한 실제적인 적용 가이드로서 일종의 법전 역할도 했을 것이고, 동시에 법 해석자를 키우기 위한 교육용 교본의 역할도 수행했던 것으로 보인다.

6) 거룩한 삶으로 초대하는 책

미쉬나는 하나의 세계관을 담고 있는 책이다. 성경에 따르면 이스라엘 민족은 다른 민족과 구별되는 거룩한 방식으로 살아가도록 부름받았다. 다시 말하면, 이 세계에는 신이 있고, 신은 이스라엘 민족을 선택했고, 이스라엘 민족은 신이 명령한 방식으로 살아가며 세상의 모든 민족과 신을 연결하는 제사장 나라의 역할을 감당해야 한다(출 19장). 이것이 미쉬나의 세계관이다.

이런 세계관 위에서 미쉬나는 구체적으로 거룩한 삶을 어떻게 살아야 하는가를 이야기한다. 미쉬나의 6개 쎄데르(סדר)는 거룩한 삶의 면면을 살핀다.

냉정하게 질문해보자. 미쉬나의 세계관인 '선하고 거룩한 삶을 추구하는 사람들이 만들어가는 유토피아'란 얼마나 현실성이 있는가? 결론만 짧게 이야기하면, 인류역사 5천년 동안 이런 세계관이 실현된 적은 거의 없었다. 일종의 자본주의였던 고대 사회에서 신의 명령에 따라 가진 것을 조건 없이 나누고 더불어 살아가는 삶의 방식이 대부분의 사람들에게 매력적인 선택은 아니었을 것이다. 그런 세계관에 동의하는 사람이 적었을 것이고, 동의하더라도 실제로 그렇게 산 사람은 극소수였을 것이다.

필자가 이스라엘에서 유학하던 당시 미쉬나와 탈무드를 공부한다고 말하면 다들 신기해하고 의아해했다. '왜 쓸모없고 돈 안 되는 공부를 하느냐'고 반문한다. 대부분의 이스라엘 사람도 미쉬나와 탈무드가 어떤 책인지 자세히 모른다. 성경과 미쉬나의 세계관에 별로 관심이 없다. 그저 인기 학과를 나와서 돈 많이 벌고 사회적으로 성공하는 것이 바람이고 꿈이다. 2000년 전 로마 시대에도 그랬다.

미쉬나는 이런 세계관에 동의하지 않고 저항한다. 가진 것 없이 거룩한 삶을 추구하는 사람들을 비난하지 않으며 미쉬나가 중요하다고 보는 가치를 하나하나 풀어 나간다.

미쉬나에 있는 수천 개의 법은 정치, 경제, 사회 등 여러 차원에서 체계화되고 원칙이 되어 구체적인 삶의 방식으로 이끈다. 이런 측면에서 본다면 미쉬나는 철학적이라고 할 수 있다.

7) 당혹스러운 편지

끝으로 미쉬나는 일종의 당혹스러운 편지다. 편지의 내용은 '선하고 거룩한 삶을 추구하는 사람들이 만들어가는 유토피아 사회'를 소개한다. 주목할 점은 편지의 발신자가 누군지 정확하게 말해주지 않는다는 것이다. 굳이 말하자면 '유토피아에 살고 있는 (또는 살고 싶은) 누군가' 정도가 되겠다. 수신자도 말해주지 않는다. 불특정 다수에게 보내는 편지인 듯하다. 언제 어디서 보내는지도 알려주지 않는다. 편지는 갑작스럽게 본론으로 들어가고 갑작스럽게 끝난다. 왜 끝나는지도 설명해주지 않고, 결론이 무엇인지도 말해주지 않는다. 왜 보내는지도 전혀 설명이 없다. 결정적으로 편지의 내용을 보면 현대인들에게는 급하지 않은 소소한 문제가 대부분이다. 21세기에 이런 편지를 받는다면 동의하기 어려울 것이다. 이런 의미에서 미쉬나는 당혹스러운 편지다. 그러나 이런 초대와 부름에 응답하는 소수는 그 옛날에도 있었고 앞으로도 있을 것이다.

2. 미쉬나의 중요성

1) 모든 유대교의 뿌리

미쉬나는 유대교에서 히브리 성경과 더불어 가장 중요한 책 가운데 하나다. 미쉬나가 이후 등장한 모든 유대교의 뿌리이기 때문이다. 현대 유대교 안에 다양한 흐름이 존재하지만, 거의 모두 미쉬나와 (미쉬나를 해석한) 탈무드를 근간으로 한다.

현대 유대교(Modern Judaism)는 중세 유대교(Medieval Judaism)에서 중세 유대교는 예루살렘 성전이 파괴된 이후 형성된 랍비 유대교(Rabbinic Judaism)에서 비롯되었다. 랍비 유대교는 탈무드에 토대를 두고, 탈무드는 미쉬나의 주석서로 출발했다. 다시 말하면, 현대 유대교, 중세 유대교, 랍비 유대교를 따라가보면 모두 미쉬나에 기원을 두고 있다. 따라서 미쉬나는 모든 유대교의 출발이 되는 책이다.

2) 모든 랍비문학의 뼈대

미쉬나가 유대교의 근간을 이루는 작품이라는 사실은 다른 고전 랍비문학(Classical Rabbinic Literature)과의 관계에서 쉽게 확인할 수 있다. 고전 랍비문학은 크게 다섯 가지다.

- 미쉬나
- 토쎄프타
- 미드라쉬 타나임
- 예루살렘 탈무드
- 바빌로니아 탈무드

이 작품들은 기원후 70년 예루살렘 성전이 파괴된 이후부터 6세기

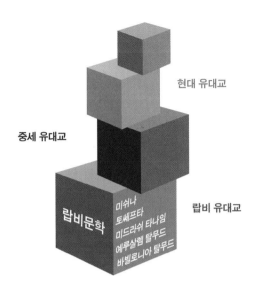

현대 유대교

중세 유대교

랍비 유대교

랍비문학

미쉬나
토쎄프타
미드라쉬 타나임
예루살렘 탈무드
바빌로니아 탈무드

유대교는 랍비문학을 토대로 형성되었고, 모든 랍비문학의 뿌리는 미쉬나다.

에 이르기까지 500년에 걸쳐 쓰여졌다. 여기서 히브리 성경의 절별 주해서인 '미드라쉬 타나임'을 제외하고 나머지 작품들은 모두 미쉬나의 구조를 따른다. 토쎄프타, 예루살렘 탈무드, 바빌로니아 탈무드는 미쉬나가 세운 6개의 쎄데르와 그 아래 여러 마쎄켓들을 기본틀로 가진다. 물론 상황에 따라 더 이상 논의하지 않는 마쎄켓도 있지만 미쉬나의 틀을 따른다는 점에는 이견이 없다. 미쉬나는 모든 랍비문학의 틀과 뼈대인 것이다. 다음 표는 이러한 관계를 상세하게 보여준다.

■ 미쉬나의 구조를 따르는 랍비문학들(숫자는 장의 개수다)

쎄데르	마쎄켓	미쉬나	토쎄프타	예루살렘 탈무드	바빌로니아 탈무드
제라임 זרעים	브라홋 ברכות	9	6	68	64
	페아 פיאה	8	4	37	0
	드마이 דמאי	7	8	34	0
	킬아임 כילאים	9	5	44	0
	슈비잇 שביעית	10	8	31	0
	트루못 תרומות	11	10	59	0
	마아쎄롯 מעשרות	5	3	26	0
	마아쎄르 쉐니 מעשר שני	5	5	33	0
	할라 חלה	4	2	28	0
	오를라 ערלה	3	1	20	0
	빅쿠림 ביכורים	4	2	13	0
모에드 מועד	샤밧 שבת	24	18	92	157
	에루빈 עירובין	10	8	65	105
	페싸힘 פסחים	10	10	71	121
	쉐칼림 שקלים	8	3	33	0
	요마 יומא	8	4	42	88
	쑤카 סוכה	5	4	26	56
	베짜 ביצה	5	4	22	40
	로쉬 하샤나 ראש השנה	4	2	22	35
	타아닛 תענית	4	3	26	31
	메길라 מגילה	4	3	34	32

쎄데르	마쎄켓	미쉬나	토쎄프타	예루살렘 탈무드	바빌로니아 탈무드
	모에드 카탄 מועד קטן	3	2	19	29
	하기가 חגיגה	3	3	22	27
나쉼 נשים	예바못 יבמות	16	14	85	122
	케투봇 כתובות	13	12	72	112
	네다림 נדרים	11	7	40	91
	나지르 נזיר	9	6	47	66
	쏘타 סוטה	9	15	47	49
	기틴 גיטין	9	7	54	90
	키두쉰 קידושין	4	5	48	82
네지킨 נזיקין	바바 캄마 בבא קמא	10	11	44	119
	바바 메찌아 בבא מציעה	10	11	37	119
	바바 바트라 בבא בתרא	10	11	34	176
	산헤드린 סנהדרין	11	14	57	113
	마콧 מכות	3	4	9	24
	쉬부옷 שבועות	8	6	44	49
	에두욧 עדויות	8	3		
	아봇 אבות	5	0	0	0
	아보다 자라 עבודה זרה	5	9	37	76
	호라욧 הוריות	3	2	19	14
코다쉼 קדשים	제바힘 זבחים	14	13	0	120
	메나홋 מנחות	13	13	0	110

쎄데르	마쎄켓	미쉬나	토쎄프타	예루살렘 탈무드	바빌로니아 탈무드
	훌린 חולין	12	10	0	142
	브코롯 בכורות	9	7	0	61
	아라킨 ערכין	9	5	0	34
	트무라 תמורה	7	10	0	34
	크리톳 כריתות	6	4	0	28
	메일라 מעילה	6	3	0	22
	타미드 תמיד	7	0	0	8
	미돗 מידות	5	0	0	0
	키님 קינים	3	0	0	0
토호롯 טהרות	켈림 כלים	30	25	0	0
	오홀롯 אהלות	18	18	0	0
	네가임 נגעים	14	9	0	0
	파라 פרה	12	12	0	0
	토호롯 טהרות	10	11	0	0
	미크바옷 מקואות	10	8	0	0
	닛다 נידה	10	9	13	73
	마크쉬린 מכשירין	6	3	0	0
	자빔 זבים	5	5	0	0
	테불 욤 טבול יום	4	2	0	0
	야다임 ידיים	4	2	0	0
	우크찜 עוקצים (또는 우크찐 עוקצין)	3	1	0	0

표와 관련하여 몇 가지 중요한 사항을 정리해보자.

- 초기 미쉬나 사본(MS Kaufmann이나 MS Parma 등)을 살펴보면 마쎄켓 수는 63개가 아니라 60개였던 것으로 보인다. 마쎄켓 「바바 캄마」「바바 메찌아」「바바 바트라」대신 마쎄켓 「네지킨」이 등장한다. 초기에 하나였던 「네지킨」이 후에 3개로 나뉜 것은 분량 때문인 듯하다. 또한 「산헤드린」「마콧」은 원래 하나의 마쎄켓이었다.
- 마쎄켓 순서는 미쉬나 사본마다 조금씩 다르게 나타나기도 한다. 현재 미쉬나 순서는 마이모니데스의 주석본과 같다.
- 각 마쎄켓의 장 구분은 처음부터 있었던 것은 아닌 듯하다.
- 각 마쎄켓의 장들은 사본마다 구분이 조금씩 다르다.
- 예루살렘 탈무드는 바빌로니아 탈무드에 비해 다루지 않는 부분이 많다.
- 바빌로니아 탈무드는 바빌로니아에서 쓰여졌기 때문에 이스라엘 땅의 농업 관련 이슈가 주를 이루는 쎄데르 제라임을 다루지 않고(기도 관련 이슈를 다루는 마쎄켓 「브라홋」제외), 성전이 없기에 제의적인 정결과 부정을 다루는 쎄데르 토호롯도 다루지 않는다.

3) 하나님 말씀의 권위를 갖는 가르침

미쉬나는 신학적 측면에서도 중요하다. 미쉬나는 모세가 시내산에서 하나님께 받은 구전토라를 모아놓은 첫 번째 책이다. 따라서 하나님 말씀으로서의 권위를 가진다. 구전토라의 모음집인 미쉬나의 중요성은 '바라이타'(ברייתא)라는 개념을 이해하면 더 명확해진다. 바라이타는 타나임 시대까지 전해 내려온 구전전승이나 법 해석 가운데 랍비 예후다 하나씨가 집대성한 미쉬나에 들어가 있지 않은 모든 가르침을 가리킨다. 다시 말하면, 미쉬나 이후의 구전전승은 미쉬나가 기준이 되어 미쉬나 안에 들어가 있는 가르침(마트니타, מתניתא)과 들어가 있지 않은 가르침(바라이타)으로 나뉘게 된 것이다. 토쎄프타나 미드라쉬 타나임도 바라이타라 할 수 있고, 탈무드에서 인용하는 타나임의 의견 중 미쉬나에 들어가 있지 않은 것들도 바라이타다. 미쉬나는 하나님의 말씀 중에서 선택받은 구전전승으로 유대교의 기초가 되는 작품이라 해도 과언이 아니다.

3. 미쉬나의 형성과정

1) 미쉬나의 기원

랍비문학은 미쉬나의 기원을 모세가 시내산에서 구전토라를 받았던 때로 본다. 이는 미쉬나 「아봇」 1, 1에 근거한 것이다.

먼저 이 전승의 역사성을 살펴보자. 모세가 기원전 15세기 사람이라고 가정한다면, 구전전승은 로마시대 기준으로 최소한 1,500년 이상 되었다. 그런데 이 오랜 기간 여러 의견들이 입에서 입으로 전해 내려오는 것이 가능할까? 그랬다고 한다면 무수한 의견이 나왔어야 하는데, 실제로 기원후 1세기 타나임 시대에 와서야 의견이 다양해졌다. 왜 그런가? 미쉬나는 언제 문서화되었으며, 랍비 예후다 하나씨는 미쉬나를 어떻게 집대성했나?

10세기의 쉐리라 가온(שרירא בר חנינא, Sherira Gaon)은 구전전승이 다양해진 이유는 힐렐 학파와 샤마이 학파의 수많은 제자들이 의견을 제시했기 때문이라고 이야기한다(쉐리라 가온의 편지[*ISG*]). 다시 말하면, 힐렐과 샤마이 이전의 구전전승은 의견이 일치되어 하나로 내려왔고, 두 학파의 제자들이 많아짐에 따라 의견이 갈리고 복잡해져서 미쉬나를 정리, 기록할 필요가 있었다는 의미다. 쉐리라 가온보다 더 이른 시대에 살았던 9세기의 사아디야 가온(סעדיה גאון, Saadia Gaon)의 생각은 조금 다르다. 그는 공의회 사람들부터 미쉬나가 쓰여지기 시작했다는 의견을 제시한다(쎄페르 하갈루이).

미쉬나의 기원과 역사에 대해 누구의 말이 맞는지는 정확히 모른다. 아마도 힐렐과 샤마이 이전까지 구전전승은 일치해 내려왔다는 쉐리라 가온의 견해는 구전전승을 인정하지 않는 카라임 전통(Karaism)의 도전을 염두해 둔 듯하다. 유대교 안에서도 구전전승이 시내산에서 비롯되었다는 의견조차 일치하지 않는다. 확실한 것은 적어도 타나임 시대에는 다수의 구전전승이 존재했고, 미쉬나의 기원에 대해 의문이 제기되었다는 사실이다.

미쉬나의 기원에 대한 현대 학자의 견해는 다양하다. 10세기 쉐리라 가온은 제2차 성전시대부터 시작하여 할라카는 성경에서 나왔고 성경과 더불어 해석되었다고 말한다(ISG 39). 미쉬나가 성문토라의 해석에서 기원했다는 것이다. 어떤 이들은 바벨론 포로기 이후 성경해석으로부터 시작되었다는 의견도 있고(Z. Frankel), 라우터바크(J. Z. Lauterbach) 같은 학자는 성경을 직접적으로 인용하지 않고 미쉬나처럼 할라카를 가르치는 방법은 기원전 2세기 마카비 시대부터 시작했다고 주장하기도 한다(Lauterbach 1973: 163ff).

결론적으로 미쉬나가 언제 어떻게 시작되었는지 정확히 알기는 어렵다. 하지만 한 가지 분명한 것은 적어도 제2차 성전시대 후반에는 구전전승이 복잡해진 것 같다. 가르침이 다양해짐으로써 문서로 남겨야 할 필요성이 대두되었을 것이다. 특히 기원후 70년 예루살렘 성전이 파괴된 이후 바르 코크바 반란*으로 이어지는 계속되는 정치적 불안은 그 필요성을 더욱 크게 했을 것이다.

2) 미쉬나의 집대성

구전으로 전승되어온 여러 법들을 정확히 언제부터 모으고 분류하기 시작했는지 모른다. 하지만 적어도 2세기 초·중반의 랍비 아키바(רבי עקיבא) 때에는 구전법 분류가 진행되었던 듯하다. 랍비 전승은 아키바를 바구니를 들고 밭에서 일하는 일꾼에 비유한다. 아봇 드라비 나탄 18장을 번역해보면 아래와 같다.

히브리어 원문	한글 번역
רבי עקיבא דומה לפועל שנטל קופתו ויצא לחוץ מצא חטים מניח בה מצא שעורים מניח בה כוסמין מניח בה פולין מניח בה עדשים מניח בה כיון שנכנס לביתו מברר חטים בפני עצמן שעורים בפני עצמן כוסמין בפני עצמן פולין בפני עצמן עדשים בפני עצמן. כך עשה ר' עקיבא ועשה כל התורה טבעות טבעות.	랍비 아키바는 바구니를 들고 밖으로 나간 일꾼과 같다. (랍비 아키바는) 밀을 발견했고 바구니에 담았다. (랍비 아키바는) 보리를 발견했고 바구니에 담았다. (랍비 아키바는) 스펠트밀을 발견했고 바구니에 담았다. (랍비 아키바는) 콩을 (발견했고) 바구니에 담았다. (랍비 아키바는) 편두를 (발견했고) 바구니에 담았다. 랍비 아키바가 집에 들어갔을 때(=돌아왔을 때) (랍비 아키바는) 밀은 밀끼리 모았고, 보리는 보리끼리, 스펠트밀은 스펠트밀끼리, 콩은 콩끼리, 편두는 편두끼리 (모았다). 랍비 아키바는 이렇게 했다. (랍비 아키바는) 토라 전체를 각각의 (구별 가능한) 반지로 만들었다(=모든 토라를 구별 가능한 카테고리로 만들었다).

일꾼이 밭에 나가 보이는 대로 여러 곡식을 바구니에 담아 집에 돌아와 비슷한 종류대로 분류하는 것처럼, 랍비 아키바도 흩어진 많은 할라카들을 주제별로 나누고 범주화했다는 것이다. 탈무드는 랍비 아키바를 '현자들의 아버지'(ראש לחכמים) 또는 '미쉬나의 아버지'(ראש למשנה)라 부른다.

---

* 바르 코크바 반란(132-135)은 하드리아누스 황제 시기에 로마의 침략에 맞서 일어난 사건이다. 항전을 지휘한 바르 코크바(Bar kokhba)의 이름은 아람어로 '별의 아들'을 의미했다.

'미쉬나의 아버지'라 불린 랍비 아키바(16세기 삽화). 랍비 전승은 그를 바구니를 들고 밭에서 일하는 일꾼에 비유한다.

랍비 아키바의 작업은 많은 제자들(랍베 메이르, 랍비 요쎄, 랍비 예후다, 랍비 쉬몬 등)에 의해 계속되었다. 미쉬나에서 이들이 가장 빈번히 언급되는 이유도 이와 무관치 않다. 특히 미쉬나에서 특정 랍비를 지칭하지 않으면 대부분 랍비 메이르의 가르침으로 보는데 이를 통해 집대성 작업에서 그의 역할이 얼마나 중요한지 짐작할 수 있다. 결론적으로, 랍비 아키바와 그의 제자들이 6개의 쎄네르로 이루어신 현재 미쉬나의 기초를 놓았다고 해도 과언이 아니다(바빌로니아 탈무드 「산헤드린」 86a 참조).

이렇게 출발한 미쉬나 집대성 작업은 3세기 초 랍비 예후다 하나씨에 의해 마무리되었다. 그는 구전법을 6개의 쎄데르와 그 아래 마쎄켓으로 분류해 전체 체계를 세움으로써 가장 큰 공헌을 했다. 실제로 랍비 예후다 하나씨가 미쉬나를 집대성한 이후 일부 논의에 대해 의견을 바꾸기도 하고, 이전과 상반되는 의견을 더하기도 했다. 하지만 그가 죽은 뒤에는 새로이 첨가된 부분은 많지 않다.

벤 쉐아림에 있는 랍비 예후다 하나씨의 무덤. 미쉬나는 그에 의해 집대성되었다.

4. 형성과정에서 나타난 미쉬나의 특징

1) 복잡해진 구전전승 잘 기억하고 배우기

미쉬나가 지금의 형태로 모습을 갖춘 것은 바로 복잡해진 구전전승을 잘 기억하고 배우기 위해서다. 오랜 기간 스승에서 제자로 이어지며 축적된 구전전승은 정리의 필요성이 대두되었던 것이다. 그전까지 주로 반복과 집중학습을 통해 배우고 기억해왔다면 이제 그렇게 하기에는 너무 복잡해졌다. 랍비들이 많아지면서 구전전승은 방대해지고 그 형태와 표현 방법도 다양해졌다. 제자들 입장에서는 비교하고 분류하고 정리해야만 했던 것이다.

사실 전승의 초기 단계에서는 기억하는 일이 크게 문제되지 않았다. 왜냐하면 히브리 성경 구절을 중심으로 구전법들이 해석되고 전해졌기 때문이다. 성경을 통해 구전법 해석의 논리적 근거를 마련했고, 구전법을 효과적으로 기억하기도 했다. 하지만 시간이 지남에 따라 많은 구전법들이 히브리 성경의 범위를 벗어나게 되었다. 이제 범주화하고 분류하지 않으면 기억하거나 공부하기가 어려운 상황이 되었다. 예를 들면 '안식일에 금지된 39가지 법'에서 39라는 숫자를 굳이 사용한 것은 잘 기억하기 위해서다.

또한 다양한 법들을 일반화하여 주제별로 묶은 것은 법적인 개념을 세우고 이론적 토대를 마련하려는 목적보다는 어떤 논의들이 오고 갔는지를 알리고 다양한 의견을 요약하려는 목적이 있다. 다시 말하면, 흩어져 있는 다양한 할라카들의 공통분모를 찾아 서로 묶어주려는 것이다. 이렇게 생겨난 것이 십일조, 안식일 등의 규정이다.

2) 신학적 주제에 관심이 없다

미쉬나의 주제와 관련해서 특이한 점은 미쉬나는 신학적 주제에 거의 관심이 없다는 것이다. 실제로 신학적인 주제를 다루는 마쎄켓이 없다고 해도 과언이 아닌데, 예외라면 미쉬나 「산헤드린」 10, 1 이하의 몇몇 구절밖에 없다. 거기에는 랍비 유대교에서 중요하게 생각할 만한 3개의 아이디어가 언급된다. (1) 죽은 자가 다시 살아난 것, (2) 하나님이 토라를 주셨다는 것, (3) (에피쿠로스 학파가 부인하는) 하나님이 인간사를 다스리고 계신다는 것. 이 3가지 아이디어가 미쉬나에 등장한다고 하여 이것이 랍비 유대교의 교리라고 할 수는 없다. 왜냐하면 미쉬나는 교리를 정리하기 위해 쓰여지지 않았기 때문이다. 이런 의미에서 미쉬나는 메시아를 거의 언급하고 있지 않다고 해도 틀린 말은 아니다. 사실 랍비문학이 묵시적이고 종말론적인 주제에 관심이 없다는 것은, 제2차 성전시대에 헬라어로 된 묵시문학과 말세 담론이 넘쳐났던 것과 비교하면 사뭇 상반되는 현상이라 할 수 있다.

3) 다양한 의견이 존재하지만 방향은 있다

미쉬나에는 이슈에 따라 여러 랍비들이 등장하고 서로 다른 의견이 제시된다. 이전의 미쉬나욧(미쉬나의 복수)이나 할라카를 소개하고 거기에 해석도 덧붙인다. 물론 고대의 미쉬나욧이 담고 있는 핵심 메시지와 쟁점 또는 방법론을 전달하기 위한 목적이다. 하지만 그것이 주된 목적이라고 해서 미쉬나가 방향성이 없는 책은 아니다. 편집자의 의견이 많이 들어가 있다. 요약하고 수정하고, 때때로 여러 논쟁적 견해를 소개해 어떤 것이 바람직한지 말해주기도 한다. 아마도 이미 정리된 이슈를 다루는 많은 미쉬나욧들이 편집자의 의도에 의해 미쉬나 안으로 들어오지 못했을 것이다.

실제로 미쉬나는 많은 이슈에 대해 어떤 것이 올바른 다수 의견인지 알려준다. '스탐 미쉬나'(סתם משנה)라는 표현이 미쉬나에 등장하면 일반적으로 많은 랍비들이 동의하는 해석이거나 편집자인 랍비 예후다 하나씨의 의견임을 나타낸다. 때때로 미쉬나욧들은 다수 의견을 이야기하지 않고 법 해석을 소개한다. 이때는 유명한 랍비를 인용하는 경향이 있다. 랍비 예후다 하나씨가 미쉬나를 집대성하던 시기에는, 정리된 쟁점들도 많았겠지만 논쟁거리도 점점 늘어났으리라 생각된다.

4) 시대의 변화 앞에 열려 있다

미쉬나의 형성과 관련하여 또 하나 생각해봐야 할 점은 문화적인 도전이다. 시간이 지남에 따라 사회의 풍속은 바뀌게 마련이고, 문화도 시대의 변화를 직면한다. 따라서 기존의 법들을 다시 손볼 필요가 생기고 새로운 주제와 다른 범주가 요청되기도 한다. 바리새인과 사두개인의 논쟁이 법에 영향을 주기도 하고, 유대사회에 외국인이 많아지면서 새로운 법을 만들어야 하고, 사마리아인과의 정치적·종교적 관계가 때로 법 해석에 영향을 미치기도 한다. 예를 들면, 토쎄프타는 사마리아인이 유대인인지에 대해 논의하고 미쉬나는 사마리아인과의 결혼을 금하기도 한다(미쉬나「키두쉰」4, 3/토쎄프타「테루마」4, 12; 4, 14). 이런 의미에서 미쉬나는 언제나 시대의 변화 앞에 열려 있다. 변하는 것이, 또 변할 수밖에 없는 것이 숙명이다. 미쉬나뿐 아니라 탈무드와 랍비문학은 그 자체로 최종의 산물이 아니라 현재진행형인 작업들이다.

3 미쉬나는 어떻게 구성되어 있는가

1) 미쉬나의 구조: 6개의 쎄데르와 63개의 마쎄켓

미쉬나는 큰 주제를 담고 있는 6개의 쎄데르(סדר)로 구성된다. 말하자면 쎄데르는 미쉬나를 나누는 큰 범주라 할 수 있다. 그리고 6개의 쎄데르는 63개의 마쎄켓으로 이루어져 있다.

미쉬나가 '6개의 쎄데르'(ששה סדרים)로 되어 있다고 하여 미쉬나를 히브리어 약어인 '샤쓰'(ש"ס)라고 부르기도 한다. '샤쓰'는 미쉬나뿐 아니라 탈무드를 일컫는 용어로 쓰이기도 하는데, 이는 미쉬나와 탈무드의 구조가 둘 다 6개의 쎄데르로 구성되었다는 점에서 수긍된다. 랍비 예후다 하나씨가 미쉬나를 집대성하던 3세기에 6개의 쎄데르가 지금의 순서대로 정해졌는지 정확히 알기는 어렵다. 하지만 이후 아모라임 시대를 거쳐 탈무드가 집대성되던 5세기에는 지금의 순서대로 정착된 것으로 보인다.

마쎄켓은 쎄데르 안의 특정 주제를 다루는 작은 책(또는 소논문)이라 생각해도 무방하다. 분량은 마쎄켓마다 다르다. 긴 마쎄켓은 꽤나 방대하여 두세 권으로 나누는 경우도 있다. 미쉬나는 6개의 쎄데르 안에 63개의 마쎄켓을 포함한다. 마쎄켓은 다시 페렉(장)으로 구성되

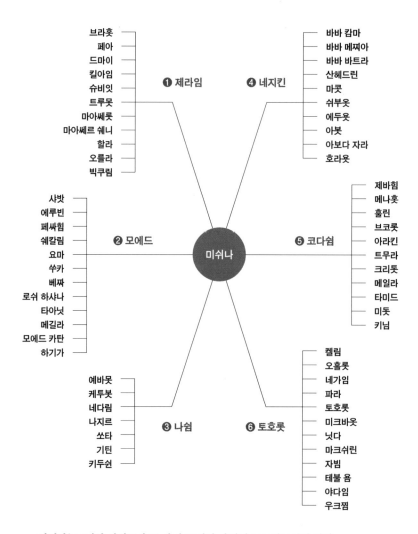

미쉬나는 6개의 쎄데르와 그 아래 63개의 마쎄켓으로 이루어져 있다.

고, 각 장에는 미쉬나(할라카)들이 많이 모여 있다. 각 쎄데르 안의 마
쎄켓은 제라임을 제외하고는 일반적으로 크기 순서로 배치되었다. 쎄
데르, 마쎄켓, 마쎄켓 안의 장은 일반적으로 주제별로 세밀하게 연결
되고 체계적으로 배열되어 있다.

쎄데르	의미	마쎄켓 수	내용
제라임 זרעים	씨앗들	11	농사 관련법(특히 소산물의 십일조 등)과 기도문들.
모에드 מועד	절기	12	안식일과 절기에 관한 법들.
나쉼 נשים	여성들	7	결혼과 이혼 등 여성과 가족에 관한 법들.
네지킨 נזיקין	손상·손해	10	손해, 배상, 사적·공적 불법행위, 사형, 법원, 증언 등 민법과 형법 관련 법들.
코다쉼 קדשים	거룩한 것들	11	희생제사, 예루살렘 성전, 식탁법 등에 관한 법들.
토호롯 טהרות	정결한 것들	12	제의적인 정결과 부정에 관한 법들(부정이 어떻게 퍼지는지, 부정할 경우 어떤 제약이 있는지, 어떻게 정결해질 수 있는지 등).

쎄데르와 마쎄켓에 정확히 부합하는 우리말 번역어는 찾기 어렵다. 미쉬나를 배운다는 것은 어느 정도 원어에 익숙해져야 하는 일이기 때문에 '쎄데르'와 '마쎄켓'을 되도록 그대로 사용하는 것을 권한다. 마쎄켓 안의 페렉과 미쉬나는 각각 '장'과 '미쉬나'로 부른다.

미쉬나와 쎄데르가 어떻게 현재의 구조와 형태가 되었는지 이해하려면 미쉬나의 목적을 알아야 한다. 미쉬나의 목적은 하나님의 말씀인 성경을 기준 삼아 거룩한 삶을 살게 하는 데 있다. 거룩한 삶에는 질서가 있고, 거룩한 삶을 산다는 것은 질서를 회복하는 일이다. 미쉬나는 삶의 질서가 바로 서야 하는 분야를 여섯 가지로 나눈다.

다음은 그 6개 분야를 일목요연하게 소개하고 서로 어떤 관련성이 있는지 살펴보고자 한다. 미쉬나의 구조가 첫 번째와 두 번째 쎄데르(제라임·모에드), 다섯 번째와 여섯 번째 쎄데르(코다쉼·토호롯)가

대칭을 이루는 것을 감안하여 1·2, 5·6, 3·4의 순서대로 소개한다.

2) 첫 번째 쎄데르 '제라임'

'제라임'(זרעים)은 그 제목이 '씨들'을 뜻하는바 농사와 관련된 법들을 모은 쎄데르다. 그것은 더 유추해보면 경제생활을 다룬다는 의미다. 결국 하나님을 따르는 거룩한 삶은 무엇보다 먹고사는 문제에서 질서가 바로잡힐 때 시작된다는 것이다. 제라임 안에는 11개의 마쎄켓이 있는데, 그 각각을 살펴보면 구체적으로 농사와 관련된 어떤 부분에서 하나님의 질서가 바로 서야 하는지를 깨닫게 한다.

마쎄켓	의미	장	성경구절	내용 및 특이점
브라홋 ברכות	축복	9		여러 기도문들과 관련된 이슈들을 다룬다(쉐마, 아미다 등).
페아 פאה	모퉁이	8	레 19:9-10 23:22 신 24:19-22	레위기 19장에 나오는 밭모퉁이 법과 관련된 이슈들을 다룬다. 밭모퉁이 법은 수확할 때 가난한 사람들을 위해 밭 모서리 부분의 곡식들은 수확하지 말고 남겨두라는 레위기의 법이다. 다루는 내용은 예를 들면 이런 질문들이다. 페아법을 지켜야 하는 식물은 어떤 것인가? 밭모퉁이는 밭의 어느 부분인가? 페아는 어떻게 드려야 하는가? 누가 페아를 먹을 수 있는가?
드마이 דמאי	의심되는 소산물	7		십일조로 구별해놓은 농산물 가운데 규정에 따라 적절히 구별한 것인지 의심스러운 소산물에 관한 법을 다룬다. 다루는 내용은 예를 들면 이런 질문들이다. 둘째 십일조는 언제 드려야 하는가? 이 규정은 누가 지켜야 하는가?

마쎄켓	의미	장	성경구절	내용 및 특이점
킬아임 כילאים	혼합 금지	9	레 19:19 신 22:9-11	성경의 레위기에는 두 종류의 혼합을 금지하는 여러 법(씨 섞어 뿌리기 금지, 동물의 이종교배 금지 등)이 있는데, 마쎄켓「킬아임」은 이 법들을 다룬다. 어떤 종류의 동물이나 식물이「킬아임」에 해당하는가?
슈비잇 שביעית	안식년	10	출 23:11 레 25:1-8 신 15:1-11	(매 7년 땅을 쉬게 하고, 빚을 탕감해주고, 종들이 풀어주는) 안식년 관련 규정을 다룬다. 그 내용은 예를 들면 이런 질문들이다. 안식년에 할 수 있는 농사 관련 일은 어떤 것이 있는가? 안식년에 생산된 농작물은 어떻게 해야 하는가? 아울러 빚 관련 규정들도 다룬다.
트루못 תרומות	봉헌물	11	레 22:10-14 민 18:3-20 신 18:4	성전 제사를 드릴 때 제사장과 레위인에게 돌아가는 몫에 관한 법을 다룬다. 그 내용은 예를 들면 이런 질문들이다. 어떻게 몫을 정하고 어떻게 몫을 떼어놓는가? 레위인과 제사장의 몫으로 떼어놓은 것이 다른 과일과 섞이면 어떻게 해야 하는가? 잊어버리거나 의도적으로 드리지 않으면 어떻게 해야 하는가?
마아쎄롯 מעשרות	(첫째) 십일조	5	민 18:21-24	성경의 민수기는 십일조의 필요성을 이야기하고 있고, 이스라엘 백성은 농산물의 1/10은 레위인에게 주어야 한다고 말한다. (첫째) 십일조에 관한 법을 다루는데, 예를 들면 이런 질문이다. 어떤 과실이 첫째 십일조의 대상인가?

마쎄켓	의미	장	성경구절	내용 및 특이점
마아쎄르 쉐니 מעשר שני	둘째 십일조	5	신 14:22-26	둘째 십일조와 관련된 법규를 다룬다. 그것은 감사와 기쁨의 교제를 위해 함께 음식을 먹는 성격의 십일조. 1년째, 2년째, 4년째, 5년째 십일조는 예루살렘에서 먹어야 하고 3년째와 6년째 십일조는 가난한 이들에게 주어야 한다. 다루는 내용은 예를 들면 이런 질문들이다. 둘째 십일조를 어떻게 팔 것인가? 팔아서 얻은 돈을 어떻게 사용하는가?
할라 חלה	가루 반죽 제물	4	민 15:18-21	제사장에게 가져가는 가루반죽 제물(할라)에 관한 법을 다룬다. 구체적으로 이런 질문들을 내용으로 한다. 할라 법이 적용되는 다섯 가지 종류의 식물은 무엇인가?(밀, 보리, 스펠트밀, 귀리, 호밀이다.) 할라는 얼마나 드려야 하는가? 할라와 거제의 비슷한 점은 무엇인가?
오를라 ערלה	식용금지 할례받지 않은 열매	3	레 19:23-25	심고 난 후 첫 3년 동안의 나무 열매는 할례를 하지 않은 것으로 간주해 먹는 것이 금지된다. 이와 관련된 법을 다루는데, 예를 들면 이런 질문들이다. 어떤 종류의 나무가 오를라에 해당하는가? 언제 옮겨 심은 것으로 간주할 것인가?
빅쿠림 ביכורים	첫 열매	4	출 23:19 신 26:1-11	첫 열매에 관한 법을 주로 다룬다. 유대법에서 첫 열매는 성전으로 가져가 제사장에게 주어야 한다. 다루는 내용은 예를 들면 이런 질문들이다. 누가 첫 열매를 드리는가? 어떤 것으로 첫 열매를 드리는가? 언제 드리는가? 빅쿠림, 거제, 둘째 십일조가 겹

마쎄켓	의미	장	성경구절	내용 및 특이점
				칠 때는 어떻게 하는가? 어떤 점에서 이것들은 다른가? 어떻게 빅쿠림을 예루살렘으로 가져가는가?

흥미로운 사실은 농사 관련법들을 다루는 쎄데르 제라임에 축복기도문을 다루는 마쎄켓 「브라홋」이 포함되어 있다는 것이다. 관련성을 굳이 생각해보면, 농산물로 구성된 여러 음식에 대해 식탁기도 논의가 있기 때문이라 추측해볼 수 있다. 식탁기도는 하나님에 대한 믿음과 의지의 표현이고 이 또한 중요한 질서를 의미한다.

쎄데르 제라임과 관련해 또 하나 상식적으로 알아두어야 할 사항은 바빌로니아 탈무드는 마쎄켓 「브라홋」을 제외하고 쎄데르 제라임의 나머지 마쎄켓들에 대해 주석(게마라)을 붙이지 않았다는 것이다. 다시 말해 게마라가 없는 이유는 쎄데르 제라임에서 다루는 농사 관련법들이 이스라엘 땅 안에서만 적용된다고 생각했기 때문인 듯하다. 예루살렘 탈무드에는 쎄데르 제라임의 모든 마쎄켓에 대한 게마라가 있다.

쎄데르 제라임을 정리해보자. 이스라엘은 하나님의 땅에서 농사를 짓는 농부와 같다. 농부는 하나님의 방법대로 거룩하게 농사를 지어야 한다. 그래야 땅도 거룩하고 그 땅에서 나온 곡식들도 거룩하다. 더불어 하나님의 방법대로 거룩하게 농사지어 열매 맺은 땅의 소산물은 하나님의 뜻대로 거룩하게 사용해야 한다. 하나님께 드릴 것은 하나님께 드리고 이웃과 나눌 것은 나누고 나머지는 이스라엘 백성이 원하는 대로 사용할 수 있다. 여기서 인간의 의지가 중요해진다. 쎄데르 제라임은 여러 마쎄켓을 통해 어떻게 의지를 거룩하게 사용하는지를 구체적으로 다룬다.

첫 번째 쎄데르와 두 번째 쎄데르의 연결점을 생각해보면 이렇다.

하나님이 주신 거룩한 땅에서 경제생활을 하다가 하나님이 '정하신 때'에 하나님이 정해주신 방법으로 하나님께 나아가야 한다. 여기서 '정해진 때'가 바로 두 번째 쎄데르의 이름인 '모에드'다.

3) 두 번째 쎄데르 '모에드'

'모에드'(מועד)는 여러 가지 뜻이 있으나 미쉬나에서는 '정해진 때'라는 의미가 중요하다. 한글성경에서 주로 '절기'로 많이 번역된다. 하나님이 주신 땅을 일구며 경제생활을 영위하다가 '정해진 때'에 하나님께 나아가는 것, 바로 그것이 거룩한 땅에서 거룩하게 살아가는 방법이다.

거룩한 땅의 중심에는 예루살렘 성전이 있다. 거룩한 땅에서 생산된 곡물들은 거룩함의 상징인 예루살렘 성전에서 하나님께 바친다. 이렇게 '정해진 때'에 거룩함에 참여함으로써 각 마을도 예루살렘 성전과 같이 거룩해진다. 온 이스라엘이 거룩해지는 것이다. 쎄데르 모에드가 주로 다루는 3대 순례절기(유월절, 칠칠절, 장막절)와 관련된 세부 규정들도 이런 의미로 해석할 수 있다. 사실 구약성경을 통해 절기나 안식일 법에 대해 알고는 있지만 어떻게 지켜야 하는지 구체적인 사항들은 미쉬나와 탈무드를 봐야 제대로 알 수 있다. 쎄데르 모에드는 '정해진 때'에 거룩에 참여하는 방법을 구체화한 12개의 마쎄켓으로 구성된다.

마쎄켓	의미	장	성경구절	내용 및 특이점
샤밧 שבת	안식일	24	출 20:10 23:12 신 5:14	안식일 관련법을 다룬다. 특히 안식일에 해서는 안 되는 39가지 일에 대해 논의한다. 안식일이 허용되는 직업에는 어떤 것이 있는가? 한편 안식일에 움직일 수 있는 범위에 관한 규정도 다룬다.
에루빈 עירובין	혼합	10		유대인들은 안식일이나 속죄일에 집 밖으로 물건을 가지고 나가지 못하는데, 이러한 제한을 극복하는 여러 방법들에 관한 규정을 다룬다. 예를 들면 미쉬나 시대에 랍비들은 안식일에 2,000아마(약 1킬로미터)를 초과해 걸어가는 것을 금했다.
페싸힘 פסחים	유월절	10	출 12:23 15:34 34:18 레 23:5-8 민 28:16 이하 신 16:1 이하	유월절 관련법을 다룬다. 누룩을 제거하는 규정, 유월절 음식인 쓴나물과 무교병에 관한 규정, 유월절을 준비하는 날에 허락되는 일에 관한 규정, 유월절 양을 잡아 준비하는 규정, 유월절 식사 규정 등이다.
쉐칼림 שקלים	쉐켈	8	출 30:12 이하 느 10:33	(공동체 제의를 위한) 성전세 반 쉐켈 관련법을 다룬다. 성전세 반 쉐켈은 누가 내야 하는가? 성전세를 내기 위한 환전 관련 규정, 성전의 헌금함 관련 규정, 언약패나 휘장의 청소 규정 등을 다룬다.
요마 יומא	그날	8	레 16	'요마'는 아람어로 '그날'이라는 뜻이며 속죄일을 가리킨다. 마쎄켓 「요마」는 속죄일 규정들과 대제사장이 행하는 의식과 관련된 법을 주로 다룬다. 대제사장의 속죄일 준비, 숫염소 두 마리의 제비뽑기 방법, 대제사장의 죄 고백 세 가지, 지성소로 들

마쎄켓	의미	장	성경구절	내용 및 특이점
				어가는 세 군데 입구, 속죄일에 해서는 안 되는 것, 속죄의 방법들(속죄제, 속건제, 죽음, 속죄일, 회개) 등이다.
쑤카 סוכה	초막	5	레 23:33-36 민 29:12 이하 신 16:13 이하	장막절 관련법을 다룬다. 장막은 어떻게 짓는가? 장막에서 어떻게 먹고 자는가? 장막절을 기념하는 네 종류의 식물 관련법, 제사장 24반차와 희생제사에서 그들의 역할 등을 다룬다.
베짜 ביצה 또는 욤 톱 יום טוב	계란	5		'계란'이라는 뜻의 '베짜'는 '욤 톱'을 의미한다. 욤 톱은 유대 절기에서 유대인들이 일하지 않고 안식일처럼 지내는 날을 일컫는다. 유월절의 경우 첫째 날과 일곱째 날이 욤 톱이다. 마쎄켓「베짜」는 욤 톱과 관련된 질문을 다룬다. 욤 톱과 안식일은 어떻게 다른가? 욤 톱에 허락되거나 금지된 활동에 관한 법은 무엇인가? 욤 톱에 양식을 사고, 음식을 옮기고, 불을 피우는 것 등의 관련법을 다룬다.
로쉬 하샤나 ראש השנה	신년	4	레 23:24 이하 민 29:1 이하	신년이나 월삭 관련법을 다룬다. 예를 들면 양각나팔을 부는 순서, 신년 축제 때 축복기도 순서 등이다.
타아닛 תענית	금식	4		(기근이나 다른 자연재해 시) 금식 관련법을 다룬다. 구체적으로 그 내용은 다음과 같은 질문들이다. 가뭄일 때 비를 내려달라는 기도는 언제 해야 하는가? 금식하지 말아야 하는 날은 언제인가? 가뭄일 때를 제외하고 어떤 때 금식해야 하는가? 비가 내리면 금식을 푸는 이유가 무엇인가? 또한 비를 내리게 하기

마쎄켓	의미	장	성경구절	내용 및 특이점
				위해 원을 그리고 원 안으로 들어가서 기도하던 호니 이야기도 나온다.
메길라 מגילה	두루마리	4	에 9:28	'메길라'는 (부림절에 회당에서 읽는 에스더서) '두루마리'를 뜻한다. 따라서 마쎄켓 「메길라」는 부림절 관련법을 다룬다. 내용은 다음과 같은 질문들이다. 부림절 에스더서는 언제 어떻게 읽어야 하는가? 오경이나 예언서를 어떻게 제의적으로 읽어야 하는가? 어떤 텍스트를 공적으로 읽어야 하는가? 어떤 텍스트는 번역되면 안 되는가?
모에드 카탄 מועד קטן	소절기	3		'홀 하모에드'(חול המועד)는 유월절이나 장막절 같은 절기의 첫째 날과 마지막 날 사이의 날들을 가리킨다. 유월절은 둘째 날부터 여섯째 날이, 장막절은 둘째 날부터 일곱째 날이 홀 하모에드다. 마쎄켓 「모에드 카탄」은 이것과 관련된 법을 다룬다. 참고로 홀 하모에드에는 일할 수는 있으나 결혼은 금지되었다.
하기가 חגיגה	축제	3	신 16:16-17	3대 절기(유월절, 칠칠절, 장막절)에 예루살렘 성전을 방문하는 의미, 순례절기에 대한 법 그리고 성전에서 바치는 희생제사를 중요하게 다룬다. 구체적인 내용은 다음과 같은 질문들이다. 누가 예루살렘 성전을 방문해야 하는가? 희생제사에 얼마 정도의 돈을 써야 하는가? 그밖에 쓰미카(סמיכה, 안수)에 대한 여러 의견들, 제의적인 손씻기, 정결 규정 등을 다룬다.

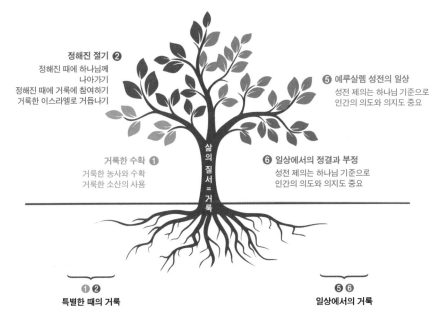

정해진 절기 ❷
정해진 때에 하나님께
나아가기
정해진 때에 거룩에 참여하기
거룩한 이스라엘로 거듭나기

❺ 예루살렘 성전의 일상
성전 제의는 하나님 기준으로
인간의 의도와 의지도 중요

거룩한 수확 ❶
거룩한 농사와 수확
거룩한 소산의 사용

삶의 질서 = 거룩

❻ 일상에서의 정결과 부정
성전 제의는 하나님 기준으로
인간의 의도와 의지도 중요

❶❷
특별한 때의 거룩

❺❻
일상에서의 거룩

미쉬나에 따라 거룩하게 살아가는 삶의 모습을 시각적으로 표현했다.

흥미로운 사실은 쎄데르 모에드가 여러 절기를 다루지만 그중 칠칠절을 다루지 않는다는 점이다. 아마 쎄데르 제라임에서 일부 다루기 때문에 별도의 마쎄켓으로 구성할 정도의 분량이 나오지 않아 그런 것이라 생각된다.

내용상 특이한 경우도 있다. 마쎄켓 「메길라」는 주로 부림절을 어떻게 지켜야 하는지를 다루며 에스더서를 읽는 것에 초점을 맞춘다. 하지만 「메길라」 1장을 보면 부림절과 상관없는 내용이 다양하게 들어가 있다. 예를 들면 절기와 안식일, 속죄일, 맹세, 유출 관련 부정, 피부병, 성전이 지어지기 전의 성소와 제단에 관한 내용 등이다. 마쎄켓의 주제에 맞지 않는 내용이 들어오게 된 것은 다양한 주제들이 'X와 Y의 다른 점은 Z다'라는 문학적인 형식을 가지고 있기 때문이다.

추측하건대 편집자가 내용상 맞는 것이 한 구절밖에 없어도 비슷한 표현을 쓰는 구절들을 한곳에 모아두기로 결정한 듯하다. 미쉬나에는 이런 경우가 종종 나온다.

이제 다섯 번째 쎄데르(코다쉼)와 여섯 번째 쎄데르(토호롯)로 넘어가보자. 첫 번째 쎄데르(제라임)와 두 번째 쎄데르(모에드)가 수확이나 절기 같은 특별한 때에 관한 이야기라면 다섯 번째 쎄데르와 여섯 번째 쎄데르는 일상에 관한 이야기다. 다시 말하면, 전자와 후자의 구조가 의도적으로 대비된다. 먼저 다섯 번째 쎄데르를 살펴보자.

4) 다섯 번째 쎄데르 '코다쉼'

쎄데르 코다쉼(קדשים)은 '거룩한 것들'이라는 뜻으로 예루살렘 성전의 일상을 다룬다. 거룩한 성전에서 매일 이루어지는 일들은 하나님이 명령한 대로 규칙에 따라 정확하고 신실하게 진행되어야 한다. 모든 것이 정해진 성전에서 유일한 변수가 있다면 바로 인간이다. 즉 인간의 의도와 의지가 변수라는 것이다. 쎄데르 코다쉼에서는 인간의 의도와 의지를 조심스럽게 다룬다. 성전과 제사와 관련된 일상을 11개의 마쎄켓이 구체적으로 보여준다.

마쎄켓	의미	장	성경구절	내용 및 특이점
제바힘 זבחים	제사들	14	레 1:2 이하	제2차 성전시대의 제사와 성전과 관련된 내용이다. 제의절차 가운데 동물 희생제사를 주로 다룬다. 희생제물이 하나님께 바치기에 합당하거나 합당하지 않게 되는 이유, 피 뿌리는 것, 새를 드리는 것, 성전의 제기를 정화하는 것, 제물 중 제사장의 몫, 소나 숫염소 태우기 등의 이슈를 다룬다.

마쎄켓	의미	장	성경구절	내용 및 특이점
메나홋 מנחות	소제들	13	레 2:1 이하 5:11 이하 6:7 이하 7:9 이하 14:5 23:10, 17 민 6:13 이하	곡식으로 드리는 제사인 소제와 관련된 규정을 다룬다. 그 내용은 예를 들면 이런 질문이다. 어떤 경우의 소제가 하나님께 드리기에 합당하지 않은가? 소제 준비, 감사제 떡덩이, 나실인의 제물, 소제 측정법, 전제 등의 이슈를 다룬다.
훌린 חולין	속된 것들	12	신 12:20-24	제사 목적이 아니라 세속적인 목적으로 도살한 짐승들과 관련된 규정을 다룬다. 율법에 따라 짐승을 잡아 먹기에 합당한 코셔(kosher) 음식을 만드는 방법에 초점을 둔다. 다루는 내용은 다음과 같은 질문들이다. 누가 제의적으로 짐승을 도살할 수 있는가? 어떻게 도살하는가? 어떤 것이 정한 짐승과 부정한 짐승인가? 고기를 우유에 삶아서는 안 되는가? 도살된 동물 중 제사장에게 돌아가는 부위는 무엇인가? 양털 깎는 것의 첫 열매는 무엇인가?
브코롯 בכורות	초태생들	9	출 13:2, 12-13 22:29-30 34:19-20 레 27:26 이하 민 3:13 8:16 이하 18:15-17 신 15:19-23	초태생 제사 관련법이나, 십일조, 또는 제사장의 자격을 상실하게 하는 여러 조건들 관련 이슈를 다룬다. 예를 들면, 당나귀의 초태생, 부정한 동물의 초태생, 초태생 확인, 초태생이지만 하나님께 드릴 수 없는 동물들, 제사장으로 섬길 수 없게 만드는 흠들, 초태생의 권리, 사람의 초태생 대신 받은 돈 중 제사장의 몫, 동물의 십일조 등을 다룬다.

마쎄켓	의미	장	성경구절	내용 및 특이점
아라킨 עֲרָכִין	가치 몸값	9	레 25 27:2-29	성전에서 바치는 서원 예물 관련 규정을 다룬다. 특히 사람을 서원으로 바치는 경우 이를 환산하는 방식, 토지를 바치는 방법 등을 자세히 다룬다. 주요 내용은 다음과 같은 질문들이다. 서원 예물은 누가 결정하는가? 서원 예물은 최소 최대 얼마까지인가? 서원한 사람의 경제적 사정을 고려해야 하는가? 서원 예물을 바치지 못했을 경우는? 그밖에 희년 관련법 등을 포함한다.
트무라 תְּמוּרָה	제물의 교환	7	레 27:9-13 32-33	하나님께 서원하는 예물로 바친 동물을 다른 동물로 대체하는 것과 관련된 법을 다룬다. 구체적으로 그 내용은 다음과 같은 질문들이다. 대체할 수 있는 동물은 무엇인가? 개인이 드리는 제물과 공동체가 드리는 제물의 차이는 무엇인가? 속죄제의 경우는 어떻게 하는가? 제단에 올릴 수 없는 것은 무엇인가?
크리톳 כְּרִיתוֹת	끊어짐	6	출 12:15 레 18:29	카레트의 처벌을 받게 되는 36가지의 죄(예를 들면 피째 먹는 것, 할례를 거부하는 것 등)와 의도하지 않고 죄를 지었을 경우 드려야 하는 속죄제를 다룬다.
메일라 מְעִילָה	배임 배반	6	민 5:6-8 레 5:14-16	성전의 제물이나 기물 등 신에게 속한 재산에 고의나 과실로 손해를 입힌 경우 배상하는 제도를 다룬다.

마쎄켓	의미	장	성경구절	내용 및 특이점
타미드 תמיד	상번제	7	출 29:38-42 민 28:2-8	아침·저녁 두 번 성전에서 드리는 상번제에 대해 다룬다. 상번제의 절차와 형식을 자세히 묘사한다. 다루는 이슈에 밤에 성소를 지키는 제사장, 제단 치우기, 제사장의 다양한 일, 제사를 위한 양 드리기, 아침 기도 등이 포함된다.
미돗 מידות	규격	5		성전의 구조와 형태, 각종 규격에 대해 자세히 기술한다. 성전 야간 파수꾼, 성전문들, 번제단, 성전산, 벽들과 뜰들, 제단, 바깥뜰과 방 등을 자세히 묘사한다.
키님 קינים	새들	3	레 1:14, 5:7 12:8 15:14-15 29-30 민 6:10-11	가축 대신 새를 바치는 제사에 대해 다룬다. 가난한 여인이 출산 후 드리는 비둘기, 죄를 지은 가난한 자 등의 이슈를 포함한다.

　　다섯 번째 쎄데르가 성전에서의 일상을 다룬다면, 이어지는 여섯 번째 쎄데르는 일상적인 삶에서의 제의적인 정결을 다룬다.

5) 여섯 번째 쎄데르 '토호롯'

　　쎄데르 토호롯(טהרות)으로 들어가기 전에 각 쎄데르들 사이의 관계 구조를 관찰해보자. 첫 번째와 두 번째 쎄데르의 관계와 다섯 번째와 여섯 번째 쎄데르의 관계는 비슷한 구조다. 첫 번째 쎄데르(제라임)가 밭과 같은 특정한 장소에 초점을 맞추고 있다면, 두 번째 쎄데르(모에드)는 장소를 초월한 상호관계에 초점이 맞춰져 있다. 특정 장소(밭)와 예루살렘 성전 제단 사이의 상호관계 말이다. 마을과 성전이 같이 거룩하게 되는 이 상호관계는 유토피아적이다.

다섯 번째와 여섯 번째 쎄데르에서도 비슷한 구조가 나타난다. 다섯 번째 쎄데르(코다쉼)가 특정 장소인 성전에 주목한다면, 여섯 번째 쎄데르(토호롯)는 장소를 초월한 모든 곳에 적용되는 정결을 이야기한다. 무엇이 부정을 만드는지, 어떻게 부정하게 되는지, 부정한 상태를 어떻게 해소할 수 있는지 등이 다루어진다. 여기서도 정결과 부정을 다룰 때 인간의 의지가 중요하게 작용하는데, 생각해보면 당연하다. 죽은 도마뱀의 사체가 부정하게 만들지만 죽은 도마뱀이 의지가 있는 것은 아니다. 진 밖에서 저녁까지 기다리고 정결례를 하게 되면 다시 정하게 되는데, 여기서 진 밖이라는 장소나 미크베(정결례 탕) 자체가 의지가 있는 게 아니다. 모든 것은 인간의 의지에서 비롯된다. 정결과 부정에서도 초점은 역시 인간의 의지다. 쎄데르 토호롯의 12개 마쎄켓은 장소를 초월한 일상의 모든 곳에 적용되는 정결과 부정을 구체화한다.

마쎄켓	의미	장	성경구절	내용 및 특이점
켈림 כלים	그릇과 도구	30	레 11:29-35 15:4-6 9-12 19-27 민 19:14-15 31:19-24	다양한 그릇과 도구의 정결함·부정함에 관한 규칙을 다룬다. 부정의 종류, 부정과 거룩의 정도, 흙으로 만든 그릇들, 뚜껑이 있는 그릇들, 금속이나 가죽으로 된 기구들, 침대, 테이블 등의 정결과 부정에 관한 이슈를 다룬다.
오홀롯 אהלות	천막들	18	민 19:11 14-16, 22	시체가 사람과 물건을 부정하게 만드는 현상에 대해 다룬다. 특히 시체가 다른 사람이나 물건을 덮어서 가리거나 그 반대인 경우에 부정이 전이되는 과정을 다룬다. 그밖에 시체를 만짐으로써 전이되는 부정, 시체와 같은 천막 안에 있음으로써

마쎄켓	의미	장	성경구절	내용 및 특이점
				전이되는 부정, 그리고 시체 발견, 무덤, 이방인의 집 등을 포함한다.
네가임 נגעים	피부병들	14	레 13:1-59 14:1-53 신 24:8	레위기 13-14장에 나오는 정/부정에 관한 법 관련 피부병을 진찰하고 격리하고 정결하다고 선포하는 과정을 다룬다. 다루는 이슈는 제사장이 어떤 피부병인지를 진찰함. 확실하지 않은 경우, 피부병, 옷과 집에 시작된 나병 등을 포함한다.
파라 פרה	붉은 암소	12	민 19:1-14 17-21 31:23	붉은 암소를 태워서 정결례에 사용하는 '속죄의 물'을 만드는 과정을 다룬다.
토호롯 טהרות	정결함	10		'토호롯'은 '정결함'을 뜻하지만 여기서는 완곡어법으로 '부정함'을 가리킨다. 마쎄켓 「토호롯」은 해질녘까지 계속되는 부정, 제의적으로 잡지 않은 동물들, 만져서 부정하게 된 경우 부정의 단계, 부정이 의심되는 경우, 액체를 통해 부정이 전이되는 경우, 기름을 짜거나 포도주를 만들려고 포도를 밟을 때 부정하게 되는 경우 등의 이슈를 다룬다.
미크바옷 מקואות	정결례탕	10	레 11:31-32, 36 15:13, 16 민 31:23	'미크베'는 (부정한 것을 정하게 하는) '정결례탕'을 가리킨다. 마쎄켓 「미크바옷」은 정결례를 시행하는 다양한 미크베와 물에 관해 논의한다.
닛다 נידה	월경	10	레 12:1-8 15:19-30 18:19 20:8	월경 중이거나 출산한 여인들에 관한 규정을 다룬다. 그밖에 사마리아 여인, 사두개인 여인, 이방인 여인 등의 이슈도 포함한다.

마쎄켓	의미	장	성경구절	내용 및 특이점
마크쉬린 מכשירין	음료수	6	레 11:34, 38	음식이 부정해질 수 있는 조건으로 어떤 액체에 젖는 현상을 다룬다. 예를 들면, 마른 음식들이 접촉 후 부정하게 될 수 있는 일곱 가지 액체를 다루기도 한다.
자빔 זבים	유출 병자	5	레 15:1-15	유출병 관련 규정과 유출병자를 대하는 법에 대해 다룬다. 자브(유출하여 부정하게 된 사람)가 정결해지기까지 정결한 7일이 소요된다. 유출을 검사하는 방법, 자브에 의해 부정하게 되는 예, 여러 종류의 부정 비교 등의 이슈를 다룬다.
테불 욤 טבול יום	낮에 정결례를 행한 사람	4	레 11:32 22:6-7	해질녘까지 기다렸다가 몸을 씻어야 깨끗해지는 부정을 다룬다. 어떤 사람이 정결례장에서 몸을 물에 담귀 씻었지만 아직 저녁이 되지 않아서 온전히 정결하지 않은 상태와 관련된 법적 이슈를 다룬다.
야다임 ידיים	손	4		제의적 부정과 손을 정하게 함에 대한 규정을 다룬다. 손에 물을 부어서 정하게 만드는 것과 관련된 질문들을 다루고, 손은 어떻게 부정해지는지 관련된 질문들도 다룬다. 또한 손을 부정하게 하는 히브리 성경의 책들(아가와 전도서)관련 논의도 들어 있다(손을 부정하게 한다는 것은 정경이라는 것이다).
우크찜 עוקצים (또는 우크찐 עוקצין)	줄기들	3		음식, 특히 열매와 그 열매가 달린 줄기에 관한 정결법 규정을 다룬다.

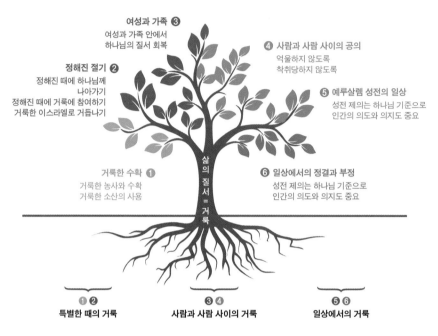

여성과 가족 ❸
여성과 가족 안에서
하나님의 질서 회복

정해진 절기 ❷
정해진 때에 하나님께
나아가기
정해진 때에 거룩에 참여하기
거룩한 이스라엘로 거듭나기

거룩한 수확 ❶
거룩한 농사와 수확
거룩한 소산의 사용

삶의 질서 = 거룩

❹ 사람과 사람 사이의 공의
억울하지 않도록
착취당하지 않도록

❺ 예루살렘 성전의 일상
성전 제의는 하나님 기준으로
인간의 의도와 의지도 중요

❻ 일상에서의 정결과 부정
성전 제의는 하나님 기준으로
인간의 의도와 의지도 중요

❶❷
특별한 때의 거룩

❸❹
사람과 사람 사이의 거룩

❺❻
일상에서의 거룩

미쉬나에 따라 거룩하게 살아가는 삶의 모습을 시각적으로 표현했다.

쎄데르 토호롯은 미쉬나 전체의 1/4을 차지할 정도로 가장 분량이 많다.

이제 세 번째와 네 번째 쎄데르에 주목해보자. 여기서는 가족, 직장, 정치, 거래 등 좀 더 인간의 일상적인 삶에 초점을 둔다.

6) 세 번째 쎄데르 '나쉼'

쎄데르 나쉼(נשים)은 여성과 가족을 주제로 다룬다. 가족이 어떻게 형성되고 어떻게 깨지는지, 이혼 시 재산은 어떻게 나눠야 하는지 등 가정사 문제도 하나님의 기준 안에서 질서를 회복해야 한다. 7개의 마쎄켓에서 이런 일상의 주제들을 다룬다.

마쎄켓	의미	장	성경구절	내용 및 특이점
예바못 יבמות	자식 없이 죽은 형제의 아내	16	신 25:5-10	자식 없이 죽은 형제의 아내와 결혼하여 형제의 이름을 잇게 하는 수혼법(형제역연혼법)에 관하여 구체적으로 다룬다. 예를 들어, 수혼법 및 수혼법의 의무에서 벗어나게 해주는 할리짜 (חליצה) 의식은 어떤 상황에서 누가 행해야 하는가 등이다. 또한 대제사장이 결혼해서는 안 되는 상대는 누구인지 등에 대한 논의도 포함한다.
케투봇 כתובות	혼인 계약서	13	출 21:10	'케투바'는 혼인계약서를 가리키기도, 남편과 이혼이나 사별 시 계약서에서 명시된 대로 받게 되는 돈을 지칭하기도 한다. 마쎄켓 「케투봇」은 이 케투바 관련법을 중심으로. 처녀의 결혼, 성폭행한 여성에게 지불해야 하는 벌금, 남편과 아내의 상호 의무, 여성의 재산 소유와 상속 권리, 과부의 권리에 관한 법 등을 다룬다.
네다림 נדרים	서원	11	민 30	서원과 그 서원의 무효화 등에 관한 법으로 매우 다양한 주제를 다룬다. 서원으로 인정되는 어구, '의도하지 않았으나 실수로 서원한 경우는?' '누가 아내나 딸의 서원을 무효화할 수 있나?' '어떤 서원을 취소할 수 있나?' 등을 질문하고 있다.
나지르 נזיר	나실인	9	민 6	일정 기간 자신을 성별하겠다는 나실인 서원에 관한 법을 다룬다. '나실인 서원을 지키기 위해서 어떻게 해야 하나?' '나실인 서원은 얼마 동안 해야 하나?' 등을 질문한다. 나실인 서원 관련 머리를 미는 것에 관한 법에

마쎄켓	의미	장	성경구절	내용 및 특이점
				대해 논의하고 나실인에게 금지된 것들, 부정해져서 나실인 서원이 깨졌을 때, 나실인이 드려야 하는 희생제사 등의 주제들을 다룬다.
쏘타 סוטה	간음	9	민 5:12-31	아내가 간음으로 의심되는 경우에 관한 법을 다룬다. '언제 의심의 소제를 적용할 것인가?' '어떤 경우에 의심의 물을 마시지 않는가?' 등을 질문한다. 참고로, 마쎄켓 「쏘타」의 마지막 부분은 메시아가 올 때 어떤 징조가 나타나는가에 대해 이야기한다.
기틴 גיטין	이혼증서	9	신 24:1 이하	이혼할 때 남편이 작성해야 하는 이혼증서 관련법을 다룬다. 이혼증서 작성 방법, 전달 및 확증 절차, 철회 가능성, 이혼증서의 형태와 서명 요건, 병으로 인한 이혼, 조건부 이혼, 구두로 이혼을 표명할 때의 효력, 이혼 사유 등을 논한다.
키두쉰 קידושין	약혼	4	신 22:13 24:1	마쎄켓 「키두쉰」은 약혼에 관한 법을 다룬다. 남자가 아내를 얻는 여러 방법(돈, 서류, 성관계), 약혼 성립을 위해 남자에게 요구되는 것, 대리인을 통한 약혼, 조건부 약혼 등을 논하며, 이스라엘에서만 적용되는 계명 등의 주제도 포함되어 있다.

흥미로운 사실은 서원을 다루는 마쎄켓 「네다림」이 여성과 관련된 주제인 쎄데르 나쉼에 들어가 있다는 점이다. 이유를 추측해보건대 아마도 아내가 한 일부 서원을 남편이 취소할 수 있기 때문일 것이라

생각할 수 있다.

7) 네 번째 쎄데르 '네지킨'

쎄데르 네지킨(סדר נזיקין)은 두 가지에 초점을 둔다. 첫 번째는 인간과 인간 사이에 공의가 없어지는 것을 막아 하나님의 질서를 회복하는 것이다. 한 사람이 다른 사람을 착취하거나 억울하게 만드는 일이 없게 하며, 같이 먹고살 수 있는 거룩한 사회로서의 이스라엘을 지향한다. 두 번째는 사람과 사람 사이에 법을 균형되게 집행하는 정치 체제를 만드는 것이다. 이러한 법들은 삶의 구석구석을 실제적으로 다루는 동시에, 약속의 땅에서 이스라엘이 어떤 삶을 살아가야 하는지 구체적인 모형을 보여준다. 그것은 실제적이면서도 이상적이다.

마쎄켓	의미	장	성경구절	내용 및 특이점
바바 캄마 בבא קמא	첫째 문	10		가축이나 사람으로부터 입은 상해 또는 재산상의 손해와 그 배상을 다룬다. 절도, 강도, 상해를 당했을 때의 배상 방법을 다룬다. 예를 들어 소의 뿔에 찔리거나 구덩이에 빠져 상해를 입었을 때 어떻게 손해를 계산하고 보상하는지 설명한다.
바바 메찌아 בבא מציעה	중간 문	10		사유재산의 매매와 임대, 고리대금, 노동자의 고용 등 재산권과 경제활동에 관련된 법 등 다양한 주제를 다룬다. 예를 들어 두 사람이 서로 자기 것이라고 주장하는 물건이 있을 때 해결방안이나, 습득한 물건에 대한 처리방법, 구매 후 물리기가 가능한 시간적 범위 등을 살핀다. 아울러 불법적인 이윤의 금지, 보상의 의무, 이자 청구, 일꾼의

마쎄켓	의미	장	성경구절	내용 및 특이점
				고용이나 동물 빌리기, 보증금과 임금 지급, 무너진 집에 대한 임대인의 의무에 이르기까지 수많은 법적 문제를 다룬다.
바바 바트라 בבא בתרא	마지막 문	10		공동재산의 분배 방법, 부동산과 동산의 소유권, 부동산 취득과 보유에 따르는 책임과 의무, 유산 상속 등을 다룬다.
산헤드린 סנהדרין	산헤드린	11		'산헤드린'은 헬라어로 법정을 뜻한다. 법원의 구성과 재판 절차를 다루며, 사형으로 기소된 피고에 대한 재판 절차, 형벌의 종류와 집행 방법 등을 담고 있다. 사안에 따른 재판장 구성 인원(3명, 23명, 71명)을 소개하고 중재자 고르기와 증언 등 재판 관련된 전반적인 내용을 설명한다. 재판관과 증인의 자격 요건, 민사소송과 형사소송의 차이점, 다양한 사형의 종류, 불순종한 아들(신 21:18 이하)에 관련된 것도 논의한다. 참고로, 마쎄켓 「산헤드린」 마지막 부분에는 올람 하바(עולם הבא)라는 죽음 이후의 세계 또는 메시아 도래 이후 새로운 세상, 거짓 교사와 거짓 예언자에 대한 내용도 담고 있다.
마콧 מכות	태형	3	신 25:1-3	거짓 증언과 도피성(신 19:1 이하, 민 35:9 이하)에 대한 논의로 시작하는 마쎄켓 「마콧」은 곧이어 법정에서 집행되는 태형의 여러 상황을 설명한다. 태형의 적용 시기, 횟수, 방법에 대해 자세히 기술한다.

마쎄켓	의미	장	성경구절	내용 및 특이점
쉬브옷 שבועות	맹세	8	레 5:4 이하	다양한 형태의 맹세에 대한 법을 말한다. 일상에서 이루어지는 맹세와 법정에서 증인으로서 하는 맹세를 다룬다. 그리고 맹세를 하지 않아야 하는 경우, 장사할 때 돈과 관련된 맹세 등의 주제도 다룬다.
에두옷 עדיות	증언들	8		후대의 제자 랍비들이 선대의 선생 랍비들의 가르침에 대한 증언을 모은 것이다. 탈무드 「브라홋」 28a에 따르면 라반 가믈리엘 2세가 산헤드린의 수장직에서 잠시 물러났을 때, 다수결에 따라 법적 사항들을 정해야 할 필요를 느끼게 되었고, 그때 그가 모은 가르침들이 마쎄켓 「에두옷」의 근간을 이루게 되었다고 말한다. 정결예식, 성전의 관습, 혼인에 관련된 율법 및 판례 등 다양한 내용을 다루는데, 내용 사이에 논리적인 연결성은 약하다. 「에두옷」의 가르침들은 미쉬나의 다른 마쎄켓과도 연관된다.
아보다 자라 עבודה זרה	우상숭배	5		유대인으로서 어떻게 이방인과 상호작용해야 하는지 관련법을 다룬다. 우상숭배자들의 태도와 행위에 대해 경계해야 한다는 가르침부터 시작해서 우상숭배자들과의 상거래, 우상숭배 물건인지의 판단 여부, 우상숭배자 소유의 포도주나 그릇에 대한 처리방법 등을 논의한다.

마쎄켓	의미	장	성경구절	내용 및 특이점
아봇 אבות	선조들	5		선조들의 도덕적인 가르침과 격언 모음집이다. '피르케 아봇'(פרק יאבות)이라 부르기도 한다. 모세로부터 타나임까지 이르는 구전전승의 사슬에 대한 이야기로 시작하는 마쎄켓 「아봇」은 미쉬나의 근본적인 원칙을 전해준다. 참고로 미쉬나의 일부가 아니고 후대에 덧붙여진 6장(התנר קנין ה)은 이번 한 길시 번역·주해서에서는 제외했다.
호라욧 הוריות	판결	3	레 4:22 이하	산헤드린 법정과 대제사장의 잘못된 의사 결정과 판결을 다룬다. 법정이 잘못된 판결을 내린 경우 대제사장의 경우처럼 황소로 속죄의 제물을 바쳐야 한다. 그리고 대제사장과 유대 왕이 잘못 드린 속죄제 등을 다룬다.

　흥미로운 사실 하나는 마쎄켓 「에두욧」(증인)에서 주제의 일관성을 찾기보기 어렵다는 것이다. 미쉬나가 일반적으로 주제에 따라 쓰여진 것을 감안하면 특이하다. 그것은 다양한 주제의 법들이 법을 이야기하는 랍비를 중심으로 모였기 때문이다. 사실 「에두욧」에 나오는 법들은 다른 마쎄켓에도 있다. 따라서 다른 법들보다 나중에 쓰여진 듯하다. 알벡(Albeck)은 「에두욧」이 미쉬나에 들어갈 수 있었던 이유는 그 내용이 야브네의 산헤드린에서 검증되었기 때문이라 생각한다.

　또 하나 주목할 마쎄켓은 「아봇」이다. 교육적인 내용을 담고 있는 「아봇」이 민법과 형법을 주로 다루는 쎄데르 네지킨에 속한 것은 좀 이상하다. 알벡은 아봇(선조)들이 산헤드린의 구성원이기 때문이라고 해석했지만, 좀 더 그럴듯한 해석은 탈무드(「바바 캄마」 30a)에 나오는 랍비 예후다 이야기에서 힌트를 얻을 수 있다. 랍비 예후다는 경건에 힘쓰는 사람은 손해(네지킨)에 대한 법을 잘 지켜야 한다고 말했다. 출판되는 대부분의 미쉬나가 마쎄켓 「아봇」을 포함하고 있으나, 사실 「아봇」은 미쉬나가 집대성된 지 한 세대 이후에 완성되었다. 형태적·수사학적·논리적 측면에서도 다른 마쎄켓의 미쉬나와 구별된다. 왜냐하면 「아봇」은 미쉬나의 마쎄켓들 가운데 유일하게 전체가 하가다(הגדה)로 되어 있기 때문이다. 「아봇」은 지혜문학적 성격이 있고, 도덕적이고 영적인 내용을 가르치고 배우는 교육적 목적이 있어서 독특한 특징을 가진다.

8) 미쉬나를 인용하는 법

지금까지 미쉬나의 구조와 내용을 정리했으니 이제 미쉬나를 인용하는 방법을 간략히 살펴보자.

히브리어로 쓸 때				읽을 때
ב	א	ברכות	משנה	משנה מסכת ברכות פרק א משנה ב
↓	↓	↓	↓	
미쉬나 (할라카)	장	마쎄켓 브라홋	미쉬나	(음역) 미쉬나 마쎄켓 브라홋 페렉 알렙 미쉬나 벳

히브리어는 오른쪽에서 왼쪽으로 읽는다는 것을 기억하자. 미쉬나를 히브리어로 인용할 때, 일반적으로 쎄데르의 명칭은 생략되는데, 그 점은 별 문제가 되지 않는다. 왜냐하면 랍비문학을 공부하는 사람들은 '브라홋'만 이야기해도, 쎄데르 제라임 안에 마쎄켓 「브라홋」이 있다는 것을 다 알고 있기 때문이다. 즉 히브리어 인용은 미쉬나 뒤에 바로 마쎄켓 이름이 오고, 마쎄켓 뒤에 '페렉(장)'이 오며, 그다음 '미

쉬나'가 뒤따른다. 여기서 미쉬나는 책으로서의 미쉬나가 아니라 가르침의 단위로서 미쉬나를 의미한다.

영미권에서 미쉬나 인용법은 다양하다. 학자들이 많이 쓰는 SBL Handbook Style은 미쉬나를 아래와 같이 인용한다.

영어로 쓸 때	읽을 때
m.Ber. 1.2 미쉬나　마쎄켓　장　미쉬나 (책이름)　　　　　(할라카)	Mishnah Berakhot Chapter one Mishnah two 또는 Mishnah Berakhot one two

영어 인용법의 강점은 약어가 발달되어 인용이 손쉽다. 예를 들면, m.Ber. 1:2는 미쉬나「브라홋」을 말하고 t.Ber. 1:2는 토쎄프타「브라홋」을 가리킨다. b.Ber. 1:2는 바빌로니아 탈무드「브라홋」을, y.Ber. 1:2는 예루살렘 탈무드「브라홋」을 가리킨다.

한글 미쉬나 인용법과 관련해서는 정착된 체계가 없다. 전체 랍비 문학을 아우르는 인용 체계를 만드는 것은 이후 학문적인 작업으로 남겨두고, 이 책에서는 랍비문학에 익숙하지 않은 독자들을 위하여 책의 이름을 약자로 쓰지 않기로 한다.

한국어로 쓸 때	읽을 때
미쉬나「브라홋」1, 2 미쉬나　마쎄켓　장　미쉬나 (책이름)　　　　　(할라카)	미쉬나 브라홋 1장 두 번째 미쉬나 또는 미쉬나 브라홋 일 이

미쉬나 다음에 나오는 마쎄켓 이름은 홑낫표로 묶어 구별했다. 홑낫표는 히브리어를 음역한 마쎄켓 이름이 익숙하지 않은 한국 독자

들을 위한 편집 차원의 배려다. 마쎄켓 다음에 나오는 1, 2는 '1장 두 번째 미쉬나'로 지칭하는 것이 좋을 듯하다. 히브리어로 '페렉'(פרק) 은 '장'이라 번역할 수 있고, 미쉬나 안에서도 장 역할을 한다. (책으로서의 미쉬나가 아닌) 가르침의 단위로서 '미쉬나'는 번역하지 말고 '미쉬나'로 쓰는 것이 좋겠다. 한국 독자에게 익숙할 법한 '절'節로 번역하면 자연스럽기는 하지만 가르침의 단위로서 미쉬나는 때때로 꽤나 길어지기도 하고, 엄밀히 말하면 절의 역할을 하는 것이 아니기 때문에 적절하지 않다. 기본적으로 한 '장' 안에 여러 개의 '미쉬나'가 들어 있다. 미쉬나의 '절'과 관련하여 하나 더 알아두어야 할 것은 예루살렘 탈무드는 절 단위로서의 '미쉬나'를 '할라카'라고 부른다. 미쉬나의 절을 '미쉬나'라 부르는 것은 (일반적으로 예루살렘 탈무드보다 더 권위 있는 것으로 여겨지는) 바빌로니아 탈무드를 따른 것이다. 다시 정리하자. 일단 쓰는 것은 '미쉬나 「브라홋」 1, 2', 읽는 것은 '미쉬나 브라홋 1장 두 번째 미쉬나'다.

미쉬나의 인용법과 함께 이 책에 쓰인 다른 랍비문학 인용법도 잠시 살펴보자. 미쉬나와는 배다른 형제인 토쎄프타는 인용법이 같다고 보면 된다. '토쎄프타 「브라홋」 1, 2'라고 하면 '토쎄프타'라는 책 안의 마쎄켓 「브라홋」 1장에서 두 번째 미쉬나를 가리킨다고 생각하면 된다. 바빌로니아 탈무드에 나오는 「브라홋」을 인용할 때는 '바빌로니아 탈무드 「브라홋」 2a'와 같이 사용하면 어떨까 한다. '브라홋' 은 '마쎄켓 「브라홋」'을 지칭하고, 2는 페이지 숫자이고 a는 오른쪽 페이지이며 b는 왼쪽 페이지다. 이러한 페이지 표기방식은 바빌로니아 탈무드 판본 가운데 가장 많이 알려진 빌나 에디션(Vilna Edition)을 기준으로 한 것이다.

4 미쉬나 판본들은 어떤 것이 있는가

1. 온전한 사본

현재까지 발견된 온전한 미쉬나 사본은 크게 세 가지다. 가장 오래되고 권위 있는 카우프만 코덱스(MS Kaufmann), 레이던 예루살렘 탈무드(Leiden Palestinian Talmud) 속의 미쉬나와 가까운 파르마 코덱스(MS Parma), 그리고 비잔틴 전통의 케임브리지 코덱스(MS Cambridge)다.

1) 카이로 게니자* 사본 | 7–8세기

카이로 게니자(Cairo Genizah)의 미쉬나 사본 조각들이 여러 도서관에 흩어져 있다(케임브리지, 옥스퍼드, 런던, 레닌그라드, 뉴욕의 박물관 등). 이 사본은 히브리어 모음이 찍혀 있다. 가장 오래되었지만 모든 쎄데르가 온전히 있는 사본은 아니다.

---

* 이집트 카이로 콥트 지구의 벤 에즈라(Ben Ezra) 유대교 회당에 있는 고문서 보관소다. 게니자는 히브리어로 창고나 보관소를 의미한다.

케임브리지대학 도서관에서 카이로 게니자 사본을 연구하는 솔로몬 셰크터(1848경).

2) 카우프만 코덱스 | 10–11세기

카우프만 코덱스(MS Kaufmann)는 미쉬나의 완전한 사본 중 가장 권위 있고 오래된 사본이다. 크룹(Michael Krupp)은 카우프만 코덱스를 10–11세기 팔레스타인이나 남부 이탈리아에서 유래한 것으로 본다. 반면에 슐랑거(Judith Olszowy-Schlanger)는 12세기 이탈리아에서 유래한 것으로 본다. 팔레스타인 사본으로 티베리아스 스타일의 모음이 찍혀 있고, 모음은 후대에 텍스트에 추가된 것으로 보인다.

3) 파르마 코덱스 | 11세기(?)

파르마 코덱스(MS Parma)는 이스라엘이나 남부 이탈리아에서 쓰여진 것으로 추정된다. 텍스트 자체는 레이던 예루살렘 탈무드 속의 미쉬나와 가깝다. 이탈리아 팔라티나 도서관(Biblioteca Palatina)이 소장한다.

4) 케임브리지 코덱스 | 14–15세기 초

케임브리지 코덱스(MS Cambridge)는 팔레스타인 전통의 비잔틴 사본이다. 다른 사본에 비해 특이한 점은 모음이 대부분 없다는 것이다. 불명확한 부분을 확인하려면 카우프만 코덱스가 용이하다.

5) 탈무드 속의 미쉬나 사본

예루살렘 탈무드 레이던 사본이나 바빌로니아 탈무드 뮌헨 사본 (Bayerische Staatbibliothek Code Hebrew 95)도 미쉬나를 포함한다.

2. 초기 인쇄본

1) 나폴리판 | 1492

손치노(Joshua Solomon Soncino)가 출판한 나폴리판(Naples Edition) 미쉬나는 최초로 인쇄된 것이다. 마이모니데스의 주석(히브리어)을 포함하고 있다. 형태로 보았을 때 팔레스타인 텍스트에 가깝다.

2) 유스티니아누스판 · 베네치아판 | 1546–47

베네치아의 유스티니아누스 인쇄소(Justinian Printing)에서 발행한 미쉬나 형태로 보았을 때 바빌로니아 텍스트에 가깝다. 랍비 바르테누라(Bartenura)의 주석이 들어 있다.

3) 욤 톱 리프만 헬러판 | 1614–17(프라하), 1643–44(크라쿠프)

미쉬나 원문과 함께 자신의 주석인 토쩨펫 욤 톱(תוספת יום טוב)이 들어 있다. 욤 톱 리프만 헬러(יום-טוב ליפמן הלר, 1579–1654)의 미쉬나는 이후 인쇄된 모든 미쉬나 판본의 토대가 된다.

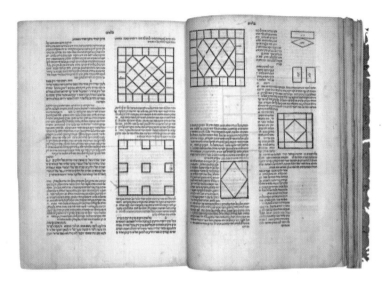

처음으로 인쇄된 나폴리판 미쉬나(1492).

4) 빌나 롬판 | 1908-09

빌나판 탈무드를 펴낸 롬 출판사의 미쉬나(Vilna Romm Edition)는 13권으로 되어 있고 다양한 미쉬나 주석들을 포함한다. 욤 톱 리프만 헬러의 미쉬나를 토대로 해서 쓰여졌다.

3. 현대 비평본

1) 알벡의 미쉬나 | 1952-58

알벡(Hanoch Albeck, 1890-1972)의 비평본 미쉬나 『쉬샤 씨드레 미쉬나』(שישה סדרי משנה)는 현대 히브리어로 쓰여졌고 6권으로 구성되어 있다. 마쎄켓마다 길지 않은 소개가 있어 마쎄켓에 대한 기본 정보를 얻을 수 있다. 실용적으로 쓰여졌기에 비평적이지는 않다. 출판

알벡의 현대 미쉬나 비평본
『쉬샤 씨드레 미쉬나』.

된 미쉬나 비평본 중에서 유일하게 완간된 책이다.

2) 기센 미쉬나 | 1912–진행 중

기센 미쉬나는 1912년 독일의 기센(Giessen)에서 출판이 시작된 미쉬나 프로젝트다. 1912년부터 1935까지는 기센에서, 그 이후는 베를린에서 출판되어 아직 완간되지 못했다. 1935년 이전에 출판된 미쉬나는 여러 사본을 혼용한 반면, 이후 베를린에서 출판된 것은 카우프만 사본을 바탕으로 하여 비평 각주가 달렸다. 미쉬나 원문, 독일어 번역, 개론과 각주가 포함되어 있다. 이 프로젝트는 잠시 중단되었다가 1956년에 출판이 재개되었다. 1991년 기준으로 42개의 마쎄켓이 완성되었고, 현재도 아직 작업이 진행되고 있다.

3) 이스라엘 탈무드연구소의 미쉬나 | 1972–진행 중

이스라엘 탈무드연구소(Institute for the Complete Israeli Talmud: ICIT)는 미쉬나 롬판을 기본 텍스트로 삼아 출판되었고, 게니자 미쉬나 사본, 미쉬나 초기 인쇄본 등과 비교하고 있다. 1972/1975년 쎄데르 제라임이 출판된 이후 지금도 계속되는 프로젝트다.

4. 주요 번역본

1) 호프만 독일어 역본 | *Mishnayot*, 1887
호프만(David Zvi Hoffmann, 1843-1921)의 미쉬나는 최초의 독일어 번역이다. 모음이 들어간 히브리어와 독일어 번역으로 이루어져 있다. 출판된 지 무척 오래되긴 했지만 현재까지 많이 쓰이는 번역본이다.

2) 댄비 영역본 | *The Mishnah*, 1933
댄비(Herbert Danby, 1889-1953)의 미쉬나 번역은 오래되긴 했지만 여전히 가장 권위 있는 영역본으로 널리 받아들여진다. 직역의 특성상 문체가 건조하고 이해하기도 쉽지 않다.

3) 손치노 출판사판 바빌로니아 탈무드 안의 미쉬나 영역본 | 1935–52
손치노 출판사에서 펴낸 영문 바빌로니아 탈무드 안에 포함된 미쉬나로 권위 있는 영역본이다. 텍스트의 의미를 분명하게 전달하는 것을 목표로 적절히 의역했다.

4) 뉴스너 영역본 | *The Mishnah*, 1991
세계적인 유대학자 뉴스너(Jacob Neusner, 1932-2016)와 그의 제자들이 함께 번역한 것으로 오래된 댄비의 번역본에 비해 읽기가 비교적 쉽다. 문자적인 번역을 목표로 하며, 의도적으로 반복해 사용하는 히브리어 표현과 패턴도 담으려고 했다.

5) 코헨 외 영역본(옥스퍼드판) | *The Oxford Annotated Mishnah*, 2022

코헨(Shaye J. D. Cohen) 외 번역본은 영어권에서 가장 권위 있지만 오래된 댄비의 번역본을 대체하려는 목적으로 작업되었다. 다수의 미쉬나 전문가들이 번역하고 주해했다. 주해한 영어권 첫 번째 미쉬나다. 전문 용어에 대한 설명도 있고 미쉬나와 연결되는 신약성경이나 고대 유대문헌을 인용하기도 한다. 영역본을 찾는다면 옥스퍼드판 미쉬나를 추천한다.

5 랍비 유대교의 시작을 알리다

1. 유대교의 시대구분

미쉬나 속에 주인공으로 등장하는 랍비들을 '타나임'(תנאים)이라고 한다. 미쉬나를 제대로 이해하기 위해 타나임을 세대별로 구분할 수 있어야 한다. 이를 위해 조금 거시적인 관점에서 타나임 시대를 살펴보자. 타나임 시대 이후 랍비 유대교는 크게 6세대로 나뉜다.

일반적으로 역사에서 시대구분이 큰 사건이나 걸출한 인물의 활동연대와 관련 있다면 유대교의 시대구분은 중요한 문헌이 집대성된 시기와 관련 있다. 미쉬나의 집대성이 타나임과 아모라임 시대를 구분하고, 바빌로니아 탈무드의 집대성이 아모라임과 싸보라임 시대를 구분한다. 유대공동체의 중심이 바빌로니아로 옮겨감에 따라 바빌로니아 유대공동체의 수장인 가온(Gaon)을 기준으로 게오님 시대가, 1038년 마지막 가온을 기준으로 리쇼님 시대가 시작된다. 다시 리쇼님 시대와 아하로님 시대는 요세프 카로(Joseph Karo, 1488-1575)의 『슐칸 아룩』(שולחן ערוך)이 쓰여진 때를 기준으로 구분된다(이 책은 현대 유대교의 권위 있는 유대법 주석이다). 이렇게 전체 시대구분에

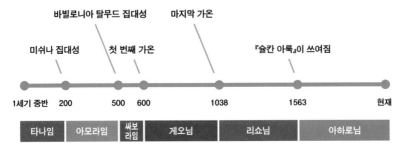

랍비 유대교의 시대구분은 중요한 문헌이 집대성되는 시기와 관련 있다.

따르면 일반적으로 랍비 유대교의 출발을 타나임 시대로 볼 수 있다.

1) 타나임 시대 | 1세기 중반-약 200

아람어로 '타나'(תנא)는 1세기부터 3세기 초반까지 팔레스타인에서 활동했던 랍비를 가리키는 말이고, '타나임'(תנאים)은 '타나'의 복수 형태다. 그리고 이 타나임 시대를 구분하는 것은 3세기 초에 미쉬나를 집대성한 사건이다. 즉 미쉬나의 주인공이 바로 타나임들이다.

타나임은 '반복하는 사람들' 또는 '가르치는 사람들'을 뜻한다. 책이 흔하지 않았던 고대사회에서 선생들은 제자들이 이해할 때까지 반복해서 가르침을 전했기 때문에 이런 이름이 붙여진 듯하다. 타나임들은 팔레스타인을 중심으로 활동했다. 오늘의 관점에서 평가하자면, 타나임 시대는 한마디로 랍비 유대교의 출발을 알리는 전환점이 되었다.

2) 아모라임 시대 | 약 200-500

미쉬나가 집대성된(약 200년) 이후부터 바빌로니아 탈무드가 집대성되는 약 500년까지를 아모라임 시대라 부른다. '아모라임'(אמוראים)은 히브리어로 '말하는 사람들'이라는 뜻으로 구전토라와 그것을 가르치는 이들을 일컫는다. 즉 아모라임은 타나임의 전통을 이어받은 학자들이다.

타나임들이 팔레스타인에만 살았던 것과 달리, 아모라임은 팔레스타인과 바빌로니아에도 거주했다. 미쉬나를 집대성한 랍비 예후다 하나씨의 제자 아바 아리카(אבא אריכא, 일반적으로 라브[רב]라고 불린다)가 약 219년에 바빌로니아로 이주해 쑤라(Sura)에서 아모라임 시대를 열었다. 아모라임은 바빌로니아가 유대공동체의 주요 거점으로 발전하는 데 기여했다. 예루살렘 탈무드와 바빌로니아 탈무드에 등장하는 아모라임은 대략 760명 정도이고 그중 절반은 이스라엘에, 나머지 절반은 바빌로니아에 살았다. 탈무드에서는 팔레스타인에 살던 타나임과 아모라임을 '랍비'(רבי)라 부르고, 바빌로니아에 살던 아모라임을 '라브'(רב)라 불렀다.

아모라임의 미쉬나 해석을 게마라(גמרא)라고 하고 미쉬나와 게마라를 합쳐 탈무드라고 한다. 이런 의미에서 아모라임 시대에 미쉬나 주석서인 예루살렘 탈무드와 바빌로니아 탈무드가 쓰여졌다고 할 수 있다.

3) 싸보라임 시대 | 약 500-600

싸보라임(סבוראים)은 바빌로니아 탈무드가 집대성된 약 500년 이후부터 게오님(גאונים) 시대가 시작되는 600년까지 살았던 랍비들이다. 이들은 아모라임 시대에 쓰여진 미쉬나 주석서인 게마라를 모아 현재 바빌로니아 탈무드의 구조를 만들었다. 오늘날 탈무드 연구가들은 게마라에서 출처를 밝히지 않은 자료의 저자를 '쓰타마임'(סתמאים)이라 부른다. 쓰타마임의 일부가 아모라임이고, 나머지 일부가 싸보라임 랍비였다.

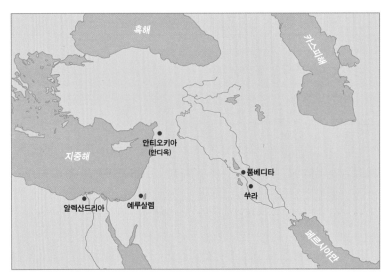

아모라임 시대에 유대 공동체의 중심이 바빌로니아로 옮겨갔다. 이후 미쉬나를 해석한 게마라를 모아 탈무드가 집대성되고, 쑤라와 품베디타에는 탈무드 아카데미가 세워졌다.

4) 게오님 시대 | 589-1038

아모라임이 해석하고 싸보라임이 편집한 탈무드는 게오님 시대에 계속해서 해석되었다. 당시 아랍 제국 통치하의 쑤라와 품베디타 (Pumbedita)에 탈무드 아카데미가 있었는데, 가온(גאון)은 이 아카데미를 대표하는 수장이었다. 게오님은 가온의 복수형이다.

게오님 시대에는 탈무드 아카데미의 수장인 가온이 전 세계 유대 공동체의 영적인 지도자로 인정받았다. 가온은 '레스폰사'(Responsa, 종교적 질문에 대한 학자들의 법 해석을 담은 편지)를 통해 여러 지역의 유대공동체들이 제기하는 유대법 관련 질문에 답했다. 이 시기 많은 레스폰사와 책들이 쓰여졌고 가온의 종교적 영향력은 전 세계 유대공동체에 미치게 되었다.

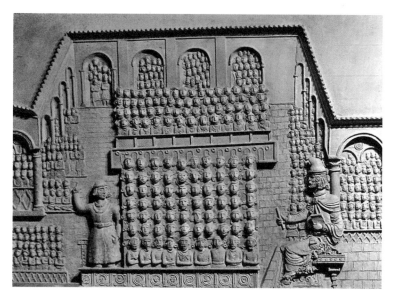

쑤라에 있는 탈무드 아카데미에서 랍비가 학생들을 가르친다. 이 아카데미를 대표하는 수장을 가온이라고 불렀다.

5) 리쇼님 시대 | 1038-1563

1563년 랍비 요세프 카로가 『슐칸 아룩』을 썼다. 이 책은 현대 유대교에서 유대법과 관련하여 가장 많이 읽히고 가장 널리 받아들여지는 법전이자 주석서다. 리쇼님(ראשונים)은 마지막 가온 이후부터 『슐칸 아룩』이 쓰여지기 전까지 활동했던 랍비를 일컫는다.

6) 아하로님 시대 | 1563-현재

『슐칸 아룩』이 나온 이후부터 현재까지를 아하로님(אחרונים) 시대라 부른다. 정통 유대교에서 많이 받아들여지는 의견에 따르면, 아하로님은 리쇼님이나 그 이전 세대의 랍비들과 논쟁하지 못한다고 한다. 만약 논쟁하려면 반드시 이전 세대 랍비들의 의견을 인용해야 한다(이 견해에 동의하지 않는 흐름도 있다).

16세기의 뛰어난 유대교 학자인 요세프 카로. 그는 가장 널리 받아들여지는 유대교 법전인 『슐칸 아룩』(1563)을 저술했다.

타나임 시대부터 아하로님 시대까지 정리해보면 랍비 유대교는 법해석을 중심으로 발전했음을 알 수 있다. 타나임 시대에 정리되고 편집된 미쉬나를 근간으로, 아모라임 시대에는 미쉬나가 해석되어 게마라가 나왔고, 싸보라임 시대에는 미쉬나와 게마라를 지금의 탈무드 형태로 만들었다. 이후 게오님 시대에도 탈무드 연구가 계속되며, 가온들은 현실세계에 대한 법 해석과 적용의 문제를 레스폰사를 통해 사람들에게 알려줌으로써 영적인 리더 역할을 해나갔다. 이후 리쇼님 시대에도 탈무드 연구와 법 적용 논의는 계속되었는데, 요세프 카로의 기념비적 주석인 『슐칸 아룩』을 기점으로 리쇼님 시대와 아하로님 시대가 구별된다. 결론적으로 이 모든 것의 시작이 미쉬나였고, 이 모든 발전이 미쉬나를 끊임없이 해석하고 적용하면서 이루어졌다. 미쉬나는 유대교의 근간이 되는 문헌이다.

유대교의 시대구분은 이 정도로 끝내고, 이제 미쉬나가 쓰여지던 타나임 시대로 들어가보자.

2. 타나임의 세대구분[*]

결론부터 말하면 일반적으로 타나임 시대는 크게 5세대로 나뉜다. 각 세대별 구분 기준과 특징을 간략하게 살펴보자. 1세대는 기원후 70년 예루살렘 성전이 파괴되기 이전의 타나임들이다. 타나임 1세대는 숫자로 보면 그리 많지 않다. 1세대 랍비들에게는 랍비(רבי) 칭호가 붙지 않는 것이 특징이다. 지리적으로 1세대인 힐렐 학파와 샤마이 학파는 예루살렘에 있었다. 1세대 타나임 중 알려진 인물로는 나사렛 예수의 제자들을 도와주었던 라반 가믈리엘이 있다. 그는 힐렐 학파에 속한 나씨(נשיא) 가문의 후손이었고 예루살렘 산헤드린의 수장이었다.

일반적으로 1세대와 2세대를 구분하는 기준은 예루살렘 성전이 파괴된 사건과 야브네에서 산헤드린과 벧 미드라쉬가 새롭게 시작된 사건이다. 타나임에게 랍비 칭호가 제대로 붙기 시작한 것은 2세대인 야브네 세대부터라고 할 수 있다. 안수 받고 랍비가 되는 관행도 아마 이때부터로 생각된다. 2세대 타나임과 관련해 주목해볼 것은 1세대가 예루살렘을 중심으로 활동했다면, 2세대는 학파에 따라 활동한 도시가 다르다는 사실이다. 예루살렘 성전 파괴와 함께 힐렐 학파는 요하난 벤 자카이를 중심으로 야브네에서 가르치기 시작했고, 반면 샤마이 학파는 리다(Lydda, 히브리어 지명은 '로드')에서 제자를 양성했다. 랍비 엘리에제르 벤 호르카노스(רבי אליעזר בן הורקנוס)가 샤마이 학파의 전통을 계승했다.

2세대와 3세대는 바르 코크바 반란(132-135)을 기준으로 나뉜다.

---

[*] 타나임 시대의 세대구분은 필자가 기고한 논문에 근거하여 재구성했다. 최중화, 「타나임(תנאים)시대 세대구분에 관한 소고」, 『한국중동학회논총』(43권 1호), 2022, 155-173쪽.

■ 타나임의 세대구분과 주요 랍비 계보도

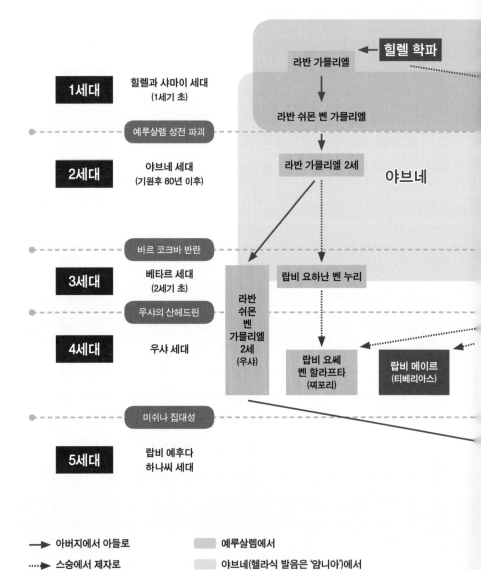

힐렐 학파

라반 가믈리엘

1세대 힐렐과 샤마이 세대
       (1세기 초)

예루살렘 성전 파괴

라반 쉬몬 벤 가믈리엘

2세대 야브네 세대
       (기원후 80년 이후)

라반 가믈리엘 2세

야브네

바르 코크바 반란

3세대 베타르 세대
       (2세기 초)

랍비 요하난 벤 누리

우샤의 산헤드린

4세대 우샤 세대

라반
쉬몬
벤
가믈리엘
2세
(우샤)

랍비 요쎄
벤 할라프타
(쩨포리)

랍비 메이르
(티베리아스)

미쉬나 집대성

5세대 랍비 예후다
       하나씨 세대

→ 아버지에서 아들로
⋯⋯▶ 스승에서 제자로
■ 세대에서 주목할 만한 랍비

예루살렘에서
야브네(헬라식 발음은 '얌니아')에서
로드(헬라식 발음은 '리다')에서

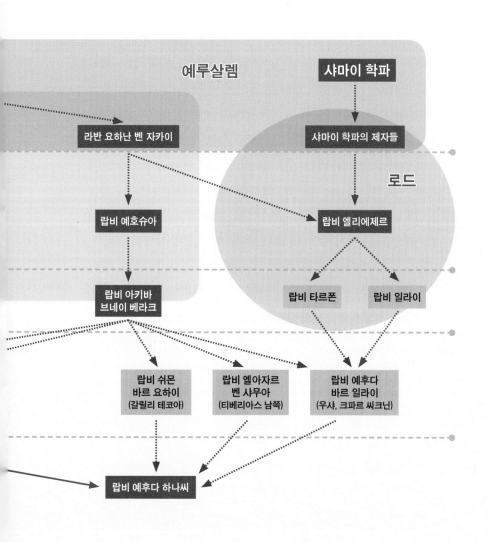

타나임 2세대가 바르 코크바 반란 이전 세대라고 한다면, 3세대는 반란을 경험하고 짧게 막을 내린 이후의 세대다. 바르 코크바 반란은 야브네에서 우샤(אושא)로 산헤드린이 옮겨가는 중요한 계기가 된다. 3세대에 중요한 인물은 랍비 아키바(רבי עקיבא בן יוסף)다. 그는 힐렐 학파의 랍비로 분류되지만, 힐렐 학파의 랍비 예호슈아(רבי יהושע בן חנניה)와 샤마이 학파의 랍비 엘리에제르(רבי אליעזר בן הורקנוס)의 가르침을 모두 받았다. 그 역시 바르 코크바 반란 중에 순교했다.

4세대는 바르 코크바 반란 이후 우샤로 산헤드린이 옮겨간 세대다. 주로 랍비 아키바의 제자들이고, 그들은 미쉬나를 집대성하는 작업에 결정적인 역할을 했다. 미쉬나에 나오는 대부분 의견은 타나임 4세대 랍비들을 따른 것이며, 특히 랍비 메이르의 의견이 지배적이다.

마지막으로 5세대는 랍비 예후다 하나씨와 동시대에 살았던 랍비들이다. 랍비 예후다 하나씨는 우샤 세대 힐렐 학파와 샤마이 학파의 랍비들에게 동시에 가르침을 받았다. 그는 힐렐 학파인 랍비 아키바와 그의 제자들이 중심이 되어 모은 미쉬나를 마침내 집대성했다.

이처럼 세대구분은 중세 유대전통을 기반으로 인위적으로 나눈 것이지만 미쉬나와 랍비문학을 이해하는 데 도움이 된다.

3. 미쉬나에 등장하는 주요 랍비들

이제 미쉬나의 주인공들을 만나보자. 타나임이라 불리는 랍비들은 대략 120명 정도다. 랍비들에 대한 주요 정보는 주로 10세기 품베디타의 쉐리라 가온에게서 나온 것이기에 시대적으로 대략 800-1000년 차이가 나는 후대 전승이다. 따라서 랍비들의 개별 전승에 대해서는 역사적 신빙성을 따져봐야 한다. 하지만 개별 전승을 분석하는 것은 미쉬나 소개서인 이 책의 목적에 맞지 않으므로 여기서는 재구성된 랍비 목록과 기억해야 할 주요 정보를 간략히 정리만 해본다. 다음의 랍비 목록은 모든 타나임을 포함하지는 않지만 타나임 시대의 문학을 읽는 데 도움이 되는 중요한 랍비들은 대부분 소개된다.

모든 랍비를 한꺼번에 알려고 하기보다는 미쉬나와 탈무드를 공부해가면서 이름이 나올 때마다 확인하여 자연스럽게 기억하려고 하는 것이 현명하다. 일단은 중요한 랍비 중심으로 대략적인 세대구분을 할 수 있을 정도면 된다. 타나임은 크게 5세대로 나눌 수 있다.

1) 제1세대—힐렐과 샤마이 세대의 랍비들 | 기원후 10-70, 성전 파괴 이전

• 힐렐과 샤마이

힐렐(הלל)과 샤마이(שמאי)는 다섯 개의 주곳(זוגות, Zugot. 히브리어로 '짝' 또는 '쌍'을 의미함) 중 마지막 커플이다. 주곳은 제2차 성전시대 후반 기원전 170년에서 기원후 30년까지 약 200년 동안 영적 지도자 역할을 했던 다섯 커플을 말한다.

• 힐렐 학파와 샤마이 학파

두 학파는 법 해석에서 차이를 보이는데, 힐렐 학파가 개방적이고 진보적이라면 샤마이 학파는 엄격하고 보수적인 경향이 있다.

• 라반 가믈리엘 1세

라반 가믈리엘 1세(רבן גמליאל הזקן)는 사도 바울의 스승이다(행 22: 3). 또한 산헤드린에 붙잡혀 온 나사렛 예수의 제자들을 풀어준 사람으로도 잘 알려져 있다(행 5:34-39). 특히 신약성경과 랍비문학에 동시에 나오는 유일한 인물이다.

- 라반 쉬몬 벤 가믈리엘

힐렐의 증손인 라반 쉬몬 벤 가믈리엘(רבן שמעון בן גמליאל)은 기원후 66-70년 유대 대반란 때 산헤드린의 수장으로 왕성하게 활동했다. 유대 역사가 요세푸스는 그를 가리켜 불가능해 보이는 상황도 되돌릴 수 있는 천부적인 능력을 지닌 사람으로 묘사한다(Vita 38 [191]).

- 라반 요하난 벤 자카이(기원전 30-기원후 90)

라반 요하난 벤 자카이(רבן יוחנן בן זכאי)는 '나씨'(אישנ) 집안의 사람은 아니지만 나씨에게만 주어지는 칭호인 '라반'으로 불린 보기 드문 인물이다. 그는 유대 대반란 이후 야브네에서 랍비 공동체를 재건했다. 요하난 벤 자카이의 중요한 다섯 명의 제자는 다음과 같다. 엘리에제르 벤 호르카노스, 예호슈아 벤 하나냐, 제사장 요시, 쉬몬 벤 나타나엘, 엘아자르 벤 아라크.

2) 제2세대─야브네 세대의 랍비들 | 약 70-120, 바르 코크바 반란 이전

- 라반 가믈리엘 2세(40-120)

같은 이름의 할아버지 라반 가믈리엘과 구분하기 위해 미쉬나는 '야브네의 라반 가믈리엘'(רבן גמליאל דיבנה)이라 부른다. 야브네에서 나씨 지위를 이어받았고, 한때 엘아자르 벤 아자리아에게 나씨 지위를 빼앗겼다고도 전해진다.

- 랍비 엘리에제르 (벤 호르카노스)(40-110)

미쉬나에서 '랍비 엘리에제르'(רבי אלעזר)가 나오면 랍비 엘리에제르 벤 호르카노스(רבי אלעזר בן הורקנוס)일 가능성이 크다(320회 이상 등장). 그는 랍비 예호슈아와 함께 요하난 벤 자카이의 수제자였다. 랍비 엘리에제르의 의견은 주로 샤마이 학파를 따른 것이고, 야브네에서 힐렐 학파의 헤게모니를 받아들이지 않아 야브네 아카데미에서 축출되기도 했다. 기독교에 호의적이었다는 이야기도 있는데, 이는 논쟁의 여지가 있다.

• 랍비 예호슈아 (벤 하나냐)(50-131)

랍비 예호슈아 벤 하나냐(רבי יהושע בן חנניה)는 미쉬나에 '랍비 예호슈아'(רבי יהושע)로 140회 이상 등장한다. 요하난 벤 자카이의 제자이자 야브네 힐렐 학파의 대표주자인 그는 종종 랍비 엘리에제르 벤 호르카노스와 논쟁했다. 랍비전승은 나씨를 따라 로마와 디아스포라에도 여러 번 다녀온 것으로 전해진다. 알렉산드리아의 영향으로 철학과 수학에 능통했고, 유대 대반란 때 로마에 맞서는 것에 반대한 인물로 알려져 있다.

3) 제3세대—베타르 세대의 랍비들 | 약 120-139

• 랍비 아키바 (벤 요쎕)(50-135년경)

랍비 아키바 벤 요쎕(רבי עקיבא בן יוסף)은 일반적으로 '랍비 아키바'(רבי עקיבא)라 불린다. 랍비 아키바는 야브네 세대의 수제자로서 베타르 세대를 열었고, 바르 코크바 반란(기원후 132-135)을 지지했다가 로마에 의해 죽임을 당했다. 그는 무엇보다 미쉬나, 토쎄프타, 미드라쉬 할라카 등 랍비문학을 체계화하고 그것의 해석학적 체제를 발전시켰다.

랍비 아키바에 따르면 히브리 성경에서 불필요한 단어는 없다. 즉 불필요해 보이는 모든 단어는 미드라쉬적인 해석이 필요하다는 것이다. 사실 미쉬나는 랍비 아키바의 책이라고 볼 수도 있다. 왜냐하면 미쉬나의 근간이 되는 야브네 1세대의 가르침을 미쉬나가 제대로 형태를 잡아가는 우샤 세대로 전달하는 역할을 했기 때문이다. 탈무드는 랍비 아키바를 '로쉬 라하카밈'(ראש לחכמים, 현자들의 머리)이라 부르기도 한다.

• 랍비 이쉬마엘 (벤 엘리샤)

랍비 이쉬마엘 벤 엘리샤(רבי ישמעאל בן אלישע)는 미쉬나에서 '랍비 이쉬마엘'로 주로 나온다. 그는 이쉬마엘의 13개 해석학적 원칙(미돗)으로 유명하며, 주로 랍비 아키바와 법적으로(할라카) 논쟁한다.

• 랍비 타르폰

랍비 타르폰(רבי טרפון)은 제사장 출신으로 관련 토론에서는 언제나 제사장에 우호적인 태도를 보인다. 그는 랍비 아키바와 법적으로(할라카) 논쟁했던 랍비 중 하나다. 주로 주관적인 의도보다는 객관적인 사실을 선호하고, 논쟁적이고 언변이 좋으며 관대했다고 한다.

• 랍비 일라이

랍비 일라이(ברי אלעאי)는 랍비 엘리에제르 벤 호르카노스의 수제자로 랍비문학에서 종종 랍비 엘리에제르의 해석을 말해준다. 랍비 엘리에제르가 야브네에서 축출되고 난 뒤에도 계속 그와 함께했다.

• 아킬라스

'변절자'라 불리는 아킬라스(עקילס)는 랍비 엘리에제르와 랍비 예호슈아 벤 하나냐의 제자였다. 아킬라스는 히브리 성경을 헬라어로 번역한 것으로 유명하다. 히브리 성경을 번역하는 데 있어서 랍비 아키바의 해석학적인 방법에 영향을 받았는지는 논란의 여지가 있다.

• 랍비 요쎄 하갈릴리

랍비 요쎄 하갈릴리(רבי יוסי הגלילי)는 당대 최고의 랍비였던 랍비 아키바의 해석에 설득력 있게 반박한 인물로 잘 알려져 있다. 랍비 아키바는 자신의 해석보다 랍비 요쎄의 해석을 선택하곤 한다.

• 랍비 요하난 벤 누리

랍비 요하난 벤 누리(רבי יוחנן בן נורי)는 주로 랍비 아키바와 할라카 관련 논쟁을 벌였다.

• 랍비 예후다 벤 바바

랍비 예후다 벤 바바(רבי יהודה בן בבא)는 랍비 아키바가 순교한 뒤에 아키바의 일곱 학생들을 안수했으나, 그 일로 로마에 의해 죽임을 당했다. 고대로부터 내려오던 많은 전승을 전한 인물로 알려져 있다. 그의 할라카로 유명한 것 가운데 하나는 남편의 죽음에 대한 증인이 한 명만 있다면 아내가 재혼할 수 있다는 점이다.

4) 제4세대─우샤 세대 이후의 랍비들 | 약 139-165

• 라반 쉬몬 벤 가믈리엘 2세(110-180)

라반 쉬몬 벤 가믈리엘 2세(רבן שמעון בן גמליאל)는 우샤의 나씨이고, 미쉬나를 집대성한 예후다 하나씨의 아버지다. 로마의 하드리아누스 황제가 죽고 나서 우샤에 아키바의 제자들이 세웠던 산헤드린의 수장이 된다. 미쉬나에 자주 등장하며, 그의 견해는 주로 랍비 예후다와 랍비 요쎄의 의견과 비슷하다. 자기 세대까지 미쉬나의 편집 작업을 한 듯하다.

• 랍비 메이르(90-170)

랍비 메이르(רבי מאיר)는 미쉬나에 자주 등장하는 랍비 가운데 하나로 330회 이상 언급된다. 랍비 이쉬마엘과 공부하여 이쉬마엘 학파이지만, 이후 랍비 아키바와도 공부하여 아키바 학파의 수제자 4명 가운데 한 명으로도 꼽힌다. 랍비전승에서 그는 주로 랍비 아키바의 가르침을 가감 없이 전달한다. 미쉬나를 집대성하는 데 기여했다

• 랍비 예후다 (바르 일라이)

랍비 예후다 바르 일라이(רבי יהודה בן עילאי)는 미쉬나에서 '랍비 예후다'로 600회 이상 등장한다. 그는 힐렐 학파인 랍비 아키바의 수제자 4명 가운데 한 명이다. 공교롭게도 랍비 예후다의 아버지인 랍비 일라이는 샤마이 학파에 속했기에 힐렐 학파인 랍비 예후다는 아버지의 전승도 같이 전한다. 이때 랍비 예후다는 랍비 아키바와 랍비 일라이의 견해를 조율하거나 의견 차이를 좁히려고 노력했다. 그는 주로 랍비 아키바의 가르침을 특정 상황(시간, 장소)에 맞는 것으로 해석했고, 할라카 해석에서 주로 랍비 메이르와 논쟁했다.

• 랍비 요쎄 (벤 할라프타)

랍비 요쎄 벤 할라프타(רבי יוסי בן חלפתא)는 미쉬나에서 '랍비 요쎄'로 330회 이상 등장한다. 그는 아버지에게 배운 찌포리-갈릴리 전승을 가지고 있었으며, 주로 랍비 메이르와 랍비 예후다를 중재하는 자리에 있었기 때문에 '현자들의 중재자'라는 별명을 얻었다. 전통적으로 랍비 요쎄는 마쎄켓 「켈림」과 성경 연대기를 다룬 책인 『쎄델 올람 라바』의 저자로 여겨진다.

• 랍비 쉬몬 (바르 요하이/요하난)(90-170)

랍비 쉬몬 바르/벤 요하이(רבי שמעון בר יוחאי)는 미쉬나에서 '랍비 쉬몬'으로 300회 이상 등장한다. 랍비 아키바의 4명의 제자 가운데 가장 어렸다. 랍비 아키바의 가르침을 문자적으로 해석하여 전하는 경향은 랍비 메이르와 비슷하지만, 때때로 랍비 아키바의 가르침에 반하는 의견도 전했다. 랍비전승은 유대 신비사상인 카발라 문학인『조하르』(זוהר)의 저자로 랍비 쉬몬을 언급한다. 하지만 학자들이 연구한 결과 이 책은 13세기 중반에 살았던 랍비 모세 벤 쉠 톱(רבי משה בן שם-טוב, Moshe ben Shem-Tov)에 의해 쓰여진 것으로 보인다.

• 랍비 엘아자르 (벤 샤무아)

랍비 엘아자르 벤 샤무아(רבי אלעזר בן שמוע)는 미쉬나와 바라이타에 '랍비 엘아자르'로 등장한다. 그는 (랍비 예후다와 비슷하게) 랍비 아키바의 가르침을 풀어나간다. 종종 랍비 예후다와 이견을 보이지만 그 차이는 크지 않고 조금 더 엄격하게 해석하는 정도다. 랍비문학에서 엘아자르는 종종 아키바와 같이 언급되지만 항상 아키바와 같은 입장은 아니다.

• 아바 샤울

랍비전승에 나타나는 아바 샤울(אבא שאול)은 주로 랍비 예후다와 논쟁하지만 비슷한 견해가 많다. 미쉬나에는 많이 나오지 않지만 주로 언어 관련 주제에서 등장한다.

• 랍비 네헤미야

랍비 네헤미야(רבי נחמיה)는 랍비 엘아자르 벤 샤무아와 견해가 비슷하다. 또한 랍비 예후다와도 견해가 비슷하지만 때때로 그보다 더 엄격하다. 랍비 네헤미야는 미쉬나에 자주 등장하지 않는데, 그 이유는 랍비 예후다를 인용하는 것으로 충분하기 때문인 듯하다. 하지만 아가다에서는 랍비 예후다와 종종 다른 의견을 보인다.

• 랍비 엘리에제르 벤 야콥 2세
랍비 엘리에제르 벤 야콥 2세(רבי אלעזר בן יעקב)는 할라카 해석에서 랍비 쉬몬과 견해가 비슷하다. 미쉬나에는 랍비 쉬몬과 다른 견해일 때만 언급되곤 한다.

5) 제5세대─랍비 예후다 하나씨와 동시대의 랍비들 | 약 165–200

• 랍비 예후다 하나씨(135–217)
랍비 예후다 하나씨(רבי יהודה הנשיא)는 힐렐의 7대손으로 전승에 따르면 랍비 아키바가 죽은 날 태어났다고 한다. 그는 미쉬나에서 '랍비'(רבי), '라베누'(רבינו), '라베누 하카도쉬'(רבינו הקדוש)라고 불린다. 그는 몇 명의 스승을 두었는데, 랍비 예후다 (바르 일라이), 랍비 엘아자르 (벤 샤무아), 랍비 쉬몬 (바르 요하이)에게 사사했다.
미쉬나의 최종 편집을 담당했으나 실제로 미쉬나에 이름이 자주 나오지는 않는다. 랍비 예후다 하나씨가 미쉬나에 나올 때는 주로 랍비 아키바의 제자들과 함께 언급되곤 한다. 역사적으로 보았을 때 로마에게도 인정받은 나씨였고, 우샤에 있던 산헤드린을 벧 쉐아림으로 옮겼다고 전해진다.

• 랍비 요쎄 벤 예후다
랍비 요쎄 벤 예후다(רבי יוסי בן רבי יהודה)는 랍비 아키바의 제자 랍비 예후다 바르 일라이의 아들이다. 미쉬나에서는 아버지와 함께 가끔씩 등장하지만, 토쎄프타에서는 더 자주 등장한다.

• 랍비 나탄

랍비 나탄(רבי נתן)은 라반 쉬몬 벤 가믈리엘과 랍비 예후다 하나씨 때 '아브 벧딘'(אב בית דין, 법관)이었다. 바빌로니아 공동체 수장(exilarch, 레쉬 갈루타)의 아들로 공동체를 대표하여 랍비 예후다 하나씨에게 배웠다. 랍비 나탄은 종종 바빌로니아 전통을 반영하는 해석을 펴기도 한다. 하지만 실제로 미쉬나에 자주 등장하지는 않는다.

• 랍비 엘아자르 벤 쉬몬

랍비 엘아자르 벤 쉬몬(רבי אלעזר בן רבי שמעון)은 랍비 아키바의 제자 랍비 쉬몬 바르 요하이의 아들이다. 그는 주로 아버지와 관련되어 미쉬나에 가끔씩 언급된다.

• 랍비 쉬몬 벤 엘아자르

랍비 쉬몬 벤 엘아자르(רבי שמעון בן אלעזר)는 랍비 메이르의 제자다. 미쉬나에 자주 등장하지는 않는다.

6 랍비들의 시대와 역사를 재구성하다

미쉬나를 이해하기 위해서는 랍비들이 살았던 시대적·역사적 배경을 알아야 한다. 미쉬나에 등장하는 랍비들은 지금으로부터 약 2000년 전 제정기(기원후 27-476)의 로마가 다스리던 이스라엘 땅에 실제로 살았던 사람들이다.

사실 역사(Geschichte, 재구성된 역사)로서 타나임 시대를 재구성하기란 쉽지 않다. 일단 랍비문학은 연대를 언급하지 않는다. 우리가 아는 개별 랍비들의 정보는 대부분 10세기에 살았던 쉐리라 가온이 남긴 것이다. 랍비들이 실제 살았던 시기보다 상당히 후대에 주어진 정보여서 역사성을 의심할 수밖에 없다. 뿐만 아니라 타나임 시대나 아모라임 시대의 랍비문학은 그 특성상 역사적 내용보다는 법적 문제를 주로 다루고, 때때로 교훈적이고 변증적이다. 더불어 연대를 가늠하기 어렵거나 모순되는 전승도 많다. 여러 문학작품의 연대뿐 아니라 랍비 개인이 언제 살았는지 모르는 경우가 대부분이다. 정확히 연대를 알 수 있는 것은 유대 대반란과 바르 코크바 반란 정도다.

이 책에서는 미쉬나-탈무드 시대 유대 역사의 여러 논쟁점을 구체적으로 다루기보다는, 미쉬나가 쓰여진 배경을 이해하는 데 도움이 되는 정도의 재구성된 역사를 소개한다. 사료 인용을 많이 하지 않고 미쉬나의 세대구분을 중심으로 최소한의 역사적 이슈들만 다룬다.

1) 힐렐과 샤마이 세대 | 기원후 10-70

1세기 유대지방은 세계사에서 가장 많이 연구된 시대와 지역 중 하나다. 왜냐하면 이 시기는 나사렛 예수의 탄생과 사역, 죽음과 부활 사건이 자리하고 있기 때문이다.

힐렐과 샤마이는 예수와 같은 시대를 살았던 1세기 사람이다. 랍비문학을 살펴보면 힐렐과 샤마이를 중심으로 제자들이 모여들었고, 이들의 논의가 활발해짐에 따라 곧 힐렐 학파와 샤마이 학파를 형성하게 된다. 학자마다 견해가 조금씩 다르긴 하지만 이때부터 구전전승이 다양해진 것으로 보인다. 랍비문학을 살펴보면 힐렐 학파에 비해 샤마이 학파가 법 해석에서 엄격한 경향을 보인다. 미쉬나는 샤마이 학파보다는 주로 힐렐 학파의 법 해석을 따른다.

주의 깊게 봐야 하는 사람이 힐렐의 손자인 라반 가믈리엘이다. 그는 랍비문학에 나오는 수많은 랍비 중에 신약성서에 언급된 유일한 인물이다. 그는 바울의 스승이고(행 22:3), 동시에 베드로와 사도들이 산헤드린에 잡혔을 때 그들을 풀어주었던 산헤드린의 수장이었다(행 5:33-40). 그는 대대로 산헤드린의 수장을 맡아오던 나씨 가문의 사람이다.

이 시기 역사를 랍비문학의 시각으로 재구성하는 데 있어 기억해야 할 점은 랍비문학은 공동체 밖의 이야기에 큰 관심이 없다는 것이다. 예루살렘 성전이 파괴되기 이전 유대지방에 일어났던 많은 사건을 요세푸스의 『고대사』와 『전쟁사』 등 여러 사료들이 증거하지만 랍비문학은 그런 사건에 크게 관심이 없다. 기적을 일으키며 1세기 이스라엘을 떠들썩하게 했던 나사렛 예수와 그의 제자들 이야기에도

논쟁하는 랍비들(카를 슐라이허, 1860년경). 힐렐 학파와 샤마이 학파의 논쟁 가운데 미쉬나는 압도적으로 힐렐 학파의 손을 들어준다.

관심이 없고, 유대 대반란이 일어날 무렵 플로루스(Gessius Florus) 총독이 성전 금고에서 돈을 빼내고, 이에 항의하는 다수의 유대 지도자들을 십자가형에 처한 사건도 관심이 없다. 유대 대반란이 일어나고 시리아에 주둔하던 로마 12군단(Legion XII Fulminata)이 들어와 유대인들을 진압하고 몰살한 사건도 언급하지 않는다. 에세네파나 쿰란 공동체 이야기도 당연히 없다. 왜냐하면 랍비문학의 관심사는 철저하게 그들만의 세상을 향해 있었기 때문이다.

　랍비문학은 사회적·정치적 상황에 관심이 있는 것이 아니라 모세가 시내산에서 하나님께 받은 구전토라가 많은 사람들을 거쳐 마침내 1세기 힐렐에게까지 내려오고 요하난 벤 자카이에게 전해졌다는 사실에 관심이 있다(미쉬나 「아봇」 1, 1 이하). 이런 의미에서 요하난 벤 자카이가 예루살렘을 탈출해 베스파시아누스 황제를 만나 담판을 짓고 야브네에 랍비 중심의 새로운 세대가 시작되는 전승은 당시의 정치 상황과 랍비들의 관심사가 만나는 실로 놀라운 이야기가 아닐 수 없다(『아봇 드라비 나탄 B』 4:5 등).

라반 요하난 벤 자카이가 문을 연 야브네 세대를 살펴보자.

2) 야브네 세대 | 약 70-120

로마가 예루살렘 성전을 포위했을 때 항전을 각오한 열심당원(Zealot)들은 아무도 예루살렘을 빠져나가지 못하게 했다. 이런 열심당원들의 눈을 피해 요하난 벤 자카이는 죽은 척 관 속에 몸을 숨기고 제자들과 함께 예루살렘을 빠져나와 베스파시아누스를 만났다. 그는 베스파시아누스가 황제가 되리란 것을 예견하며 야브네에서 토라를 가르치는 것을 허락받는다. 이렇게 요하난 벤 자카이는 야브네 세대를 열었다.

사실 요하난 벤 자카이가 베스파시아누스를 만났다는 이야기는 역사적으로 문제가 좀 있다. 그가 예루살렘을 빠져나왔을 당시 베스파시아누스는 황제에 취임하기 위해 로마에 있었기 때문이다. 어쨌든 여기서 중요한 것은 역사의 진위보다는 그 메시지다. 메시지는 분명하다. 요하난 벤 자카이로부터 시작된 야브네의 벧 미드라쉬(일종의 랍비학교)는 랍비들이 이끌어가는 새로운 공동체의 출발이었다는 사실이다. 또한 랍비들의 리더십과 권위에 합법성을 부여하는 것으로 봐도 될 듯하다. 나씨 가문 출신에게만 주어지던 '라반'(רבן) 칭호를 요하난 벤 자카이에게 부여한 것도 그가 리더십을 인정받았다는 증거다.

이 시점에서 흥미로운 사실은 그가 야브네 세대를 열었지만 중세 전통은 그를 타나임 1세대로 간주한다는 것이다. 아마도 이는 나씨

로마 동전 세르테르티우스. 베스파시아누스 황제가 기원후 71년 유대인 반란 전쟁에서 승리한 것을 기념해 발행했다. 동전 뒷면은 "유대가 정복되었다"(IVDEA CAPTA)라는 문구와 함께 유대인 포로와 울고 있는 여성이 새겨져 있다.

가문을 중심으로 세대를 구분했기 때문이라 생각된다. 다시 말하면, 힐렐 학파의 수장은 항상 나씨 가문에서 나왔기 때문에, 1세대 힐렐 학파의 수장이던 라반 가믈리엘 1세와 라반 쉬몬 벤 가믈리엘을 이어서 2세대는 라반 가믈리엘 2세로 시작하는 것이 자연스러운 선택이었을 수 있다.

예루살렘 성전이 파괴된 이후 랍비문학은 정치적·사회적 상황보다는 종교적인 할라카에 집중된다. 예를 들면 후대 전승에 따르면 요하난 벤 자카이가 야브네에서 시대가 변함에 따라 바뀌어야 하는 9개의 타카놋(תקנות, 일종의 법령개정)을 만들었다고 전한다(바빌로니 탈무드 「로쉬 하샤나」 31b). 이 가운데 두 가지만 살펴보면, 예루살렘 성전이 파괴되기 이전에는 새 달(new moon)에 대한 증인을 예루살렘 성전에서 오후 상번제를 드리기 전까지만 받았는데, 성전이 파괴된 이후에는 하루 종일 받을 수 있게 되었다고 한다. 또 성전 파괴 이전에는 신년이 안식일에 오면 예루살렘과 그 근교에서만 쇼파르(שופר, 양각 나팔)를 불었는데, 성전 파괴 이후에는 벧 딘(בית דין, 유대 법원)에서 쇼파르를 불 수 있게 했다고 전한다. 라반 요하난 벤 자카이가

기원후 70년 로마에 의해 예루살렘 성전이 파괴되었다(프란체스코 하예즈, 1867).

윤년을 결정할 권한이 있었다는 것도 당면한 할라카 관련 문제에 대해 실질적으로 리더십을 발휘하려는 시도로 보인다.

요하난 벤 자카이와 그의 제자들이 야브네에서 종교적인 문제로 고민하는 동안 바깥 세상에서는 많은 일들이 있었다. 유대 대반란을 진압하기 위해 로마 군단이 올라오면서 쿰란공동체가 파괴되었고(기원후 68), 예루살렘 성전이 파괴된 이후에도 일부 저항 세력은 마사다 (Masada)로 옮겨 최후의 항전을 다짐하고 3년을 버틴 끝에 모두 자결하는 것으로 막을 내렸다. 로마에게는 허탈한 결말이었다. 승자는 있지만 패자가 다 죽어버렸기 때문이다. 결국 로마의 입장에서 보면 유대 대반란은 반쪽 승리가 되었다. 결과적으로 많은 사람들이 유대 대반란으로 죽고 노예로 팔려갔고, 로마는 제국의 모든 유대인들에게 '피스쿠스 유다이쿠스'(Fiscus Judaicus, 유대인 세금)를 부과했다.

그렇다고 예루살렘 성전 파괴의 여파를 과장해서 이야기할 필요는 없다. 사회적·정치적·종교적 어려움이 컸지만 여전히 아우구스투스

유대인들이 로마군에 맞서 끝까지 항전한 마사다 요새. 이스라엘 남부 암반 지대에 위치하며, 저 멀리 사해가 보인다.

이래로 시행된 유대교 관용 정책은 변하지 않았다. 세금을 내면 황제 숭배 의무를 면해주었고 시민으로서의 권리가 보장되었다. 이러한 경향은 기독교가 로마의 공식 종교가 되는 4세기까지 계속되었다. 성전은 파괴되었지만 끝이 아니었고 유대지방은 다시 회복되기 시작했다.

바리새인, 사두개인, 에세네파 등 제2차 성전시대에 주류 종파들이 어떻게 되었는지 정확하게는 모른다. 아마도 기원후 70년 이후 제2차 성전시대에, 이른바 '종파'들을 둘러싼 역동성이 존재했으리라 추측할 수 있다. 이와 같은 맥락에서 많은 학자들이 제2차 성전시대의 바리새인과 미쉬나시대 랍비들이 묘종의 관계가 있었으리라 생각하는 이유는 다음과 같다. (1) 바리새인과 랍비들의 유대법 해석 전통이 비슷하다. (2) (바리새파와 비슷하게) 랍비문학에서도 사두개인들에 대해 부정적인 시선을 견지한다. (3) 가믈리엘 가문은 신약에서 바리새파로도 나오고 후에 랍비 공동체의 수장인 나씨 가문으로 랍비문학에도 등장한다. 실제로 미쉬나를 편집한 예후다 하나씨는 라반 가믈리엘의 손자다. 따지고 올라가보면 랍비들의 수장이 바리새인의 후손인 셈이다.

요하난 벤 자카이 이후 라반 가믈리엘 2세가 야브네에서 나씨가 된다. 랍비전승은 라반 가믈리엘 2세가 야브네의 새로운 산헤드린을 중심으로 종교적·사회적·정치적 질서를 잡아가는 것으로 묘사한다. 안수를 받고 랍비가 되는 것도 야브네에서 처음 시작된 전통으로 이야기한다. 정치적으로 로마와 어떤 관계에 있었는지 정확하게는 모르지만 관계가 점점 개선되고 있었던 듯하다.

랍비전승에 따르면 가믈리엘 2세 때 야브네에서 있었던 중요한 일 중 하나는 슈무엘 하카탄(שמואל הקטן)이 유대인에게 하루 세 번 필요한 아미다(עמידה) 기도문에 비르카트 하미님(ברכת המינים)을 넣었다는 것이다. 이단에 대한 일종의 저주 기도문인 '비르카트 하미님'에서 미님(מינים)은 기독교인만을 가리키는 것은 아니다. 하지만 기독교인도 포함될 수 있기에, 학자들은 비르카트 하미님을 요한복음 9장의 회당에서 쫓겨나는 유대인 기독교인과 연결 짓는다. 가능한 재구성이지만 그 의미에 대해서는 좀 더 해석이 필요해 보인다.

또 하나 많은 이들이 야브네에서 일어난 중요한 사건 중 하나로 히브리 성경의 정경화(canonization)를 꼽는다. '야브네 공의회'(Council)에서 정해졌다고 여겨지는 정경화는 미쉬나 「야다임」 3, 5의 해석에 근거한다. 결론만 이야기하면, 그러한 재구성은 야브네 공의회를 신약성경이 정경화된 카르타고 공의회(397)와 비슷한 성격으로 잘못 해석한 듯하다. 정경화는 권위 있는 기관에서 역사의 한순간에 결정하여 된 것이 아니라, 오랜 기간에 걸쳐 이루어진 과정으로 봐야 할 듯하다.*

이렇듯 야브네 세대는 예루살렘 성전이 파괴된 이후 사회적·정치적·종교적으로 재건되던 시기라고 할 수 있겠다.

3) 베타르 세대 | 약 120-139

베타르(בית״ר)는 유대 산악지역에 있는 도시로 바르 코크바 반란의 마지막 격전지다. 베타르 전투를 마지막으로 이 반란은 실패로 돌아가게 된다.

베타르 세대는 두 번의 큰 반란을 경험한다. 첫 번째가 바로 트라야누스 황제 때 디아스포라 유대인들이 로마에 반기를 든 사건이었다. 키레네, 이집트, 키프로스에 있던 유대인들이 같이 살던 헬라인들을 상대로 무장봉기하여 결국 그 지방을 다스리던 로마 군단과 싸우게 된 것이다. 사료가 많지 않아서 자세히 알 수 없으나 디아스포라 유대 공동체에게는 일종의 재난이었을 것이다. 특히 번성하던 알렉산드리아 유대인 공동체가 사회적·문화적으로 영향력을 잃게 된 계기가 되었을 것이다.

두 번째가 바르 코크바 반란(132-135)이다. 바르 코크바(히브리어)는 반란의 지도자 이름이며 아람어로 '별의 아들'을 뜻한다. 바르 코크바 반란은 랍비문학의 전승이 고고학적 발굴과 연결된 드문 예 중 하나다. 랍비문학은 바르 코크바에 대해 부정적으로 묘사한다. 즉 나무를 뽑아 적을 죽이는 등 초인적인 사람으로 묘사하는 동시에 가짜 메시아로 그린다. 이름에서도 유추해볼 수 있듯이, '별의 아들'을 언급하는 민수기 24:17에 근거하여 바르 코크바를 메시아로 생각하고 따르던 사람들도 상당수 있었던 듯하다. 랍비 아키바도 그중 하나였을 것이다.

랍비전승에 따르면 바르 코크바를 메시아로 추대하던 당대 최고의 랍비인 아키바가 미쉬나에서 존재감이 전혀 없는 요하난 벤 토르타

---

* 이 부분에 대해서는 최중화, 「구약성경 야브네 정경화에 대한 소고: AD 90년대 야브네 사회-정치상황 재구성을 중심으로」, 『구약논단』 24(2), 2018, 176-200쪽을 보시오.

장막절을 잘 준비할 것을 당부하는 바르 코크바의 편지.

에게 꾸지람을 듣는 충격적인 이야기도 나온다(예루살렘 탈무드 「타아닛」 4:8 68d, 『애가 라바』 2:4). 아마도 실패한 반란에 대한 부정적인 반응이 랍비전승에 영향을 준 듯하다. 고고학 발굴로 바르 코크바가 직접 쓴 편지가 발견되면서 우리는 그의 본명이 '바르 코시바'(כוסבא בר)라는 사실을 알게 되었고, 편지 내용을 통해 그가 카리스마 있는 장군이며 신심도 있었던 사람인 것을 알았다.

바르 코크바 반란 이전에 랍비 아키바와 제자들은 야브네에서 히브리 성경의 해석원칙을 세우고 구전전승을 체계적으로 모으기 시작했다. 반란이 시작되자 랍비 아키바는 바르 코크바를 메시아로 지지했고 토라를 가르치지 말라는 로마의 명령에 따르지 않고 저항하다가 제자들과 함께 최후를 맞은 것으로 보인다.

유대역사에서 바르 코크바 반란의 여파는 실로 컸다. 로마의 역사가 카시우스 디오(Cassius Dio)에 따르면 58만 명의 유대인이 죽임을 당했고, 985개의 마을들이 불탔다고 한다. 물론 이 숫자를 '문자적으로 받아들여야 하는가'에 대한 논란이 있겠지만 파멸적 피해를 입었음에는 틀림없다. 바르 코크바 반란이 유대 대반란보다 유대인들에게 더 재앙이었던 것은 하드리아누스가 유대인을 추방했기 때문이다. 하드리아누스는 유대지방의 이름을 '시리아 팔레스티나'(Syria Palaestina)로 바꾸고, 모든 유대인들을 거주하지 못하게 내쫓았다. 또한 예루살렘의 이름을 '엘리아 카피톨리나'(Aelia Capitolina)로 바꾸고, 성전산에 유피테르 신전을 지었다(그 안에 유피테르 신상과 하드리아누스 황제의 조각상을 안치했다). 토라를 공부하거나 절기를 지키는 것이 금지되었고, 랍비들을 죽였으며, 유피테르 신전 앞에서 유대 문헌을 불태웠다.

바르 코크바 반란의 후폭풍이 유대 대반란 때보다 컸기 때문에 유대지방은 그 여파에서 회복되기가 쉽지 않았을 것이다. 하지만 유대지방을 제외한 다른 지역(갈릴리, 벳샨, 가이사랴, 골란 등)에서는 유대인 공동체가 다시 번성하기 시작했다. 특히 갈릴리가 랍비 유대교의 중심지가 되었고, 이곳에서 4-5세기경 예루살렘 탈무드가 집대성되었다. 어쩌면 바르 코크바 반란 이후 예루살렘과 유대지방이 황폐해짐에 따라 산헤드린이 야브네에서 우샤로 옮겨간 것은 합리적인 선택일 수 있다. 이제 우샤 세대로 넘어가보자.

4) 우샤 세대 | 약 139-165

바르 코크바 반란 이후 산헤드린이 야브네에서 갈릴리 지방 우샤로 옮겨간 세대를 말한다. 우샤는 이 시기에 중요하게 활동했던 랍비들(랍비 메이르, 랍비 예후다, 랍비 요쎄, 랍비 쉬몬 바르 요하이 등)의 고향이었다. 이들은 바르 코크바 반란 이후 우샤에 와서 토라를 가르치

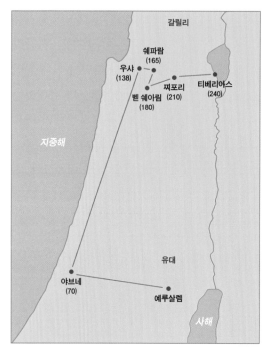

갈릴리

쉐파람
(165)

우샤
(138)

벧 쉐아림
(180)

찌포리
(210)

티베리아스
(240)

지중해

유대

야브네
(70)

예루살렘

사해

로마와의 관계가 좋아지고 랍비의 영향력이 커지면서 산헤드린도 작은 도시에서 큰 도시로 옮겨가게 되었다(바빌로니아 탈무드「로쉬 하샤나」31a). 산헤드린이 움직인 연도는 Safrai(1976), 316을 기준으로 했다.

기 시작했다(『애가 라바』2:16).

우샤 세대 랍비들 가운데 나씨 라반 가믈리엘 2세와 랍비 메이르를 주목할 필요가 있다. 라반 가믈리엘 2세는 미쉬나를 집대성한 랍비 예후다 하나씨의 아버지이고, 랍비 메이르는 '미쉬나의 아버지'라고 평가받는 랍비 아키바의 제자로서 미쉬나를 집대성하는 작업에서 결정적인 역할을 했다.

예를 들면, 미쉬나의 특정 이슈에 대해 여러 의견이 있을 때 누구의 말인지 이야기해주기도 하지만, 대부분 처음 나오는 미쉬나는 누가 말했는지 이야기하지 않는다. 이때 나온 익명의 첫 의견을 '타나 카마'

(תנא קמא)라고 하는데, 일반적으로 랍비 메이르의 의견을 따른다고 보면 된다. 베타르 세대의 랍비 아키바가 '미쉬나의 아버지'로서 초석을 놓았다면, 우샤 세대 제자들은 현재 미쉬나의 기둥을 세우고 집을 지었다고 할 수 있다.

미쉬나에서 우샤 세대 랍비들은 야브네 세대 랍비들보다 더 많이 인용된다. 미쉬나에서 대략 2/3는 2세기 중반의 우샤 세대 이후 랍비 인용이라 할 수 있다. 이러한 경향은 아마도 미쉬나를 집대성한 랍비들이 우샤 세대의 제자라서 그런 듯하다.

하드리아누스 황제가 죽고 난 이후(138) 안토니누스와 세베루스 황제 치하에서 유대인과 로마의 관계는 점진적으로 좋아졌다. 그에 따라 랍비들의 사회적·정치적·종교적 인지도가 자연스럽게 높아진 것으로 보인다. 이후 산헤드린은 쉐파람, 벳 쉐아림, 찌포리를 거쳐 티베리아스로 옮겨가게 되었다고 랍비전승은 말한다. 우샤, 쉐파람, 벳 쉐아림은 상대적으로 중요성이 떨어지는 작은 도시임을 감안하면, 이후 당대의 대도시인 찌포리와 갈릴리 근처에서도 가장 큰 도시인 티베리아스로 옮겨간 것은 나씨를 중심으로 한 산헤드린의 영향력이 커졌다고 짐작해볼 수 있는 대목이다. 이런 가운데 인지도나 영향력에서 정점을 찍은 인물인 랍비 예후다 하나씨가 나타났다.

5) 랍비 예후다 하나씨 세대 | 약 165–200

미쉬나가 집대성되던 이 시기에 가장 중요한 랍비는 예후다 하나씨다. 미쉬나에서 그는 아무 수식어 없이 그냥 '그 랍비'(הרבי)라 불린다. 그렇게만 말해도 모든 사람이 랍비 예후다 하나씨를 가리킨다는 것을 알았다. 3세기 초 산헤드린의 수장으로서 그는 학문적·종교적·경제적·사회적·정치적 영향력을 가진 사람이었다. 세금을 징수하고 재판관을 인선하는 역할도 했던 것으로 보인다. 심지어 해외에도 영향을 미쳐 시리아와 팔레스타인 지역의 교사나 공동체의 지도자를 임명하기도 했다.

이처럼 3세기의 나씨는 유대 공동체에서 리더십을 인정받았을 뿐 아니라 로마와도 좋은 관계를 유지했다. 랍비 공동체의 최고 리더가 유대 공동체의 수장으로서 로마와의 공식 관계에서 인정받은 것은 아마도 랍비 예후다 하나씨가 처음이었을 것이다. 실제로 세베루스(재위, 193-211)나 카라칼라(재위, 211-217) 황제는 유대교에 호의적이었다. 이런 맥락에서 볼 때 알렉산드리아의 교부 오리게네스(Origenes)가 3세기의 나씨를 '유대인의 왕'으로 묘사한 것은 우연이 아닌 듯하다.

당시 로마제국에서 중요한 사건으로 꼽는다면 212년에 카라칼라 황제가 선포한 안토니누스 칙령에 따라 거의 모든 사람에게 로마 시민권이 주어진 일이었다. 물론 유대인도 해당되었다. 이처럼 나씨의 리더십이 종교적·사회적·정치적으로 꽃피우던 때가 바로 랍비 예후다 하나씨가 미쉬나를 집대성했던 시기다.

이후 기독교가 국교로 인정된 4세기까지 나씨는 로마의 황제에게 산헤드린의 수장으로 인정받았고, 원로원 의원급의 지위를 보장받았다. 나씨는 계속해서 로마제국 전역의 유대인에 영향력을 미칠 수 있었다. 425년 공식적으로 폐지되기 전까지, 나씨는 팔레스타인뿐 아니라 로마제국 전역에서 세금을 걷고 회당의 관료를 임명할 수 있는 권한을 부여받았다.

6) 타나임의 사회적·정치적 영향력

기원후 70년 예루살렘 성전이 파괴된 이후부터 638년 아랍제국이 들어오기까지를 미쉬나-탈무드 시대라 부른다. 미쉬나와 탈무드는 이 시대의 정치적·종교적·사회적 리더를 랍비라고 상정한다. 이 그

림의 중심에는 산헤드린이 있고, 산헤드린을 이끄는 나씨가 있다. 다시 말하면, 대제사장이 이끌던 예루살렘의 산헤드린이 성전이 파괴된 이후 야브네로 옮겨갔고, 랍비 공동체의 수장인 나씨가 산헤드린을 이끌었다는 것이다. 결론적으로 학자들은 이러한 그림이 랍비 예후다 하나씨가 미쉬나를 집대성하던 3세기 때의 상황을 반영하는 것이 아닌가 생각한다. 반대로 3세기 이전의 랍비 리더십은 상당히 제한적이었던 것으로 보인다. 가장 중요한 몇 가지 이유만 살펴보자.

- 예루살렘 성전이 파괴된 70년 이후부터 바르 코크바 반란이 끝나는 135년까지 꽤나 많은 문서들이 발견되었는데 랍비문학을 제외하고 '랍비'라는 단어가 기록된 문서는 단 하나도 발견되지 않았다. 미쉬나에서 상정하는 유대법들에 대한 언급도 랍비문학을 제외하고는 없다.
- 실제로 민법이나 형법을 다루는 문서가 다수 발견되었는데, 이 문서에서 실제로 법을 집행하는 사람은 랍비가 아니라 로마 총독과 부관들이었다. 로마가 군대를 동원해 직접 통치했던 것이다. 랍비들의 사회적·정치적 입지가 생각보다 좁았을 가능성이 크다는 사실이다.
- 미쉬나의 법들은 정결법, 식탁법, 십일조, 안식일 등 종교적인 부분에 국한되어 있다. 아마 랍비들의 영향력이 공동체 일원의 삶 가운데 종교적인 부분에만 제한적으로 미쳤을 것이다.
- 법과 도덕의 차이는 강제력 유무에 있다. 미쉬나의 종교법들은 동시대의 유대인들에게 강제력이 없었던 듯하다. 일부 유대인들이 질문을 제기할 때, 랍비들이 법적으로 해석하고 판단해주는 식으로 진행되었을 것이다. 물론 그 법에 따라 사는가는 전적으로 개인의 선택이었을 것이다.

• 예루살렘 성전이 무너진 이후 유대지방을 이끌어갈 리더십을 세워야 했는데, 로마는 여러 이유에서 직접 통치를 선택했던 것으로 보인다. 만약 로마가 이전에 몇백 년간 하던 대로 대리인을 두어 다스렸다고 가정하더라도, 로마는 랍비들보다는 당시 로마와 관계가 돈독했고 유대 대반란에서도 공을 세운 아그립바 2세(Herod Agrippa II)를 선택했을 것이다.

결론적으로 랍비들은 최소한 바르 코크바 반란이 끝나는 2세기 중반까지 정치적으로는 로마의 지지를 받지 못했고, 사회적으로는 온 이스라엘을 이끌 만한 리더가 아니었다. 야브네, 우샤, 쉐파람은 작은 도시였고, 랍비들을 따르는 이들이 있었다면 자원한 소수였을 것이다. 이러한 재구성은 나씨가 랍비들의 수장이 되고 종교법이 민족 공동체의 중심이 되는 랍비문학의 유토피아적 세계관과는 조금 다른 그림이다.

하지만 야브네에서 새로운 세계를 꿈꾸었던 사람들이 소수라고 해서 그들이 지향한 가치가 영향력이 없었던 것은 아니다. 마치 바티칸이 작은 나라이지만 그 영향력이 적지 않은 것과 마찬가지다. 실제로 미쉬나와 탈무드의 세계관은 예루살렘 성전이 파괴된 이후 2000년 동안 유대인이 민족적·종교적 정체성을 유지하는 데 결정적인 역할을 한다.

7 미쉬나의 문학장르는 무엇인가

1) 미드라쉬와 할라카

랍비전승은 크게 두 가지 문학 장르로 나눌 수 있다. 바로 미드라쉬(מדרש)와 할라카(הלכה)다. 미쉬나는 이 가운데 할라카에 속한다.

먼저 미드라쉬와 할라카의 비슷한 점을 살펴보면 둘 다 랍비전승의 집합체라는 것이다. 다시 말해 입에서 입으로 전해 내려온 랍비전승의 모음집이다. 하지만 결정적으로 다른 점이 있다. 미드라쉬는 히브리 성경의 내용을 밝히려는 목적으로 쓰여졌고, 히브리 성경의 장/절을 따라 랍비전승이 배열되어 있다. 반면 할라카는 히브리 성경과는 독립적으로 존재한다. 미쉬나의 구조를 보면 잘 알 수 있듯이 할라카가 정리된 구조나 순서는 히브리 성경과 확연히 다르다. 또한 미쉬나는 법적 해석이나 가르침을 전할 때 일반적으로 히브리 성경을 인용하지 않는다.

초기 랍비 유대교의 할라카 모음집이 미쉬나만 있었던 것은 아니다. 미쉬나보다 약 한 세대 더 뒤에 (아마도 랍비 예후다 하나씨의 제자들에 의해) 집대성된 토쎄프타(תוספתא)도 있다. 토쎄프타는 미쉬나에 들어가지 않은 타나임 전승(즉, 바라이타baraita) 모음집이다. 미쉬

미드라쉬		할라카
랍비 이쉬마엘 학파	랍비 아키바 학파	미쉬나 토쎄프타
출애굽기 메킬타 (드라비 이쉬마엘) (מכילתא דרבי ישמעאל)	메킬타 드라비 쉬몬 벤 (또는 바르) 요하이 (מכילתא דרבי שמעון בן יוחאי)	
레위기	시프라 (סיפרא)	
민수기 시프레 (바미드바르) (ספרי במדבר)	시프레 슈타 (ספרי זוטא)	
신명기 미드라쉬 타나임 (מדרש תנאים)	시프레 드바림 (ספרי דברים)	

나를 보충하고 주석하는 것을 목적으로 쓰여졌기에 미쉬나의 구조가
동일하다.

2) 할라카와 아가다

미쉬나 안으로 좀 더 들어가보자. 그 안의 랍비전승은 할라카와 아
가다(אגדה)로 나뉜다. 어떤 이들은 할라카는 법이고 아가다는 이야
기로 알고 있는데, 랍비문학에서 둘의 구분은 그리 단순하지 않다.

한마디로 할라카는 '유대법'이다. 고대로부터 내려오는 권위 있는
유대전승이나 일반적으로 받아들여지는 종교적 관습을 지칭한다(예
를 들면 마쎄켓 「페아」 2, 6; 「니다」 4, 3). 하지만 미쉬나에서 할라카는
다루는 영역에서 현대법과 조금 다르다. 할라카는 현대의 법적인 부
분뿐 아니라 종종 개인적이고 도덕적인 부분, 또는 영적인 부분까지
도 다룬다. 따라서 할라카를 현대적 의미의 법으로 좁게 정의해서는
안 된다. 구체적인 소송사건의 판결로 할라카가 나오기도 하고, 추상

화되고 일반화된 원칙으로 나오기도 한다. 이러한 콘텍스트에서 할라카를 잘 이해하기 위해 이야기가 등장하기도 한다.

정리하면, 할라카는 주로 법적인 (또는 도덕적이고 영적인) 콘텍스트에서 인간의 구체적인 행동을 구분하고 영역별로 일반화하여 올바른 삶을 살게 해주는 유대법이라고 할 수 있다. 이에 반해 아가다는 정의하기가 까다롭다. 모호하지만 '할라카가 아닌 모든 랍비전승'을 말한다. 예를 들어보면 좀 더 이해하기 쉬울 듯하다.

마쎄켓 「페아」는 레위기 19장의 밭모퉁이 법을 다루고 있는데, 이 마쎄켓은 아가다로 시작한다. 본문의 1, 1은 아가다로 다른 사람을 존중하고 친절하고 사랑하는 것에는 끝이 없고, 이렇게 하는 사람이 받는 상급이 있음을 강조한다. 그 뒤 1, 2는 할라카로 들어가서 구체적인 행동을 규정한다.

마쎄켓 「페아」 1, 1-2에서도 볼 수 있듯, 할라카가 종교적 삶의 형태를 분류하고 규칙을 만드는 데 초점을 맞춘다면, 아가다는 그 삶의 형

히브리어 원문	한글번역
אֵלּוּ דְבָרִים שֶׁאֵין לָהֶם שִׁעוּר. הַפֵּאָה, וְהַבִּכּוּרִים, וְהָרֵאָיוֹן, וּגְמִילוּת חֲסָדִים, וְתַלְמוּד תּוֹרָה. אֵלּוּ דְבָרִים שֶׁאָדָם אוֹכֵל פֵּרוֹתֵיהֶן בָּעוֹלָם הַזֶּה וְהַקֶּרֶן קַיֶּמֶת לוֹ לָעוֹלָם הַבָּא. כִּבּוּד אָב וָאֵם, וּגְמִילוּת חֲסָדִים, וַהֲבָאַת שָׁלוֹם בֵּין אָדָם לַחֲבֵרוֹ, וְתַלְמוּד תּוֹרָה כְּנֶגֶד כֻּלָּם:	(「페아」 1, 1) 측정 단위가 없는 것은 다음과 같다: 페아, 첫 열매들, 절기의 제물, 자비로운 행위, 토라 공부. 이런 것들은 이 세상에서 그 열매들을 먹을 수 있는 반면, 그 중요성이 오는 세상에도 남아 있는 것이 있다: 부모 공경, 자비로운 행위, 사람과 동료 사이에 평화를 가져다주는 것. 그런데 토라 공부는 이런 모든 것과 〔그 중요성이〕 동일하다.
אֵין פּוֹחֲתִין לַפֵּאָה מִשִּׁשִּׁים, וְאַף עַל פִּי שֶׁאָמְרוּ אֵין לַפֵּאָה שִׁעוּר. הַכֹּל לְפִי גֹדֶל הַשָּׂדֶה, וּלְפִי רֹב הָעֲנִיִּים, וּלְפִי רֹב הָעֲנָוָה:	(「페아」 1, 2) 페아는 〔전체 곡식의〕 1/60보다 적어서는 안 된다. 페아에 대한 측정 단위가 없다고 말하지만 모든 것은 밭의 크기와 가난한 이의 수와 〔추수하는 곡식의〕 생산량에 맞추어 정해야 한다.

권성달 옮김, 『미쉬나 1: 제라임』, 한길사, 2024 참조.

태가 어떠한 의미와 가치가 있는지 해석하는 데 초점을 맞춘다. 할라카가 이론이라면 아가다는 실천이고, 할라카가 이념이라면 아가다는 적용이고, 할라카가 사람의 인격을 이야기한다면 아가다는 구체적인 행동을 묘사한다고 할 수 있겠다.

아가다는 일상의 삶부터 신학적인 주제까지 다루는 범위가 폭넓다. 실제로 미쉬나에서 다루는 신학적인 주제는 예정론, 신정론, 사후세계(마쎄켓 「산헤드린」 10장) 등 다양하다.

8 미쉬나 히브리어는 어떤 언어인가

1) 현자들의 언어 미쉬나 히브리어

미쉬나는 일부 아람어로 되어 있는 부분(예를 들면 마쎄켓 「아봇」 1, 13; 2, 6; 「에두욧」 8, 4 등)을 빼고는 미쉬나 히브리어(Mishnaic Hebrew)로 쓰여졌다. 미쉬나 히브리어를 '레숀 하하카밈'(לשון החכמים, 현자들의 언어)이라 부른다. 미쉬나 히브리어는 예루살렘 성전이 파괴된 기원후 70년부터 바빌로니아 탈무드가 집대성된 약 500년까지 사용되었다. 미쉬나뿐만 아니라 토쎄프타, 타나임 시대나 아모라임 시대에 쓰여진 미드라쉬들, 그리고 예루살렘 탈무드나 바빌로니아 탈무드도 미쉬나 히브리어로 쓰여졌다.

미쉬나 히브리어는 실제로 구어로 쓰이던 언어다. 쿰란의 구리 두루마리(Copper scroll)나, (바르 코크바 반란 때 쓰여진) 바르 코시바의 편지 등을 보면 미쉬나 히브리어가 2세기 유대지방에서 실제로 구어로 사용되었음을 알 수 있다. 바르 코크바 반란이 끝나고 나서 랍비 유대교의 중심이 아람어를 주로 쓰는 갈릴리로 이동하면서 미쉬나 히브리어는 쇠퇴하게 된 듯하다. 타나임 시대가 끝날 무렵(3세기) 미쉬나 히브리어는 구어로 사용되지 않고 문어적인 언어가 된 듯하다. 아모라임 시대에 팔레스타인과 바빌로니아는 아람어를 구어로 사용한 듯하다.

2) 성서 히브리어와 미쉬나 히브리어의 차이

미쉬나 히브리어는 성서 히브리어에서 출발했지만 점차 발전함에 따라 성서 히브리어와는 단어와 문법이 조금 달라졌다. 먼저 단어를 살펴보자. 물론 미쉬나 히브리어는 성서 히브리어의 단어를 대부분 사용한다. 하지만 때때로 단어의 뜻이 달라지거나 일부 기술적인 용어로 쓰이는 현상이 나타났다. 예를 들면, '쯔다카'(צדקה)가 성서 히브리어로는 관계적 용어인 '의'(義)를 뜻하지만, 미쉬나 히브리어에서는 '자선'(慈善)을 뜻하게 되었다. 또 다른 예를 들면, 성경에서 '메주자'(מזוזה)라는 단어가 '문설주'로 번역되는데(신 11:20), 미쉬나에서는 '문설주에 붙이는 작은 양피지 두루마리를 뜻한다(마쎄켓 「모에드 카탄」 3, 4). 이처럼 성서 히브리어와 미쉬나 히브리어는 같은 단어도 뜻이 바뀌기도 한다.

성서 히브리어와 비교하여 미쉬나 히브리어의 형태론적·문법적 특징을 좀 더 살펴보면 다음과 같다(성서 히브리어를 안다고 간주하고 설명해본다.)

- 성서 히브리어에서 소유를 나타내는 명사 연계형이 של로 대체되는 현상이 나타난다. רבונו של עולם 같은 소유접미어가 빈번하게 사용되었다. 이때 정관사의 용법은 확실히 정착되지 않았다. 명사 뒤에 소유접미어가 붙는 형태보다는 של과 소유접미어가 붙는 형태가 많다.
- 성서 히브리어의 바브연속법(waw-consecutive)이 사라졌다.
- אשירה '나로 노래하게 하라'와 같은 확장미완료(Cohortative)와

יקם '그가 성취하기 원한다' 같은 단축미완료(Jussive)가 성서 히
브리어에 자주 나타나는데 미쉬나 히브리어에서는 사라졌다.

- 대명사 체계가 좀 더 유연해졌다.
- 명사의 복수형을 만드는 ין이 성경에 30회 정도 나오는데 비해,
미쉬나 히브리어에서는 더 많이 쓰이게 되었다. 예를 들면, 단어
라는 뜻의 מילים이 מילין으로 쓰이게 되는 경우다.
- 불완전서법이 아니라 완전서법이 주로 나타난다.
- 동사체계가 단순화되는 경향이 나타난다. 예를 들면, 완료시제에
서 2인칭 여성 복수 형태가 없어지고, 일부 약동사의 변화가 단
순해졌다.
- 푸알(פועל) 동사는 거의 사라졌다.
- 히트파엘(התפעל) 동사는 니트파엘(נתפעל)로 대체되었다. 니트파
엘 동사는 성서 히브리어에 나오지 않는 형태다.
- 중요한 문법적 변화 중 하나는 형태론적으로 시제를 구분하는
게 쉬워졌다는 것이다. 아마도 아람어나 그리스어의 영향인 듯하
다. 성서 히브리어의 완료시제가 과거를 나타내는 데 쓰이고, 미
완료시제는 미래시제, 분사는 현재시제를 나타내게 되었다.
  - 미쉬나 「아봇」 1, 1 משה קיבל תורה מסיני 모세가 시내산에서
    토라를 받았다(완료형이 과거형으로 쓰인 사례).
  - מאימתי קורין את שמע בערבית(저녁에 쉐마를 읽어야 한다고 하
    는데) 언제 쉐마를 읽어야 하는가?(분사형이 현재형으로 쓰인
    사례)
- 과거진행형을 이야기할 때 'היה 동사 + 분사 형태'를 사용한다.
예를 들어, '그가 이야기하곤 했다'를 הוא היה אומר로 표현했다.
- 이러한 변화는 히브리어의 구문론에도 영향을 주었다. 결과적으
로 관계대명사가 눈에 띄게 많이 쓰이게 되었다.

3) 미쉬나 히브리어의 세 가지 전통

미쉬나 히브리어가 성서 히브리어와 여러 차이가 있는 것은 사실이지만, 초기 사본을 살펴보면 미쉬나 히브리어가 하나의 형태를 가진 것은 아닌 듯하다. 사본에 나타난 미쉬나 히브리어는 언어학적으로 세 가지 전통으로 분류할 수 있다. 미쉬나가 편집된 3세기 이전의 팔레스타인에는 세 가지 전통의 미쉬나 히브리어가 구어로 존재했던 듯하다. (1) 바빌로니아 전통, (2) 서부 팔레스타인 전통, (3) 동부 팔레스타인 전통이다.

이 책의 성격상 너무 자세한 설명은 피하고 간단한 예를 들어 설명해본다. 먼저 바빌로니아 전통은 팔레스타인 전통과 음운론, 형태론, 구문론에서 많이 다르다. 예를 들면 관계사 שׁ와 함께 3인칭 분사가 올 때 팔레스타인 전통은 인칭대명사가 붙는 반면에, 바빌로니아 전통은 인칭대명사가 붙지 않는다.

해석	팔레스타인 전통 (인칭대명사 있음)	바빌로니아 전통 (인칭대명사 없음)
그가 보내는 사람은	שהוא שולח	ששולח
그녀가 하는 일은	שהיא עושה	שעושה
그녀들이 먹는 것은	שהן אוכלין	שאוכלין

서부 팔레스타인 전통과 동부 팔레스타인 전통은 음운론과 형태론에서 좀 다르다. 예를 들면 다음과 같다.

단어	서부 팔레스타인 전통의 발음	동부 팔레스타인 전통의 발음
צפורן	'찌포렌'(צִפֹּרֶן)으로 발음된다 (짜디 밑의 모음은 히렉이고 여기서 '페'는 p로 발음된다).	'쯔포렌'(צְפֹרֶן)으로 발음된다 (짜디 밑의 모음은 쉐바가 왔고, 페는 f로 발음된다).
אחות	복수형태가 '아히옷'(אֲחִיֹות)이다 (헤트 밑에 쉐바가 옴).	복수형태가 '아하이옷'(אֲחָיֹות)이다 (헤트 밑에 카메쯔가 옴).

이탈리아에서 나온 사본들이 주로 서부 팔레스타인 전통을 따르고, 중동에서 나온 사본들이 주로 동부 팔레스타인 전통을 따른다. 그리고 탈무드 시대 이후 미쉬나 주석들이 바빌로니아 전통인지 팔레스타인 전통인지를 나누는 기준은 언어적 특성에 달려 있다.

4) 미쉬나 히브리어에 영향을 준 언어들

미쉬나 히브리어는 여러 언어에서 차용한 외래어를 포함한다. 아카드어, 페르시아어, 그리스어, 라틴어, 아람어 등 주변의 많은 언어들이 히브리어 단어로 유입되었다. 이 가운데 가장 영향을 많이 준 것은 역시 아람어였다. 그리스어와 라틴어가 주로 어휘에 많은 영향을 미쳤다면 아람어는 단어뿐 아니라 음운론, 문법론, 의미론에서 다양하게 미쉬나 히브리어에 영향을 미쳤다.

마지막으로 미쉬나 히브리어를 배우고 싶은 이들은 다음 책을 참고할 만하다.

• M. H. Segal, *A Grammar of Mishnaic Hebrew*(Oxford: Clarendon Press, 1927).

9 미쉬나의 해석은 계속되고 있다

1. 미쉬나의 해석을 돕는 토쎄프타

미쉬나의 해석은 미쉬나가 집대성된 이후 지금까지 계속되고 있다. 탈무드 이전의 미쉬나 해석과 관련하여 미쉬나에 들어가지 못한 타나임 구전전승 모음집인 토쎄프타의 해석부터 살펴보자.

타나임 시대의 구전전승이지만 랍비 예후다 하나씨의 미쉬나에 들어가지 못한 구전전승들을 '바라이타'(ברייתא)라 한다. 미쉬나가 집대성된 지 얼마 뒤 이 바라이타가 모여 토쎄프타가 만들어진다. 토쎄프타는 기본적으로 미쉬나와 같은 구조다. 여섯 개의 쎄데르와 각 쎄데르 아래 여러 마쎄켓이 있다. 다만 차이가 있다면 미쉬나에 있는 마쎄켓 가운데 「아봇」 「타미드」 「미돗」 「키님」 네 주제가 없다.

미쉬나의 해석을 돕는 책으로서 토쎄프타를 살펴보기 위해 구체적으로 미쉬나 「브라홋」 1, 1과 토쎄프타 「브라홋」 1, 1을 비교해보자.

■ 미쉬나 「브라홋」 1, 1

히브리어 원문	한글 번역
מֵאֵימָתַי קוֹרִין אֶת שְׁמַע בְּעַרְבִית. מִשָּׁעָה שֶׁהַכֹּהֲנִים נִכְנָסִים לֶאֱכֹל בִּתְרוּמָתָן, עַד סוֹף הָאַשְׁמוּרָה הָרִאשׁוֹנָה, דִּבְרֵי רַבִּי אֱלִיעֶזֶר. וַחֲכָמִים אוֹמְרִים, עַד חֲצוֹת. רַבָּן גַּמְלִיאֵל אוֹמֵר, עַד שֶׁיַּעֲלֶה עַמּוּד הַשָּׁחַר. מַעֲשֶׂה שֶׁבָּאוּ בָנָיו מִבֵּית הַמִּשְׁתֶּה, אָמְרוּ לוֹ, לֹא קָרִינוּ אֶת שְׁמַע. אָמַר לָהֶם, אִם לֹא עָלָה עַמּוּד הַשָּׁחַר, חַיָּבִין אַתֶּם לִקְרוֹת. וְלֹא זוֹ בִלְבַד, אֶלָּא כָּל מַה שֶּׁאָמְרוּ חֲכָמִים עַד חֲצוֹת, מִצְוָתָן עַד שֶׁיַּעֲלֶה עַמּוּד הַשָּׁחַר. הֶקְטֵר חֲלָבִים וְאֵבָרִים, מִצְוָתָן עַד שֶׁיַּעֲלֶה עַמּוּד הַשָּׁחַר. וְכָל הַנֶּאֱכָלִים לְיוֹם אֶחָד, מִצְוָתָן עַד שֶׁיַּעֲלֶה עַמּוּד הַשָּׁחַר. אִם כֵּן, לָמָּה אָמְרוּ חֲכָמִים עַד חֲצוֹת, כְּדֵי לְהַרְחִיק אֶת הָאָדָם מִן הָעֲבֵרָה:	저녁(에 쉐마를 읽어야 한다고 하는데) 언제 쉐마를 읽어야 하는가? 제사장이 거제를 먹으러 (성전에) 들어가는 시간부터 첫 번째 야간근무가 끝나는 시간까지이다. 이는 랍비 엘리에제르의 말이다. (일반적으로 대부분의) 랍비들은 '자정까지'라고 말한다. (하지만) 라반 가믈리엘은 '동이 틀 때까지'라고 말한다. (한번은 라반 가믈리엘의) 아들들이 잔치에서 (자정이 넘어) 돌아왔을 때, 그들은 라반 가믈리엘에게 '우리는 아직 쉐마를 읽지 않았다'고 말했다. 그러자 (라반 가믈리엘이) 아들들에게 말했다. '아직 동이 트지 않았다면 너희는 (쉐마를) 읽어야 한다.' 이런 경우뿐 아니라 (일반적으로) 랍비들이 '자정까지'라고 말하는 명령들은 모두 동이 틀 때까지로 (해석)해야 한다. 기름과 내장의 제사에 대한 명령도 (역시) 동이 틀 때까지로 해야 한다. 먹어야 하는 제물은 모두 하루 내에 처리해야 하며 (그와 관련된) 명령은 동이 틀 때까지 (지켜야 한다). 그렇다면 왜 (일반적으로 대다수의) 랍비들은 '자정까지'라고 했는가? 그것은 사람들이 규정을 어기지 않도록 하기 위해서이다.

■ 토쎄프타 「브라홋」 1, 1

히브리어 원문	한글 번역
מאימתי קורין את שמע בערבית משעה שבני אדם נכנסין לאכול פיתן בערבי שבתות דברי רבי מאיר וחכמים אומרים משעה שהכהנים זכאין לאכול בתרומתן סימן לדבר צאת הכוכבים ואף על פי שאין ראיה לדבר זכר לדבר (נחמיה ד וחצים מחזיקים ברמחים מעלות השחר עד צאת הכוכבים.	저녁(에 쉐마를 읽어야 한다고 하는데) 언제 쉐마를 읽어야 하는가? 안식일 저녁에 사람들이 빵(식사)을 먹기 위해 들어가는 시간부터이다. (이는) 랍비 메이르의 말이다. (일반적으로 대부분의) 랍비들은 '제사장이 거제를 먹으러 (성전에) 들어가는 시간부터'라고 말한다. 이것(쉐마를 읽기 시작하는 적당한 때)에 대한 신호는 별들이 나타나는 것이다. 이것에 대한 (직접적인 성경의) 증거는 없지만, 이것에 대한 암시가 (성경구절 안에) 있다. (느헤미야 4장) (우리가 이같이 공사하는데) 무리의 절반은 동틀 때부터 별이 나기까지 창을 잡았으며.

토쎄프타 「브라홋」(에르푸르트 사본, Sefaria. org).

‘저녁(에 쉐마를 읽어야 한다고 하는데) 언제 쉐마를 읽어야 하는가?’ 토쎄프타는 미쉬나 「브라홋」 1, 1을 인용하며 시작한다. 이렇게 던져 진 질문에 토쎄프타는 미쉬나에 인용되지 않은 랍비 메이르의 의견 이 나온다. 우샤 세대의 랍비 메이르는 미쉬나 편집에 결정적 역할을 했으며, 미쉬나에서 가장 중요한 목소리를 내는 인물 중 하나다. 그는 ‘안식일 저녁에 사람들이 빵을 먹기 위해 들어가는 시간부터’ 저녁 쉐 마를 읽을 수 있다는 의견을 제시한다. 미쉬나만 있고 토쎄프타가 없 었다면 알지 못했을 정보다. 안식일이 기준이 된 이유는 아마도 시간 에 민감해지는 때이고 안식일 법을 지켜야 하기 때문일 것이다.

이후 다수 의견이 등장한다. 다수 의견은 ‘제사장이 거제를 먹으러 (성전에) 들어가는 시간부터’이고, 이는 미쉬나 「브라홋」 1, 1을 인용 한 것이다. 토쎄프타는 미쉬나의 법 해석을 전제로 하고 정보를 제공한다. 또한 토쎄프타는 별이 나타나는 것이 안식일의 신호가 될 수 있다는 당시 관습을 알려준다. 더불어 느헤미야 4:21을 인용하며 별이 나타나는 것에 대한 성경적 근거도 제시한다.

토쎄프타가 그 자체로 독립된 법전 역할을 의도했는지, 또는 미쉬나를 보완하는 역할을 의도했는지 정확히 알 수 없다. 하지만 미쉬나를 해석하는 데 의미 있는 역할을 한다. 토쎄프타는 때때로 미쉬나의 논의를 이해하는 데 도움이 되는 배경지식과 성경해석의 정보를 제공하기도 하고, 관련된 이야기를 들려주기도 한다.

2. 미쉬나의 주석서 탈무드

1) 미쉬나를 논의한 게마라

가장 영향력 있는 미쉬나 주석서는 탈무드다. 미쉬나 해석은 탈무드를 기점으로 바뀌었다고 해도 과언이 아니다. 왜냐하면 탈무드가 나온 이후 미쉬나보다는 탈무드의 미쉬나 해석이 관심의 대상이 되어 버렸기 때문이다.

미쉬나의 주석을 '게마라'(גמרה)라고 한다. 3세기에 랍비 예후다 하나씨가 미쉬나를 집대성하고 나서 미쉬나는 중요한 텍스트가 되었다. 그리고 미쉬나 주석은 그 이후 300년가량(200-500) 아모라임들이 팔레스타인과 바빌로니아에서 미쉬나의 법을 계속 연구하고 해석하고 논의하여 삶에 적용한 결과물이다. 미쉬나의 법에 대한 논의가 모인 것을 '쑤기야'(סוגיה)라 하고 쑤기야들이 모인 것이 바로 게마라다. 결과적으로 게마라가 모여 미쉬나의 주석서가 되었는데, 미쉬나와 그 주석인 게마라가 합쳐져 탈무드가 되었다. 원래 '게마라'는 짧은 문장을 가리키는 용어였다. 중세 때 탈무드 공부가 금지되자 당시 미쉬나의 주석이라는 의미로 쓰이던 '탈무드'를 대체할 단어로 '게 마라'가 선택되었다. 어쨌거나 지금은 '미쉬나 + 게마라 = 탈무드'라 는 공식으로 정리할 수 있다.

탈무드의 다른 용어는 '샤쓰'(ש"ס)다. 미쉬나의 여섯 개 쎄데르를 히브리어로 '쉬샤 쓰다림'(ששה סדרים) 또는 줄여서 '샤쓰'라고 하는 데, '샤쓰'는 미쉬나의 해석인 탈무드를 가리킨다.

2) 예루살렘 탈무드와 바빌로니아 탈무드

탈무드에는 두 종류가 있다. 기원후 400년에는 예루살렘 탈무드 (תלמוד ירושלמי)가, 500년에는 바빌로니아 탈무드(תלמוד בבלי)가 집대성되었다. 예루살렘 탈무드를 히브리어로 '탈무드 예루샬미' (ירושלמי תלמוד)라고 부른다. 사실 400년에 집대성된 탈무드를 예루 살렘 탈무드라 부르는 것은 정확하지 않다. 왜냐하면 132-135년에 일 어난 바르 코크바 반란 이후 예루살렘은 '엘리아 카피톨리나'(Aelia Capitolina)로 이름이 바뀌었다. 아모라임 시대(200-500)가 시작되기 전에 예루살렘은 없어진 것이다. 따라서 혹자들은 예루살렘 탈무드 를 팔레스타인 탈무드(Palestinian Talmud)라 부르기도 한다. 미쉬나 이후 팔레스타인 안에서 '어떻게 법 해석이 계속되었는가'를 살펴보 려면 예루살렘 탈무드가 중요한 근거가 된다.

주목할 만한 것은 미쉬나의 마쎄켓이 60개인 것에 비해 예루살렘 탈무드는 39개밖에 되지 않는다는 점이다. 이는 예루살렘 성전이 파 괴된 이후 정결과 부정, 성전제의에 관한 마쎄켓은 다루고 있지 않기 때문이다. 책의 분량으로 따지면 예루살렘 탈무드는 바빌로니아 탈무 드의 절반 정도밖에 되지 않는다. 결과적으로 바빌로니아 탈무드는 정결과 부정, 성전제의에 대해 비교적 풍부히 다루고 있고, 법을 다룸 에 있어서 더 우아하며 이야기 전개도 더 자세하고 매끄럽다. 따라서

카이로 게니자에서 발견된 예루살렘 탈무드.

대영박물관에 소장된 바빌로니아 탈무드(12/13세기).

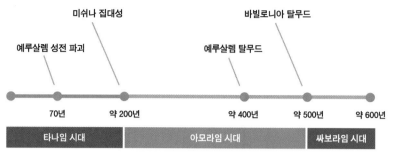

미쉬나 집대성

바빌로니아 탈무드

예루살렘 성전 파괴

예루살렘 탈무드

| 70년 | 약 200년 | | 약 400년 | 약 500년 | 약 600년 |

| 타나임 시대 | 아모라임 시대 | 싸보라임 시대 |

미쉬나가 집대성되고 나서 200년이 지난 뒤에 탈무드가 편집되었다.

바빌로니아 탈무드를 예루살렘 탈무드보다 더 권위 있는 것으로 여긴다. 일반적으로 '탈무드'라고 하면 자연스럽게 바빌로니아 탈무드를 가리킨다. 싸보라임 시대에 집대성된 것으로 보이는 바빌로니아 탈무드가 중요성을 얻게 된 것은 대략 중세 때부터라고 할 수 있다.

3) 탈무드의 구조 (1): 미쉬나와 게마라

미쉬나와 탈무드의 관계는 탈무드의 구조를 살펴보면 이해가 쉽다. 다음 페이지는 실제로 탈무드의 본문 한 면을 보여준다.

①은 기원후 200년경 예후다 하나씨가 집대성한 미쉬나 본문이다. 일단 탈무드는 미쉬나 본문을 인용하는 것으로 시작한다. 그리고 미쉬나 본문을 이해하기 위해 필요한 개념을 설명하고 상황에 따라 그 설명을 더 보충한다. ②는 게마라인데 때때로 미쉬나보다 압도적으로 많은 분량을 차지하며 미쉬나에서 다루지 않는 여러 주제도 충분히 논의하고 전개한다. 미쉬나는 히브리어로 게마라는 아람어로 되어 있다. 탈무드에서 미쉬나를 구분하는 것은 쉽다. 아람어인 게마라와 확연히 구분될 뿐 아니라, 미쉬나 부분은 '마트니'(מתני)로 시작되기 때문이다. 마트니는 '마트니틴'(מתניתין)의 줄임말로 '우리의 미쉬나'라는 뜻의 아람어다. 탈무드는 랍비 예후다 하나씨가 집대성한 '우리

미쉬나와 그 주석인 게마라가 합쳐져 탈무드가 되었다. 미쉬나는 히브리어로, 게마라는 아람어로 되어 있다.

의 미쉬나'와 그밖의 다른 미쉬나들을 구별한다. 즉 '우리의 미쉬나'에 속하지 않는 미쉬나들을 '바라이타'(ברייתא)라고 한다.

　정리해보면 탈무드의 기본 구성은 '①+②', 즉 '미쉬나+게마라'로 되어 있다. 위 그림에서 ①+②+①+②로 된 가운데 부분이 탈무드라는 말이다. 그 주위를 둘러싼 텍스트들은 탈무드의 뜻을 밝히기 위해 붙은 후대의 주석들이다.

4) 탈무드의 구조 (2): 탈무드의 후대 주석들

　후대 주석을 간략히 살펴보자. ③은 11세기 프랑스의 랍비 라쉬(רש"י)의 탈무드 주석이다. 탈무드를 문법적으로 정확히 해석하도록 도와주고, 논리적인 정황을 명확히 하여 여러 랍비의 다양한 의견이 왜 중요한지 설명하려고 노력한다는 특징이 있다. 따라서 라쉬의 주석은 미쉬나를 이해하고 탈무드를 읽는 데 절대적으로 중요한 지위를 차지한다. 라쉬의 주석은 책을 펼쳤을 때 안쪽에 위치하는데, 이는 혹시 모를 화재로 책이 불에 타더라도 라쉬의 주석만은 최대한 온전하게끔 보호하려고 그랬다는 이야기가 있다. 그만큼 라쉬의 주석이 미쉬나와 탈무드를 이해하는 데 중요하다는 뜻이다.

라쉬의 주석 반대편에 ④는 토싸폿(תוספות)이다. 라쉬 이후 12-13세기 프랑스에 살던 랍비들이 기록한 주석 모음이다. 주로 문자적·문법적 해석인 프샷(פשט)을 하는 라쉬의 주석과 달리 비판적인 경향이 있고, 탈무드 전체를 주석한 라쉬와는 달리 필요한 쟁점만을 다룬다. 토싸폿을 쓴 사람들을 '토싸피스트'(tosafist, בעלי התוספות)라고 하는데, 라쉬의 손자 등 집안 사람들도 포함되어 있다. 어려운 이슈도 이미 알고 있다고 가정하여 매우 간략히 다루는 경향이 있기 때문에 탈무드를 읽는 초보자에게는 쉽지 않은 텍스트다.

마지막으로 ⑤는 여러 주석의 모음이다. 탈무드의 가장자리를 차지하는 후대의 여러 주석들은 다양한 시대에 걸쳐 쓰여졌다. 참고로 위 설명과 같은 구조이며 현재 가장 많이 쓰이는 탈무드 버전은 빌나판(Vilna Edition Shas)이다.

탈무드에 관심이 있어도 바로 탈무드를 읽고 이해하기란 불가능하다. 먼저 히브리 성경을 공부하고, 히브리 성경의 법과 관련된 미쉬나의 논리 전개방식에 익숙해진 뒤에 탈무드의 해석을 배우는 것이 순서다. 미쉬나와 탈무드는 번역서로만 공부하기에는 분명히 한계가 있다. 미쉬나의 언어인 히브리어와 게마라의 언어인 아람어도 필수로 배워야 한다.

5) 탈무드로 미쉬나 읽어보기

탈무드는 미쉬나를 해석하는 가장 중요한 도구다. 탈무드, 토쎄프

현재 가장 널리 사용되고 있는 빌나판 바빌로니아 탈무드다(「브라홋」 2a 부분).

타, 미드라쉬 타나임 등 초기 랍비문학은 미쉬나를 해석하는 중요한 출발점이 된다. 하지만 이 랍비문학들의 의견이 미쉬나를 편집한 랍비 예후다 하나씨의 의견과 항상 일치하는 것은 아니다.

탈무드는 대략 아래와 같이 논의를 진행한다.

- 미쉬나에 나오는 특정 할라카가 히브리 성경의 어떤 구절에 근거하는지 본다.
- 미드라쉬 할라카에서 관련된 텍스트가 있다면 인용한다.
- 미쉬나에서 특정 할라카를 가르쳤던 타나가 누구인지 분명하지 않다면 누구의 할라카인지 묻는다. 혹시 같은 할라카를 다루고 있는 바라이타가 타나의 이름을 이야기해준다면 인용한다.
- 같은 할라카를 해석함에 따라 동시대 타나들의 다른 해석이 있다면 알려준다.

미쉬나 「브라홋」 1, 1의 주석인 바빌로니아 탈무드 「브라홋」 2a를 살펴보자.

■ 바빌로니아 탈무드 「브라홋」 2a 앞부분(= 미쉬나 「브라홋」 1, 1)

히브리어 원문	한글 번역
מֵאֵימָתַי קוֹרִין אֶת שְׁמַע בְּעַרְבִית. מִשָּׁעָה שֶׁהַכֹּהֲנִים נִכְנָסִים לֶאֱכֹל בִּתְרוּמָתָן, עַד סוֹף הָאַשְׁמוּרָה הָרִאשׁוֹנָה, דִּבְרֵי רַבִּי אֱלִיעֶזֶר. וַחֲכָמִים אוֹמְרִים, עַד חֲצוֹת. רַבָּן גַּמְלִיאֵל אוֹמֵר, עַד שֶׁיַּעֲלֶה עַמּוּד הַשַּׁחַר. מַעֲשֶׂה שֶׁבָּאוּ בָּנָיו מִבֵּית הַמִּשְׁתֶּה, אָמְרוּ לוֹ, לֹא קָרִינוּ אֶת שְׁמַע. אָמַר לָהֶם, אִם לֹא עָלָה עַמּוּד הַשַּׁחַר, חַיָּבִין אַתֶּם לִקְרוֹת. וְלֹא זוֹ בִּלְבַד, אֶלָּא כָּל מַה שֶּׁאָמְרוּ חֲכָמִים עַד חֲצוֹת, מִצְוָתָן עַד שֶׁיַּעֲלֶה עַמּוּד הַשַּׁחַר. הֶקְטֵר חֲלָבִים וְאֵבָרִים, מִצְוָתָן עַד שֶׁיַּעֲלֶה עַמּוּד הַשַּׁחַר. וְכָל הַנֶּאֱכָלִים לְיוֹם אֶחָד, מִצְוָתָן עַד שֶׁיַּעֲלֶה עַמּוּד הַשַּׁחַר. אִם כֵּן, לָמָּה אָמְרוּ חֲכָמִים עַד חֲצוֹת, כְּדֵי לְהַרְחִיק אֶת הָאָדָם מִן הָעֲבֵרָה:	저녁(에 쉐마를 읽어야 한다고 하는데) 언제 쉐마를 읽어야 하는가? 제사장이 거제를 먹으러 (성전에) 들어가는 시간부터 첫 번째 야간근무가 끝나는 시간까지이다. 이는 랍비 엘리에제르의 말이다. (일반적으로 대부분의) 랍비들은 '자정까지'라고 말한다. (하지만) 라반 가믈리엘은 '동이 틀 때까지'라고 말한다. (한번은 라반 가믈리엘의) 아들들이 잔치에서 (자정이 넘어) 돌아왔을 때, 그들은 라반 가믈리엘에게 '우리는 아직 쉐마를 읽지 않았다'고 말했다. 그러자 (라반 가믈리엘이) 아들들에게 말했다. '아직 동이 트지 않았다면 너희는 (쉐마를) 읽어야 한다.' 이런 경우뿐 아니라 (일반적으로) 랍비들이 '자정까지'라고 말하는 명령들은 모두 동이 틀 때까지로 (해석)해야 한다. 기름과 내장의 제사에 대한 명령도 (역시) 동이 틀 때까지로 해야 한다. 먹어야 하는 제물은 모두 하루 내에 처리해야 하며 (그와 관련된) 명령은 동이 틀 때까지 (지켜야 한다.) 그렇다면 왜 (일반적으로 대다수의) 랍비들은 '자정까지'라고 했는가? 그것은 사람들이 규정을 어기지 않도록 하기 위해서이다.

미쉬나 「브라홋」 1, 1을 먼저 직접 인용하고, 게마라는 두 가지 질문을 한다. 첫 번째, '언제부터' 쉐마를 읽어야 하는가다. 이는 쉐마를 읽는 것이 의무임을 전제하며, 게마라는 이 이슈와 관련해서 어떤 근거가 있는지 묻는다(גמ' תנא היכא קאי דקתני מאימתי). 두 번째, (좀 풀어서 이야기하면) 저녁에 쉐마를 읽는 것에 대한 논의를 쉐마보다 먼저 가르치는데 어떠한 근거로 저녁 쉐마를 먼저 가르치는가다(ותו מאי שנא דתני בערבית ברישא לתני דשחרית ברישא). 여기서 후대 주석인 토싸폿 하로쉬(תוספות הראש)는 두 번째 질문을 밝혀준다. 이는 계명들이 낮에 적용되기 때문이라 설명하고 이에 대한 근거로 상번제도 저녁

에 드리는 것보다 아침에 드리는 것을 먼저 논의하는 것처럼 타나임
도 아침 쉐마를 먼저 논의해야 한다고 말한다. 여기서 다시 게마라로
돌아가보면, 이 두 가지 질문에 대해 게마라는 신명기 6:7을 인용하면
서 대답한다.

(네 자녀에게 부지런히 가르치며 집에 앉았을 때에든지 길을 갈 때에
든지) 누워 있을 때에든지 일어날 때에든지 (בשכבד ובקומד) (이 말
씀을 강론할 것이며)—신 6:7.

다시 말하면, 성문토라에 저녁이 먼저 나왔기 때문에 구전토라도
저녁 쉐마를 먼저 다루었다는 것이다. 결국 누워 있을 때 암송하는 쉐
마는 언제 읽어야 하는가? 제사장이 거제를 먹으러 들어갈 때부터 읽
으면 된다는 것이다(משעה שהכהנים נכנסים לאכול בתרומתן).

아침 쉐마보다 저녁 쉐마를 먼저 다루는 것에 대해 게마라는 다른
가능성을 이야기한다. 타나들이 창세기 1:5을 근거로 세상의 창조로
부터 아이디어를 얻었다는 것이다(ואי בעית אימא יליף מברייתו של עולם
דכתיב ויהי ערב ויהי בקר יום אחד).

(하나님이 빛을 낮이라 부르시고 어둠을 밤이라 부르시니라) 저녁이
되고 아침이 되니 이는 첫째 날이니라—창 1:5.

창세기 1:5에 따르면 하루는 저녁부터 시작된다. 따라서 아침 쉐마
보다는 저녁 쉐마를 먼저 다루는 것이 맞다고 타나들이 생각했다는
것이다.

지금까지 바빌로니아 탈무드 「브라홋」 2a 앞부분 몇 줄의 논지를

따라왔다. 탈무드는 미쉬나가 어떤 근거로 쉐마를 읽어야 하는지, 왜 저녁 쉐마를 아침 쉐마보다 먼저 논의해야 하는지 관심이 있다. 근거로는 히브리 성경을 인용한다. 탈무드는 이렇듯 미쉬나를 새로운 각도에서 더 깊이 조명하고 해석한다. 이 과정에서 게마라 이후에 나온 주석가들이 미쉬나와 게마라의 불분명한 부분을 밝히고, 중요한 맥을 짚어 탈무드를 읽는 데 도움을 준다.

미쉬나 「브라홋」 1, 1의 논의는 바빌로니아 탈무드 「브라홋」 2a에서 끝나지 않고 계속된다. 2a 하반절에는 제사장이 거제를 먹기 위해 들어가는 시간이 언제인지 질문하고 관련 이슈들을 다룬다. 2b에서 저녁 쉐마를 읽는 가장 이른 시간이 언제인지 질문하고 관련 이슈들을 구체화한다. 미쉬나의 한 절이 탈무드에는 몇 장에 걸쳐 논의된다. 결론적으로 탈무드는 미쉬나의 뜻을 밝히는 중요한 주석의 역할을 한다.

3. 탈무드 이후의 미쉬나 주석들

탈무드가 집대성된 6세기 이후의 랍비들은 미쉬나에 직접적으로 관심을 두기보다는 탈무드의 미쉬나 해석에 관심이 있었다. 이러한 경향은 15세기까지 계속되었다. 아래는 탈무드 이후에 나온 미쉬나 주석들을 시대 순으로 간략히 요약한 것이다.

1) 게오님 시대의 주석들

현재까지 남아 있는 게오님(גאונים) 시대의 미쉬나 주석은 흔치 않다. 사아디야 가온(882-941)이 미쉬나 주석을 썼다고 알려져 있으나 오늘날 전해지지 않는다. 사실 수백 년 동안 무수한 필사 행위가 이어

פירוש הגאונים
על
סדר טהרות
מיוחס לרב האיי גאון זצ"ל

יוצא לאור על פי קובץ ברלין וקטעי הגניזה ובי' שונים

עם הגהות והערות

מאת
יעקב נחום מן הרב ר' חיים זצ"ל הלוי עפשטיין

מחברת שניה

חברת מקיצי נרדמים

הוגהתק והוכמם לאינטערנט
www.hebrewbooks.org
ע"י חיים תשס"ו

ברלין
בדפוס צבי חירש איטצקאווסקי
תרפ"ד

1921년 베를린에서 출판된 『페루쉬 하게오님』.
현존하는 게오님 미쉬나 주석 가운데 가장 주목
할 만하다.

져야 하고 전쟁과 화재에도 소실되지 않아야 하는 등 오랜 시간의 풍
상을 견뎌내야만 사본이 존재할 수 있음을 감안하면 그리 이상한 일
도 아니다. 현존하는 게오님 미쉬나 주석 중 가장 주목할 만한 것은
『페루쉬 하게오님』(פירוש הגאונים)이다. 하이 가온(רב האיי גאון)이 쓴
것으로 알려져 있으나 이는 1856년 로젠베르크(J. Rosenberg)에 의해
잘못 알려진 데서 비롯된 것이고, 실제로는 그의 제자들에게서 나온
것이라 추정된다. 여하튼 『페루쉬 하게오님』은 해석 모음집 형태로
되어 있고, 그나마 쎄데르 토호롯 부분이 온전히 보존되었다. 『페루
쉬 하게오님』은 페르시아어, 아랍어, 헬라어, 아람어 등 여러 언어와
비교하는 언어학적 해석을 한다. 이외에 아랍어로 된 랍비 나탄 아브
하예쉬바(רבי נתן אב הישיבה)의 주석도 이 시기에 나왔다.

2) 리쇼님 시대의 주석들
리쇼님 시대에는 미쉬나 주석들이 많이 나왔다. 아래 대표적인 미

유대-아람어로 쓰여진 람밤의 미쉬나 주석(1161-68) 가운데 쎄데르 나쉼이다.

쉬나 주석들을 살펴보자.

- 람밤의 주석

리쇼님 시대의 가장 중요한 주석은 단연코 최초의 것으로 람밤 (רמב״ם, 1135-1204, 라틴어 이름 마이모니데스)의 미쉬나 주석이다. 람밤의 주석은 미쉬나 텍스트를 직역하여 직접적인 뜻을 밝히는 데 목적이 있는 것이 아니라, 미쉬나를 출발점으로 하여 탈무드의 할라카를 공부할 때 이해하기 어려운 부분들을 다른 여러 초기 랍비문학(탈무드, 토쎄프타, 미드라쉬 타나임, 예루살렘 탈무드, 바빌로니아 탈무드)을 통해 설명해주려는 데 목적이 있다. 이런 측면에서 람밤의 주석은 학생들을 교육하는 데 적합했다고 할 수 있다. 이러한 교육적인 목적은 람밤이 미쉬나 주석에 자신이 쓴 여러 에세이를 수록했다는 점에서도 나타난다. 미쉬나 전체를 소개하는 에세이뿐 아니라 각 쎄데르와 마쎄켓 그리고 특정 할라카에 대한 에세이도 포함되어 있다.

1492년 손치노 출판사에서 처음 인쇄된 미쉬나는 람밤의 주석을 포함하고 있다.

　람밤의 미쉬나 주석은 후대에 큰 영향력을 미친 중요한 내용을 다수 담고 있다. 유대교의 기본개념이 되는 '13개 신조'(שלוש עשרה העיקרים)나 메시아 시대의 이야기가 있는 '페렉 헬렉'(פרק חלק)도 람밤의 마쎄켓 「산헤드린」 10장 주석 안에 나온다. '페렉 헬렉'은 「산헤드린」 10장(페렉)의 첫 번째 미쉬나에 '헬렉'(일부분)이라는 단어가 있어서 붙여진 이름이다. 여기서 람밤은 모든 이스라엘이 '올람 하바'(장차 다가올 세상)의 '헬렉'(일부)을 차지할 것이라고 이야기한다.

　람밤의 미쉬나 주석은 유대-아랍어로 쓰여졌다. 아랍어 제목이 '키타브 알시라지'(Kitab al-Siraj)다. 이후 히브리어로 번역되는데, '미쉬나 해석'(페루쉬 하미쉬나욧, פירוש המשניות)이라는 제목이 붙었다. 또한 '빛의 책'(쎄페르 하마오르, ספר המאור)이라 불리기도 했는데, 여기서 '빛'(하마오르, המאור)이란 마이모니데스를 가리킨다.

　히브리어로 번역된 람밤의 미쉬나 주석은 1492년 나폴리의 손치노(Soncino) 출판사에서 처음으로 간행되었다.

• 여러 리쇼님의 주석들

랍비 이쯔학 벤 멜키쩨덱(רבי יצחק בן מלכי צדק, 약 1090-1160)은 이탈리아의 시폰토(Siponto) 출신이다. 그는 중세 때 처음으로 미쉬나를 주석한 몇몇 랍비 중 한 명이다. 그의 주석 가운데 특히 쎄데르 토호롯이 많이 인용되나 남아 있지 않고, 쎄데르 제라임만 존재한다. 제라임 주석은 예루살렘 탈무드뿐 아니라 토쎄프타, 씨프라, 바빌로니아 탈무드, 게오님들의 저작도 참고했다.

랍비 쉼숀 벤 아브라함(שמשון בן אברהם משאנץ, 약 1150-1230)은 프랑스 상스(Sens) 출신의 유명한 토싸피스트다. 미쉬나와 관련하여 그는 쎄데르 제라임과 토호롯에 관한 주석을 썼다. 주목할 만한 것은, 그의 제라임 주석에는 마쎄켓 「브라홋」은 빠져 있고, 토호롯의 주석 가운데 마쎄켓 「니다」가 빠져 있다는 사실이다. 바빌로니아 탈무드가 쎄데르 제라임에서 마쎄켓 「브라홋」만 다루고 있고, 쎄데르 토호롯에서 마쎄켓 「니다」만 다루고 있음을 감안하면, 바빌로니아 탈무드에서 다루지 않은 마쎄켓만 주석한 것이다.

랍비 아쉐르 벤 예히엘(אשר בן יחיאל, 1250-1327)의 주석도 유명하다. 그는 이전 주석들을 잘 요약하고 보완한다. 랍비 쉼숀과 마찬가지로 쎄데르 제라임과 토호롯의 마쎄켓들을 다룬다.

• 메나켐 하메이리의 주석

랍비 메나켐 벤 솔로몬(מנחם בן שלמה, 1249-1315)은 '하메이리'(המאירי)라고도 불린다. 그의 탈무드 주석으로는 『벳 하베키라』(בית הבחירה)가 잘 알려져 있다. 이 주석의 특징은 다른 리쇼님이 탈무드의 논쟁점을 해결하기 위해 미쉬나를 해석하는 방식으로 접근한 것과 달리, 미쉬나를 이해하기 위해 탈무드에서 제기된 많은 논쟁점들을 활용했다는 데 있다. 메나켐 하메이리는 미쉬나를 먼저 인용하고, 미쉬

랍비 이쯔학 벤 멜키쩨덱의 미쉬나 주석(왼쪽)과 1795년 출판된 메나켐 하메이리의 탈무드 주석인 『벤 하베키라』.

나와 관련된 탈무드 논의의 여러 결론을 이야기한 다음 자신의 견해도 밝혔다. 그는 탈무드 주석에서 람밤의 주석을 그대로 싣고 자신의 주석도 넣었다.

• 랍비 오바디아 바르테누라의 주석

랍비 오바디아 벤 아브라함 베르티노로(Obadiah ben Abraham Bertinoro, 1445-1515, 일명 바르테누라Bartenura)의 미쉬나 주석은 1548-49년 출판되었다. 바르테누라의 주석은 간결하고 명료한 것이 특징이고, 출판된 이후 가장 인기 있는 미쉬나 주석 가운데 하나가 되었다. 바르테누라 없이 미쉬나가 출판된 예가 없을 정도로 인기가 많았다. 뒤어어 나온 미쉬나 주석들에도 지대한 영향을 미쳤다.

바르테누라는 라쉬의 탈무드 주석 안에 나오는 미쉬나 해석을 많이 인용했다. 쎄데르 제라임이나 토호롯같이 대부분 게마라가 없는 마쎄켓들은 상스의 랍비 쉼숀 벤 아브라함을 따랐다. 할라카 결정에 있어서 많은 랍비들이 그랬듯이 바르테누라도 보통 람밤을 따른다.

3) 아하로님 시대의 주석들

1563년에 요세프 카로의 『슐칸 아룩』(שולחן ערוך)이 쓰여진 이후부터 현재까지를 아하로님(אחרונים) 시대라 부른다. 『아르바아 투림』(ארבע טורים)이나 『슐칸 아룩』이 등장한 15-16세기가 할라카 해석에서 하나의 전환점이 된다. 그때까지 할라카의 해석이 미쉬나에서 출발한 탈무드 해석에 초점을 두었다면, 그 이후는 『아르바아 투림』과 『슐칸 아룩』에 초점을 맞추게 되었다.

• 욤 톱 리프만 헬러의 주석

랍비 욤 톱 리프만 헬러(יום-טוב ליפמן הלר, 약 1579-1654)는 『토쎄펫 욤 톱』(תוספת יום טוב, 1614-17)이라 불리는 미쉬나 주석의 저자로 유명하다(종종 『토싸폿 욤 톱』이라고도 하는데 이는 틀린 이름이다). 랍비 욤 톱 리프만 헬러는 바르테누라의 주석에 자신의 의견을 보충하는 것(토싸폿)을 『토쎄펫 욤 톱』을 쓰게 된 목적이라고 서문에 밝힌다. 『토쎄펫 욤 톱』은 바르테누라 주석의 결론을 확인하고 더 확장하려는 경향이 있다. 욤 톱 리프만 헬러는 초기 랍비문학과 리쇼님의 작품들을 연구하며 그 안에 있는 다양한 미쉬나 해석을 살펴보려 했다.

1617년 프라하에서 출판된 미쉬나가 『토쎄펫 욤 톱』을 포함한 초판이었고, 1642-44년 크라쿠프(Kraków)에서 개정판이 출판되었다. 그 이후부터 현재까지 대부분의 미쉬나 판본에 들어감으로써 미쉬나의 주석 가운데 하나로 자리잡았다.

『아르바아 투림』사본(만토바, 1435)과 요세프 카로의 『슐칸 아룩』(베네치아, 1565).

• 랍비 슐로모 아다니의 주석

랍비 슐로모 벤 예슈아 아다니(רב שלמה בן הרב ישועה עדני, 1567-1625)
의 미쉬나 주석은 『멜레켓 슐로모』(מלאכת שלמה, 솔로몬의 작품)라 불
린다. 『토쎄펫 욤 톱』과 마찬가지로 바르테누라의 주석을 기본으로
하여 쓰여졌다. 『멜레켓 슐로모』는 예루살렘 탈무드, 바빌로니아 탈
무드, 그리고 할라카를 다루는 주석과 책 등에서 어떻게 미쉬나를 인
용하는지 정리했다.

랍비 슐로모 아다니는 사본 지식이 풍부했기 때문에 그의 미쉬나 주
석에는 미쉬나 사본들 사이의 차이점에 관한 정보가 많다. 『멜레켓 슐
로모』는 미쉬나를 본문비평하는 데 매우 중요한 책이다.

• 빌나 가온의 주석

랍비 엘리야후 벤 슐로모(1720-97, 별칭은 빌나 가온)는 미쉬나, 토

『토쎄펫 욤 톱』이 들어 있는 미쉬나(왼쪽)와 미쉬나 사본들에 대한 정보가 풍부한 주석『멜레켓 슐로모』.

쎄프타, 예루살렘 탈무드의 여러 주석을 썼다. 주목해야 할 점은 빌나 가온이 여러 주석을 쓰면서 바빌로니아 탈무드와 조화시키려고 하지 않았다는 것이다. 이러한 특징으로 인하여 그의 주석은 현대 미쉬나 주석의 토대가 된다.

• 랍비 이스라엘 리프쉬쯔의 주석

랍비 이스라엘 리프쉬쯔(ישראל ליפשיץ, Yisrael Lifschitz, 1782-1861)는『티페렛 이스라엘』(תפארת ישראל, 이스라엘의 아름다움)이라는 주석을 썼다. 미쉬나의 특정 단어와 문구를 중심으로 뜻을 해석하고 주로 문법적으로 올바른 해석을 시도한다.『티페렛 이스라엘』은 예루살렘 성전의 두 기둥 이름을 따라 야긴과 보아스 두 부분으로 나뉘는데, 야긴은 텍스트의 문자적 의미를 밝히는 해석적인 주석인데 반해, 보

중세 이래 가장 영향력 있는 미쉬나 주석가인 랍비 빌나 가온(왼쪽)과 고행자의 삶을 살며 끊임없이 공부한 19세기 아슈케나지 유대인의 지도자 랍비 이스라엘 리프쉬쯔.

아스는 좀 더 분석적인 주제 토론으로 이루어진다. 미쉬나에서 불분명한 부분을 자세히 분석한다.

한편 빌나(Vilna)에서 1908년부터 나온 미쉬나 롬판(Romm edition)은 13권으로 되어 있는데 지금까지 소개한 중요한 4개의 주석서를 포함한다(『멜레켓 슐로모』『바르테누라』『토쉐펫 욤 톱』『티페렛 이스라엘』). 물론 미쉬나 롬판이 인용하는 주석은 70여 개가 넘는다. 미쉬나 롬판은 현대 미쉬나와 크게 다르지 않다.

• 랍비 핀카스 케하티의 주석

랍비 핀카스 케하티(פנחס קהתי, 1910-76)가 현대 히브리어로『미쉬나욧 메보아롯』(משניות מבוארות, 풀이된 미쉬나)이라는 주석을 썼다. 1955년에 쓰기 시작해 1963년 완성한 주석으로 케하티는 매주 14개의 미쉬나욧(하루에 두 개의 미쉬나욧)을 해석해서 5,000명의 사람들에게 팸플릿 형식으로 전했다. 랍비 케하티의 미쉬나 주석은 탈무드와 전통 유대문헌에 기초해 쓰여졌는데, 자세하고 간결하고 정확하게 주석을 요약함으로써 많은 사람들에게 사랑을 받았다. 각 마쎄켓은 내용을 간추려 정리하고 성경적 근거도 제시한다. 각 미쉬나는 주제로 소개된다. 케하티의 주석은 1994년에 영어권에도 소개되었다(*The Mishnah, a New Translation with a Commentary* by Pinhas Kehati).

4. 미쉬나와 그 주석들의 배치

마지막으로 1953년 뉴욕에서 출판된 미쉬나를 살펴보면서 전통적인 미쉬나 주석들을 정리해보자. 먼저 각 쎄데르나 마쎄켓 앞에 람밤의 소개글이 들어가 있다는 사실을 특징적으로 확인할 수 있다.

미쉬나와 그 주석들의 배치는 다음 페이지의 그림과 같다. 본문 상단에 ① 미쉬나를 중심으로 그 위에 ② 토쎄펫 욤 톱과 ③ 랍비 오바디아 바르테누라의 해석이 있다. 가운데에는 ④ 멜레켓 슐로모가, 그 아래로 ⑤ 티페렛 이스라엘과 ⑥ 미쉬나 리쇼나가 따라온다. 특히 티페렛 이스라엘은 야긴 부분이다. 오른쪽 상단의 ⑦은 미쉬나에서 연관된 구절이 있다면 표시한다. 그밖에 중요한 주석들이 ⑧-⑩이다.

탈무드 이후 대표적인 주석으로 랍비 오바디아 바르테누라의 미쉬나 주석을 예로 들어 설명해본다.

פאה בית שמאי פרק ו

ר' עובדיה מברטנורא

3 랍비 오바디아 바르테누라

2 토쎄펫 욤 톱

1 미쉬나

7 관련 미쉬나 구절

8 히두쉐이 마하리아

4 멜레켓 슐로모

9 토싸폿 랍비 아키바 에게르

5 티페렛 이스라엘

6 미쉬나 리쇼나

10 토싸폿 안쉐이 쉠

1953년 뉴욕에서 출판된 미쉬나의 마쎄켓 「페아」에 여러 주석들을 표시했다.

מֵאֵימָתַי קוֹרִין אֶת שְׁמַע בְּעַרְבִית. מִשָּׁעָה שֶׁהַכֹּהֲנִים נִכְנָסִים לֶאֱכָל
בִּתְרוּמָתָן, עַד סוֹף הָאַשְׁמוּרָה הָרִאשׁוֹנָה, דִּבְרֵי רַבִּי אֱלִיעֶזֶר. וַחֲכָמִים
אוֹמְרִים, עַד חֲצוֹת. רַבָּן גַּמְלִיאֵל אוֹמֵר, עַד שֶׁיַּעֲלֶה עַמּוּד הַשָּׁחַר. מַעֲשֶׂה
שֶׁבָּאוּ בָנָיו מִבֵּית הַמִּשְׁתֶּה, אָמְרוּ לוֹ, לֹא קָרִינוּ אֶת שְׁמַע. אָמַר לָהֶם,
אִם לֹא עָלָה עַמּוּד הַשַּׁחַר, חַיָּבִין אַתֶּם לִקְרוֹת. וְלֹא זוֹ בִּלְבַד, אֶלָּא כָּל מַה
שֶּׁאָמְרוּ חֲכָמִים עַד חֲצוֹת, מִצְוָתָן עַד שֶׁיַּעֲלֶה עַמּוּד הַשָּׁחַר. הֶקְטֵר חֲלָבִים
וְאֵבָרִים, מִצְוָתָן עַד שֶׁיַּעֲלֶה עַמּוּד הַשָּׁחַר. וְכָל הַנֶּאֱכָלִים לְיוֹם אֶחָד, מִצְוָתָן
עַד שֶׁיַּעֲלֶה עַמּוּד הַשָּׁחַר.

저녁(에 쉐마를 읽어야 한다고 하는데) 언제 쉐마를 읽어야 하는가? 제사
장이 거제를 먹으러 (성전에) 들어가는 시간부터 첫 번째 야간근무가 끝
나는 시간까지이다. 이는 랍비 엘리에제르의 말이다. (일반적으로 대
부분의) 랍비들은 '자정까지'라고 말한다. (하지만) 라반 가믈리엘은
'동이 틀 때까지'라고 말한다. (한번은 라반 가믈리엘의) 아들들이 잔치에
서 (자정이 넘어) 돌아왔을 때, 그들은 라반 가믈리엘에게 '우리는 아
직 쉐마를 읽지 않았다'고 말했다. 그러자 (라반 가믈리엘이) 아들들
에게 말했다. '아직 동이 트지 않았다면 너희는 (쉐마를) 읽어야 한
다.' 이런 경우뿐 아니라 (일반적으로) 랍비들이 '자정까지'라고 말
하는 명령들은 모두 동이 틀 때까지로 (해석)해야 한다.

• 고딕체 강조가 아래 바르테누라에서 다루고 있는 부분이다.

■ 바르테누라의 미쉬나 「브라홋」 1, 1 주석

מאימתי קורין. משעה שהכהנים נכנסין לאכול בתרומתן. כהנים שנטמאו
וטבלו, אין יכולים לאכול בתרומה עד שיעריב שמשן, דהיינו צאת
הכוכבים. והא דלא תני משעת צאת הכוכבים, מלתא אגב אורחיה קמ"ל
שאם נטמאו הכהנים בטומאה שטהרתן תלויה בקרבן כגון זב ומצורע,
אין הכפרה מעכבתן מלאכול בתרומה, דכתיב (ויקרא כב, ז) (ובא השמש

וטהר ואחר יאכל מן הקדשים, ביאת שמשו מעכבתו מלאכול בתרומה.
ואין כפרתו מעכבתו מלאכול בתרומה וכו':

미쉬나 인용: 저녁(에 쉐마를 읽어야 한다고 하는데) 언제 쉐마를 읽어야 하는가? 제사장이 거제를 먹으러 (성전에) 들어가는 시간부터.

바르테누라의 해석: 부정하게 되어 (미크베에 들어가서) 정결례를 행한 제사장들은 해가 지기까지, 즉 별이 나오기까지 거제를 먹을 수 없다.

(미쉬나가 해가 지기까지라고 말하고) '별이 나오는 시간에'라고 하지 않은 이유는 우리에게 (무엇인가를) 가르치기 위해서이다.

만약 제사장이 임질이나 나병에 걸려 희생제물을 드려야 정결해지는 정도로 부정하더라도 (제사장들이) 거제를 먹는 것을 막을 수는 없다. 성경에 기록되어 있기를 "해 질 때에야 정하리니 그 후에야 그 성물을 먹을 것이니라"(레 22:7).

거제를 먹지 못하는 것은 해가 지지 않아서이다. 대속 제물 때문에 거제를 먹지 못하게 하는 것이 아니다.

עד סוף האשמורה הראשונה. שליש הראשון של לילה, שהלילה נחלק
לשלש משמרות. ומשם ואילך לא מקרי תו זמן קריאת שמע דשכיבה,
ולא קרינא ביה בשכבך. ומקמי צאת הכוכבים נמי יממא הוא ולאו זמן
שכיבה. והמקדימים וקורים קריאת שמע של ערבית מבעוד יום, סומכים
אהא דרבי יהודה דאמר לקמן בפרק תפלת השחר תפלת המנחה עד פלג
המנחה, שהוא שעה ורביע קודם הלילה. וקי"ל דעבד כר' יהודה עבד,
ומיד כשכלה זמן המנחה מתחיל זמן קריאת שמע של ערבית:

미쉬나 인용: 첫 번째 야간근무가 끝나는 시간까지이다.

바르테누라의 해석: 밤은 세 번의 야간근무로 나누어지기에 (첫 번

째 야간근무가 끝나는 시간은) 밤의 첫 1/3이 (되는 때)다. 1/3 이후는 '누워 있을 때' (읽는) 쉐마를 읽을 시간이라고 부르지 못할 것이고, '네가 누워 있을 때'(신 6:7)라고 부르지 못할 것이다.

그리고 별이 나타나기 전은 낮이고 '누울 때'가 아니다. 아직 낮일 때 저녁 쉐마를 일찍 읽은 사람은 랍비 예후다의 의견을 따른 것이다. (랍비 예후다는) 테필랏트 하싸카르(번역하면 아침기도)의 한 장(「브라홋」 4, 1)에서 말하기를 오후 기도는 플라그 하민카까지 (드릴 수 있다고 했다), (플라그 하민카는) 밤이 되기 한 시간과 1/4 전이다. 우리는 이렇게 정했다. 랍비 예후다(의 의견을) 따라 (기도한) 사람은 오후 기도를 드린 것이다. 그리고 오후 기도가 끝나는 그 순간 저녁 쉐마를 읽는 시간이 시작된다.

עד שיעלה עמוד השחר. דכל הלילה מקרי זמן שכיבה. והלכה כרבן גמליאל שגם חכמים מודים לו, ולא אמרו עד חצות אלא כדי להרחיק את האדם מן העבירה. ומיהו לכתחילה משהגיע עונת קריאת שמע של ערבית דמתניתין דהיינו מצאת הכוכבים, אסור לסעוד וכל שכן לישן עד שיקרא קריאת שמע ויתפלל:

미쉬나 인용: 라반 가믈리엘은 '동이 틀 때까지'라고 말한다.

바르테누라의 해석: 밤 전체가 '누울 때' 즉 자는 시간을 뜻한다. 그리고 할라카는 라반 가믈리엘(의 의견)을 따르고 있다. 왜냐하면 랍비들은 라반 가믈리엘의 의견에 동의하기 때문이다. 그리하여 (랍비들은 저녁 쉐마를 읽는 것이) '자정까지'(만 되고 그 이후는 안 된다)라고 이야기하지 않는다. 오히려 ('자정까지'라고 쓰여진 것은) 사람으로 하여금 할라카를 범하지 않게 하기 위해서 (쓰여졌다는 것에 동의한다).

그럼에도 불구하고 저녁 쉐마를 읽는 시간이 왔을 때, 즉 별들이 나왔을 때 먹는 것이 금지되고(심지어 먹는 것도 금지되는데) 쉐마를 읽고 (아미다) 기도를 하기까지 자는 것은 (당연히) 금지된다.

מעשה שבאו בניו מבית המשתה. בני רבן גמליאל שמעינהו לרבנן דאמרי
עד חצות, והכי קאמרי ליה, הא דפליגי רבנן עלך, דוקא קאמרי עד חצות
ותו לא, ויחיד ורבים הלכה כרבים, או דילמא רבנן כוותך סבירא להו,
והאי דקאמרי עד חצות, כדי להרחיק את האדם מן העבירה. ואמר להו,
רבנן כוותי סבירא להו, והאי דקאמרי עד חצות כדי להרחיק את האדם מן
העבירה וחייבים אתם לקרות:

미쉬나 인용: (한번은 라반 가믈리엘의) 아들들이 잔치에서 (자정이 넘어) 돌아왔을 때.

바르테누라의 해석: ('저녁 쉐마를 읽는 시간이 언제 끝나는가?'라는 질문에) 라반 가믈리엘의 아들들은 '자정까지'라고 이야기하던 랍비들의 가르침을 따랐다. (아들들은) 라반 가믈리엘에게 이렇게 말했다. '랍비들이 아버지(의 의견에) 동의하지 않을 때, 랍비들은 (쉐마를) '자정'까지만 (읽을 수 있고) 그 이상은 안 된다(는 입장이었나요?) '한 명(의 의견)과 다수(의 의견이 부딪힐 때) 다수의 의견으로 정해지는 것 (아닌가요?)' 이게 아니라면 '랍비들이 아버지의 의견에 동의하지만 그들이 '자정까지'라고 이야기한 것은 사람으로 하여금 할라카를 범하지 않게 하기 위함인가요?'

라반 가믈리엘이 아들들에게 말했다. '랍비들은 (동이 틀 때까지라는) 나의 의견에 동의했다. (그럼에도 불구하고) '자정까지'라고 한 것은 사람으로 하여금 할라카를 범하지 않게 하기 위함이다. 따라서 너희들은 (지금 쉐마를) 읽어야 한다.

이상, 바르테누라 주석은 차분히 읽고 생각해보면 어렵지 않게 이해될 만한 내용들이다. 바르테누라는 배경지식을 자세히 설명하며 미쉬나를 한 줄 한 줄 풀어주고 있다. 동시에 미쉬나, 토쎄프타, 탈무드, 그리고 탈무드 이후의 여러 주석에서 다루었던 내용을 친절하게 정리한다. 나아가 자신의 의견도 피력한다.

5. 현대 학자들의 미쉬나 연구

전통적인 미쉬나 읽기가 할라카를 중심으로 이루어졌다면, 현대 학자들은 역사적 해석을 중심으로 미쉬나를 연구했다. 학자들의 관심 주제를 정리해보면 다음과 같다.

- 각 미쉬나는 집대성되기 전 어디에서 왔고 어떤 모습이었나?
- 미쉬나를 집대성한 랍비 예후다 하나씨는 각 미쉬나를 어떻게 편집했고, 그 편집은 어떤 특징이 있나?
- 미쉬나의 텍스트와 해석은 포 미쉬나 해석인 탈무드와 탈무드 이후 미쉬나 주석과는 어떤 관계가 있나?

이런 질문에 답하기 위해 학자들은 미쉬나 사본의 본문 전승을 살피는데, 구체적으로 중세 사본이나 게니자에서 발견된 사본을 비교한다. 또한 특정 할라카나 아가다의 전승을 연구하기 위해 탈무드와 초기 랍비문학의 평행구절을 비교해보기도 한다. 물론 사전학적으로 접근하거나 고고학적 발견을 해석에 활용하기도 한다.

이러한 작업의 선구자로 엡스타인(J. Epstein)을 꼽을 수 있다. 그는 수백 개의 미쉬나 구절을 연구했다. 몇몇 마쎄켓(「오홀롯」 「샤밧」 「에루빈」 「바바 캄마」)에 대한 골드버그(A. Goldberg)의 연구나, 미쉬나와 토쎄프타의 평행구절을 연구한 프리드먼(S. Friedman)의 『토쎄프타 아티크타』(תוספתא עתיקתא)도 학문적 접근으로 꼽을 수 있겠다. 또한 주목해야 하는 것은 1970년부터 연구가 시작된 뉴스너(J. Neusner)의 공헌이다. 뉴스너와 그의 동료 및 제자들은 미쉬나를 역사적 콘텍스트(제2차 성전시대 유대교와 그리스-로마시대의 랍비 유대교) 안에서 본격적으로 연구했다. 타나임의 할라카를 형태와 구조 중심으로 분석하고, 미쉬나, 토쎄프타, 미드라쉬 타나임을 문학적으로 비교하기도 하고, 랍비문학의 전승을 인용할 때 그 정확성에 대해 연구하기도 했다.

이와 같이 현대 학자들에게 미쉬나 연구는 여전히 진행형이며 아직 갈 길이 멀다.

10 미쉬나와 성경은 어떤 관계인가

1. 미쉬나와 히브리 성경

미쉬나는 구전전승의 모음집이다. 유대전승에 따르면, 미쉬나는 시내산에서 하나님이 모세를 통해 전해주셨다(「아봇」1, 1 이하). 즉 미쉬나와 모세오경은 그 출발이 같다는 것이다. 또한 종교적 관점으로 볼 때 성문토라와 더불어 미쉬나로 집대성되어 발전된 구전토라는 하나님의 계시이기에 중요하다. 미쉬나가 히브리 성경과 함께 유대교에서 가장 중요한 문헌이라는 것도 이런 맥락에서 이해할 수 있다. 하지만 이러한 종교적·신학적 관점을 떠나 미쉬나가 쓰여지던 당시 책으로서의 미쉬나와 히브리 성경의 관계를 살펴보면 상황은 좀 더 복잡해진다.

1) 미쉬나는 히브리 성경의 권위를 갖는다

유대교를 공부하다 보면 자연스럽게 시내산의 모세로부터 시작된 성문토라와 구전토라 이야기를 접하게 된다. 그런데 이 이야기를 당연하게 여기지 말고 미쉬나와 성경의 관계를 다시 생각해보자. 즉 이런 질문을 한번 해보자는 것이다. "모세가 구전토라를 시내산에서 받았고, 구전토라가 미쉬나로 모였기 때문에 미쉬나도 성경과 같은 권위를 갖는다는 이야기를 처음 들었을 때 사람들의 반응은 어땠을까?" 성경처럼 절대적인 권위를 가진다고 생각하기는 쉽지 않았을 것이다. 더군다나 미쉬나가 세상에 나온 3세기는 이미 히브리 성경이 정경화되고 적지 않은 시간이 흐른 때가 아닌가? 그러면 어떻게 미쉬나는 히브리 성경과 더불어 정경으로서 지위를 얻을 수 있었을까?

뒤돌아보면 미쉬나가 집대성되기 전에 성경의 권위를 가지려는 여러 시도들이 있었다. 상당히 많은 위경이나 쿰란 문헌이 권위 있는 책이 되기 위해 히브리 성경의 언어를 흉내 내고, 그 구조를 따라하고 그 구절을 인용한다. 특히 성경의 저자가 썼다고 하거나 하나님의 계시로 쓰여졌다고 이야기한다. 거듭 강조하지만 이 모든 시도가 히브리 성경의 권위를 가지려는 의도에서 나온 것이다. 하지만 미쉬나는 이 공식에 전혀 맞지 않는 책이라는 점이다.

사실 히브리 성경만 접한 독자가 미쉬나를 처음 읽는다면 미쉬나에서 히브리 성경의 분위기와 흔적을 별로 찾을 수 없을 것이다. 일단 미쉬나는 히브리 성경에 나오는 법을 다루지만 성경을 거의 인용하지 않는다(그렇기 때문에 탈무드는 미쉬나를 해석할 때 히브리 성경 어디에 근거하는지 항상 질문한다). 또한 미쉬나에서 어떤 주제를 다룰 때 특정 생각이 히브리 성경적인 것인지 아닌지 비교하지 않는다. 미쉬나의 언어와 구조, 논리 전개도 히브리 성경과는 확연히 다르다. 히브리 성경의 지위를 얻고 싶은 동시대의 다른 문헌들과 비교해볼 때 미쉬나는 그럴 의도가 전혀 없는 듯하다.

미쉬나의 이런 특징을 과소평가해서는 안 된다. 왜냐하면 동시대의 많은 문헌들과 사람들이 이 공식을 기준으로 정경성을 판단할 것이기 때문이다. 그렇다면 미쉬나는 어떻게 히브리 성경과 어깨를 나란히 하는 권위를 얻게 되었을까?

미쉬나는 야브네에서 분류되기 시작한 구전전승이 3세기 갈릴리의 한 마을에서 최종 집대성되었다. 미쉬나가 세상에 처음 모습을 드러냈을 때 그리스-로마 문화에 젖어 있던 사람들의 반응은 다양했을 것이다.

"이 책은 누가 썼나요?"

"랍비 메이르, 랍비 요쎄, 랍비 엘아자르는 누구인가요? 이들의 말을 히브리 성경의 말씀처럼 따라야 하나요?"

"미쉬나도 히브리 성경의 일부인가요?"

이런 물음에 대해 미쉬나의 대답은 놀랍다. 거듭 말하지만, 미쉬나는 히브리 성경을 인용하지도 않고, 그 언어를 흉내 내지도 않으며, 모세가 썼다고도 계시의 책이라고도 말하지 않는다. 미쉬나는 더 놀랍게도 이렇게 답한다. 미쉬나 자체가 히브리 성경이라고. 시내산에서 모세는 성문토라뿐 아니라 구전토라도 함께 받았으니 구전토라의 모음집인 미쉬나 역시 성경적 권위를 갖는다는 것이다(「아봇」 1, 1이하).

이런 점을 감안하면, 이제 히브리 성경을 다루는 미쉬나의 입장이 좀 이해가 된다. 미쉬나는 그 자체로 성경적 권위가 있기 때문에 히브리 성경을 인용하여 권위를 증명하지 않아도 된다. 언어를 흉내 냈다고, 성경의 저자가 썼다고, 특별한 계시를 받았다고 말할 필요도 없다. 이 모든 것은 미쉬나가 '히브리 성경과 비슷한 책'이 아니라 그 자체가 히브리 성경이기 때문에 가능한 이야기다.

'이렇게 보는 근거가 무엇인가?' 누군가 질문할 법도 하다. 하지만 미쉬나는 동의하지 못하는 사람들을 군이 설득하려고도 하지 않는다. 그냥 선포할 뿐이다.

2) 미쉬나와 히브리 성경은 상호 의존적이면서 독립적이다

미쉬나가 히브리 성경을 전혀 의존하지 않는 것은 아니다. 미쉬나는 상당 부분 히브리 성경의 내용을 반복하거나 아이디어를 확장하기도 한다. 예를 들어, 미쉬나의 여섯 개 쎄데르 중 모에드를 보면 특정 절기 때 성전에서 해야 되는 일들은 성경을 거의 그대로 옮겨놓은 듯하다. 희생제사, 예루살렘 성전, 식탁법 등을 다루는 쎄데르 코다쉼이나, 정결법을 다루는 쎄데르 토호롯의 (예를 들면) 마쎄켓 「니다」 「자빔」 「네가임」은 전적으로 레위기 13-15장에 근거하고 있다.

미쉬나는 성경에서 출발하지만 성경을 벗어나기도 한다. 민수기 19장에 나오는 부정을 깨끗하게 하는 붉은 암소의 재는 붉은 암소를 진밖에서 불사름으로써 만들어진다(민 19:3). 문제는 제의적 정결함이 제의적으로 부정한 진 밖에서 얻어진다는 것이다. 따라서 마쎄켓 「파라」는 제의적으로 정결한 상태로 붉은 암소를 잡을 수 있다고 말한다. 심지어 성전보다 더한 제의적 정결함이 있어야 한다고. 그렇다면 과연 붉은 암소는 어떻게 잡아야 하는가? 성경적으로 잡아야 하는가, 아니면 성경에서 좀 벗어나도 괜찮은가? 마쎄켓 「에루빈」이나 「베짜」도 주제는 다르지만 비슷한 고민을 한다.

또한 몇몇 마쎄켓들을 살펴보면 성경에서 출발하지만 성경과 관련 없는 내용을 다루기도 하고, 아예 성경과 그 출발이 다른 마쎄켓들도 있다.

- 우크찜 – 음식, 특히 열매와 그 열매가 달린 줄기에 관한 정결법 논의.
- 드마이 – 십일조로 구별해놓은 농산물 중 규정에 맞게 구별된 것인지 의심스러운 소산물에 관한 법 논의.
- 바바 바트라 – 공동재산의 분배, 부동산과 동산의 소유권, 부동산

취득과 보유에 따르는 책임과 의무, 상속 관련법 등 논의.

- **오홀롯** – 시체가 사람과 물건을 부정하게 만드는 현상을 논의(특히 시체가 다른 사람이나 물건을 덮어서 가리거나 그 반대인 경우 부정이 전이되는 과정을 다룸).
- **켈림** – 다양한 그릇과 도구의 정결함과 부정함에 관한 규정 논의.
- **미크바옷** – 정결례를 시행하는 다양한 미크베(정결례탕)와 물에 관한 논의.
- **케투봇** – 처녀의 결혼, 성폭행당한 여성에게 지불해야 하는 벌금, 남편과 아내의 상호 의무, 여성의 재산소유 또는 유산을 물려받을 권리, 과부의 권리 등에 관한 법 논의.
- **기틴** – 이혼증서를 어떻게 전달하고 확증하고 무르는가에 대한 법, 이혼증서의 형태와 서명 관련법. 병으로 인한 이혼과 조건 이혼, 구두 이혼의 효력, 이혼 사유 등 논의.

미쉬나는 성경의 법과 가치관을 삶 속에 적용하는 것을 목표로 한다. 그래서 시대가 변하고 문화가 달라지고 삶이 복잡해짐에 따라 성경에 직접적인 언급이 없는 쟁점도 다루게 되는데, 그것은 어찌 보면 당연하다. 결과적으로 미쉬나는 히브리 성경의 법을 선택하고 확장하고 해석하고 적용한다.

미쉬나가 성경과 연결되어 있음은 미쉬나 자체의 내용으로도 증명되지만, 미쉬나 이후 랍비문학에서도 잘 나타난다. 미쉬나의 가장 중요한 주석인 바빌로니아 탈무드는 미쉬나를 해석하며 미쉬나가 해석한 법들의 히브리 성경적 근거를 찾으려 한다. 그리고 인용하지 않은 히브리 성경의 구절을 유추해보는 것으로 법 해석을 시작한다. 탈무드의 미쉬나 해석을 통해 아모라임들이 '미쉬나의 해석은 히브리 성경에 그 근거가 있다'는 전제 아래 해석했음을 알 수 있다.

또한 미드라쉬 할라카 중 하나인 씨프라(ספרא)를 보면 미쉬나가 히브리 성경에 의지했음을 쉽게 알 수 있다. 씨프라는 미쉬나가 집대성된 이후에 나타난 레위기 주석이다. 주로 (1) 레위기의 특정 구절을 인용하고, (2) 그 구절이 어떤 의미인지를 말하며, (3) 마지막으로 특정 구절과 연결된 법이 있다면 그것이 무엇인지를 알려준다. 세 번째 단계에서 씨프라는 미쉬나를 많이 인용한다. 최소한 씨프라의 해석자들은 미쉬나가 히브리 성경을 근거로 해석하여 나온 법이라고 생각한 듯하다.

결론을 말하면 이렇다. 미쉬나는 성문토라와는 독립된 구전전승으로 히브리 성경적 권위를 가진다고 선포한다. 동시에 미쉬나의 구전전승은 성문토라의 해석을 기초로 하고, 성문토라에 의존하며, 모세의 권위를 바탕으로 쓰여졌다. 따라서 히브리 성경과 미쉬나는 서로 의존적이면서 독립적이다.

3) 카라임 전통은 구전토라를 인정하지 않았다

얼마나 많은 사람들이 미쉬나를 성경으로 받아들였을까? 미쉬나가 동시대의 문헌들과 달리 성경적 권위를 가지기 위해 노력하지 않는다는 것과 미쉬나의 문체가 딱히 변증적이지도 않은 것은 시사하는 바가 크다. 미쉬나는 이미 권위를 인정하는 사람들 사이에서 읽히던 책이었던 것 같다.

우리는 이들이 누군지 안다. 예루살렘 성전이 파괴된 이후 야브네에 살면서 구전전승을 계속 발전시켰던 사람들이다. 그들은 바르 코크바 반란 이후 갈릴리로 중심지를 옮기고 그곳에서 본격적으로 구전전승을 분류했다. 미쉬나가 집대성되기 이전 약 200여 년 동안 대략 270여 명의 타나임이 야브네와 갈릴리를 중심으로 활동했을 것이다. 그리고 미쉬나 이후 바빌로니아 탈무드가 집대성되기까지 300년 동안 대략 1,300여 명의 아모라임이 랍비문학에 등장한다. 이들을 주축으로 한 랍비 공동체가 미쉬나 세계의 중심을 이루었을 것이다.

얼마나 많은 사람들이 미쉬나의 세계관을 지지하고 거기에 따라 살았는지는 정확히 알 수 없다. 하지만 미쉬나가 집대성되고 그 주석인 탈무드가 쓰여지던 당시의 사회는 물질문화가 상당히 발달했다는 사실로 미뤄볼 때, 대부분의 사람들은 그리스-로마 문화 아래 세속화된 삶을 살았을 것이다.

한편 일부 유대인은 구전토라를 전혀 받아들이지 않았다. 그들은 성경에 무관심한 대부분의 사람들과 달리 성경에 따라 살고자 노력했다. 이들 가운데 구전전승에 성경적 권위가 없다고 여기는 사람들이 나타나게 된 것이다. 대표적인 예로 카라임 전통(Karaism, יהדות קראית)이 있다. 이들은 할라카와 신학을 세우는 데 있어서 히브리 성경만을 권위 있는 텍스트로 인정하고 모든 구전토라를 받아들이지 않았다. 이들은 하나님의 모든 말씀은 모세를 통해 성문토라에 쓰여졌으며, 쓰여지지 않은 법이나 해석은 하나님으로부터 온 것이 아니라고 보았다. 결론적으로 이들에게 미쉬나와 탈무드, 그 밖의 많은 미드라쉬들은 경전이 아니었다.

궁극적인 차이점은 성경을 어떻게 해석하는가에 달려 있다. 카라임 전통을 따르는 사람들은 성경을 읽을 때 보편적이고 논리적이고 명시적인 의미를 찾으려고 한다. 일종의 프샷(פשת, 문자적인 의미를 찾는 해석방법)이다. 여기서 '문자적'이라는 말은 '성경이 처음 쓰여졌을 때, 동시대를 살던 유대인들은 어떻게 받아들였을까?'를 생각하고 그 의미를 찾으려는 것이다. 이러한 접근 방식은 구전전승이 모여 경전이 되고 미쉬나와 탈무드의 할라카에 따라 살아가는 랍비 유대교와는 많이 다르다. 그렇다고 해서 카라임 전통이 미쉬나와 탈무드에 나오는 의견들을 무시한다는 뜻은 아니다. 다만 이러한 구전전승의 모음집을 성경적 권위로 인정하지 않았다는 말이다.

10-11세기에 상당한 숫자의 유대인들이 카라임 전통에 동참했던 것으로 생각된다. 바론(S. W. Baron)은 한때 카라임 전통을 따르는 유대인의 숫자가 전 세계 유대인 인구의 40퍼센트 정도였으리라 추정했다. 현재 이스라엘에는 3-5만 명의 유대인들이 카라임 전통을 따르고, 비슷한 수의 공동체가 터키와 유럽과 미국에도 있는 것으로 예상된다.

2. 미쉬나와 신약성경

미쉬나와 신약성경을 서로 대립되는 문서로 이해하는 경향이 있다. 흔히 이렇게 보는 식이다. 미쉬나는 유대교의 경전이고, 신약성경은 기독교의 경전이다. 예루살렘 성전이 파괴된 이후 기독교인들은 신약성경을 경전으로 하여 유대교에서 독립하게 되었고, 유대인들은 신약성경을 거부하고 미쉬나를 중심으로 랍비 유대교를 형성하게 되었다.

일반화된 사실임을 감안하면 이런 재구성이 완전히 틀렸다고 할 수는 없다. 하지만 신약성경과 유대교에 관심이 있는 사람이라면 조금은 아쉬운 결론이다. 왜냐하면 유대법에 대해 초기기독교와 동시대 유대사회 내부의 법 관련 해석의 역동성이 반영되지 않았기 때문이다. 사실, 미쉬나와 신약성경의 법 관련 주제는 꽤나 복잡하다. 이 책의 특성상 학문적 쟁점과 연구사를 일일이 소개하기에는 한계가 있고 큰 화두의 극히 일부만 간략하게 소개해보고자 한다.

1) 유대법은 미쉬나와 신약의 시대적 공통분모다
신약성경과 미쉬나의 배경이 되는 1-3세기는 유대법이 중요했던 시기다. 유대인이라면 이스라엘에 살든 디아스포라가 되어 타지에 살든 할례, 안식일, 식탁법, 정결법 정도는 존중하고 지키는 분위기였다. 심지어 로마법도 유대인들이 이방인들 사이에 살면서 유대법을 지킬 수 있도록 보호해주었다(cf. 요세푸스, 『유대 고대사』, 14. 235, 242, 245 등).

실제로 동시대의 많은 문헌들이 유대법을 언급한다. 우리에게 가장 많이 알려진 1세기 쿰란 공동체도 유대법 관련 문서들을 많이 가지고 있었는데, 다마스쿠스 문서(Damascus Document), 공동체 규율서(1QS), 4QMMT 등이다. 신약과 요세푸스(Josephus)에 따르면 이스라엘에서는 유대법과 히브리 성경의 전문가였던 바리새인과 서기관들이 일반적으로 존경받았다는 것을 알 수 있다. 신약성경의 나사렛 예수도 법 관련 해석을 통해 많은 이들에게 존재감을 드러냈고, 바울도 가는 곳마다 법 관련 문제로 질문을 받았고 논쟁했다. '이방인이 유대인 메시아를 믿고 개종할 경우 유대법을 지켜야 하는가?'

미쉬나는 말할 필요도 없이 그 자체가 유대법 모음집이다. 실제로 모든 사람들이 유대법에 따라 살았다는 이야기가 아니다(유대 역사 전체를 봤을 때도 그런 적은 한 번도 없다). 본인은 지키지 않더라도 많은 사람들이 유대법을 최소한 존중하는 분위기였다는 말이다. 이런 의미에서 유대법은 미쉬나와 신약성경이 공히 가지는 시대의 공통분모였다고 할 수 있다.

2) 나사렛 예수도 유대법 논의에 참여했다

'유대법이 제2차 성전시대 유대교의 공통분모였다'는 사실을 '다양한 그룹들이 하나의 법을 지켰다'고 이해하면 잘못된 것이다. 미쉬나와 사해사본 그리고 신약에서 법을 다루는 것을 비교해보면, 1-3세기 유대법과 관련하여 하나의 체계가 존재한 것이 아니라 다양한 법

아테네에서 설교하는 사도 바울(라파엘로, 1515). 그는 이방인 사역에 소명을 받았지만 유대교를 떠난 적은 없었다.

과 전통, 관습들이 공존한 듯하다. 주목할 점은 유대법에 대한 다양한 입장들이 모여 제2차 성전시대 유대교를 형성했다는 것이다. 바리새인과 사두개인들의 내세 사상이 달라도 서로 공존했다는 사실에서 잘 알 수 있듯이, 각 종파들의 신학이 좀 달라도 괜찮았다. 신학보다는 법이 더 중요했기 때문이다. 심지어 '유대법을 어떻게 해석하고 적용하고 지키는가'에 대한 입장이 달라도 괜찮았다. 다르지만 같이 논의하고 맞지 않더라도 공존하는 것이 제2차 성전시대 유대교의 특징이기 때문이다. 이런 생각은 미쉬나에도 드러난다. 나사렛 예수와 동시대 사람이었던 랍비 힐렐은 이렇게 말한다. "공동체에서 떠나지 마라"(אל תפרוש מן הצבור, 「아봇」 2, 4). 여기서 힐렐은 법적인 해석이 다르기 때문에 공동체에서 떨어져 나가는 것에 대해 부정적인 의견을 피력한다.

아우구스티누스(왼쪽)와 마르틴 루터. 루터는 아우구스티누스의 해석 전통을 따라 바울의 믿음과 법을 대립적 관계로 이해했다.

이런 맥락에서 신약성경에 나오는 예수와 바리새인의 유대법 논쟁(안식일 등)을 예수가 유대법 자체를 거부했다고 해석한다거나 유대교 자체를 부정했다고 해석하기는 어려울 듯하다. 오히려 예수도 다양성이 공존하고 서로의 견해가 용납되던 제2차 성전시대 유대교 안에서 유대법 관련 논의에 참여했던 것이다. 또한 예수가 바리새인이나 서기관들과 논쟁했다는 것이 모든 바리새인들이나 서기관들과 관계가 좋지 않았다는 뜻도 아니다. 사실 여러 종파들은 논쟁 지점과 상황에 따라 편가르기를 반복했다. 예를 들면, 부활에 관해 바리새인과 초기기독교인들이 의견을 같이하여 사두개인들과 대립한 적이 있었고, 예수를 유대법적으로 처리하는 문제에 대해 일부 바리새인들과 사두개인들이 (모든 법 관련 이슈의 이견을 떠나) 생각을 같이했다.

이러한 제2차 성전시대 유대교의 특성을 감안해보면, 여러 지점에서 논쟁이 있었음에도 불구하고, 예수뿐 아니라 그 제자들도 당시 문화적 공감대 안에서 나름대로 유대법에 따라 살았음을 알 수 있다. 그것을 알려주는 공관복음과 사도행전의 기록은 역사성이 있어 보인다. 물론, 여기서 유대법이란 미쉬나나 탈무드에 나오는 것과 같은 성격의 유대법은 아니다. 또한 하나의 공인된 법이 있어서 모든 종파들이 다같이 지켰던 것도 아니다. 하지만 어느 정도 선에서 사회적·문화적·종교적 공감대가 있었을 것이다.

3) 바울은 유대법에 부정적이지 않았다

1세기 바울은 로마 세계에 살았던 유대인으로서 나사렛 예수를 유대인의 메시아로 받아들였다. 동시에 그는 예수가 유대인뿐 아니라 이방인을 위해서도 오셨다는 것을 깨닫고 이방인의 사도로서 활동했다. 그렇다면 질문이 생긴다. 유대인 메시아를 따르는 이방인들은 유대법을 지켜야 하는가?

1세기는 유대법의 영향력이 컸던 시대라 유대법 관련 이슈는 바울의 이방인 사역에서 실제적으로나 신학적으로도 중요한 의미를 가진다. 여기서는 지면 관계상 바울에게 법(νομος)이 어떤 의미였는지 자세하게 다룰 수 없고, 1세기 바울 서신에 나타난 바울의 유대법 해석이 전적으로 부정적이지만은 않았던 듯하다.

사실 유대법을 확실히 부정적으로 해석하는 경향은 1세기 후반이나 2세기 초반의 기독교 문서에서 발견된다. 예를 들면 그 시기에 쓰여진 것으로 알려진 신약 위경인 『바나바 위서』(Pseudo-Barnabas)는 할례, 식탁법, 안식일법 등을 문자적으로 지키려는 유대인들을 타락한 천사의 꾐에 넘어가서 그런다고 보고, 이러한 유혹은 출애굽기 32장의 금송아지 사건 때부터 시작되었다고 주장한다(『바나바 위서』 9:4; 10:2; 15:3 등 참조). 『바나바 위서』는 기독교인이 유대법을 지키는 것에 대해 당연히 부정적이다. 물론 1세기의 랍비문학 중에서는 조금 극단적인 예일 수 있다. 하지만 2세기 이후에는 유대법을 부정적으로 보는 해석이 만연하게 되는데, 이러한 경향은 16세기 종교개혁 그 이후까지 이어진다.

또 다른 중요한 흐름이 4세기 아우구스티누스(Augustine of Hippo, 354-430)의 바울 해석에서 시작된다. 아우구스티누스는 우주사적 관점에서 바울을 이해하고, 헬라철학(신플라톤주의) 안에서 구원론적으로 바울을 해석했다. 그의 '원죄-은혜' 도식은 2천 년 기독교 역사의 주류 해석으로 자리 잡았다.

유대법을 부정적으로 해석하는 경향과 아우구스티누스의 해석 전통은 16세기 종교개혁자가 마르틴 루터(Martin Luther, 1483-1546)에게도 영향을 준다. 루터는 아우구스티누스의 해석 전통에 따라 바울의 믿음과 법을 대립적 관계로 이해했다. 1525년 설교를 중심으로 재구성된 루터의 법과 복음(Gesetz und Evangelium) 개념은 다음 표와 같다(*Luther's Works*, vol. 35, Philadelphia, 1960, pp. 161-174)

법	복음
법은 서론이다.	복음은 본론이다.
법은 우리가 하나님께 해야 할 일이다.	복음은 하나님이 우리에게 하신 일이다.
법은 명령하고 인간의 행동을 요구한다.	복음은 하나님이 주신 은혜이며 행동을 요구하지 않는다.
법은 오래전 하나님이 유대인에게 짐을 지우고 압박하기 위해 만든 것이다.	복음은 모든 사람을 자유케 하기 위해 주신 것이다.
법은 결국 지킬 수 없다.	복음은 은혜 가운데 자유하기 때문에 지킬 필요가 없다.
법은 하나님의 진노의 도구다.	복음은 하나님의 위로하심이다.

결론적으로 루터에게 법은 유대인을 위한 민족법(folk law)이었기 때문에, 마음에 새겨진 자연법(natural law)을 제외하고 기독교인들은 지키지 않아도 되는 것이었다. 그럼에도 불구하고 우리가 유대법이 들어 있는 모세오경을 읽어야 하는 까닭은 믿음과 사랑과 십자가를 설명할 수 있는 좋은 예들이 많기 때문이라고 루터는 생각했다. 루터에게 의로움은 율법이 아니라 믿음으로 되는 것이었다. 학자들은 이렇게 신학적으로 법을 이해하는 것을 '법신학'(law theology)이라 부른다. 루터의 법 이해는 이후 개신교 신학자들의 믿음과 법 이해에 지대한 영향을 미쳤다.

종교개혁 이후 17-18세기 계몽주의를 경험한 성서학자들은 랍비 문학에 크게 관심이 없었다. 아마 당시 성서학자들이 가지고 있었던 유대법과 유대교에 대한 부정적인 선입견이 반영된 탓이리라. 대부분의 주류 학자들은 구약과 신약 연구에서 유대법(할라카)을 거의 다루지 않았다. 이러한 흐름은 1970년대까지 계속된다.

그러다가 샌더스(E. P. Sanders)와 '새 관점'(The New Perspective) 학파가 1970년대에 등장한다. 샌더스는 바울과 유대법에 대한 방법론적 연구의 중요한 분기점이 되었다. 대표작『바울과 팔레스타인 유대교』(*Paul and Palestinian Judaism*, 1977)와 『바울, 율법, 유대인』(*Paul, the Law, and the Jewish People*, 1983)에서 샌더스는 믿음과 법을 대립적 관계로 보는 법신학을 비판했다. 법신학을 토대로 한 기존의 바울 연구는 바울이 가졌던 법 이해가 아니라는 것이다.

샌더스는 '법신학' 대신에 '언약적 율법주의'(Covenantal Nomism)를 제안했다. 언약적 율법주의의 기본 생각은 다음과 같다. 하나님은 이스라엘을 선택하셨고 율법(가르침)을 주셨다. 유대인들은 율법을 지킴으로써 의에 이르는 것이 아니라, 이미 언약 가운데 있으므고 하나님과의 약속에 순종하는 것이 중요했다. 하나님은 유대인들이 약속

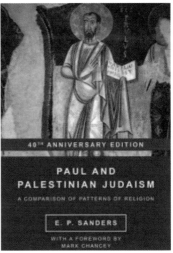

세계적인 성서신학자 E. P 샌더스 교수와 바울 연구의 새 관점을 제시한 그의 대표작 『바울과 팔레스타인 유대교』.

가운데 순종으로 나아갈 때 축복하시고, 불순종할 때 벌을 내리신다. 율법에는 속죄할 수 있는 길이 있고, 속죄 가운데 다시 언약의 관계를 새롭게 할 수 있다. 언약 관계에서 순종할 때 대속해주시는 하나님의 자비로 구원받을 것이다. 다시 말하면, 선택하고 구원하시는 것은 인간이 이루어내는 것이 아니라 하나님의 자비에 달려 있다는 뜻이다.

'새 관점'에서 보면 바울은 유대인에서 기독교인으로 개종한 것이 아니라 동일한 하나님으로부터 이방인을 전도하라는 소명을 받은 것이다. 바울은 구약전통 안에 있었고 유대교를 떠난 적이 없었다. 바울의 다메섹 사건은 예수 그리스도로 말미암아 하나님의 뜻을 알게 되고 이방인을 품는 사도로 소명을 받게 된 계기라고 할 수 있다. 이는 '법신학'이 주장하듯이 율법주의로 유대인들이 멸망하고 언약의 촛대가 기독교로 넘어간 것이 아니라는 해석이다.

실제로 바울은 동시대의 유대인 기독교인들과 마찬가지로 (대부분의) 유대법들을 따르며 유대인으로서의 정체성을 지켰다. 바울은 유대인들이 유대법을 지키는 것은 큰 문제가 없다고 보았다. 하지만 바울은 이방인들이 굳이 유대법을 지킬 필요는 없다고 생각했던 듯하다. 예수 그리스도의 보혈과 성령으로 이미 새 언약 가족이 되어 유대인과 헬라인의 구분이 없어졌는데, 이방인들이 유대인의 언약 안으로 다시 들어올 필요가 없다고 생각한 듯하다.

유대법이나 유대교에 대해 부정적인 뉘앙스를 주는 서신(예를 들면 로마서와 갈라디아서)은 유대인과 이방인이 대립하던 당시 로마교회의 상황과 이방인에게 복음을 전하는 바울 사역의 특성을 고려해서 해석해야 한다. 실제로 서신에 나타난 바울의 법적인 조언은 유대법의 가치를 풍부히 내포한다. 예를 들면, 루스드라의 유대인 때문에 바울은 믿음의 아들 디모데를 할례받게 했다. 할례나 식탁법뿐 아니라, 고린도전서의 제의와 기도 등도 고대 유대법과 연관이 있고, 바울이 경고하는 음란과 이혼 같은 죄들도 유대교가 언급하는 것과 비슷하거나 구체화된 것이다.

마지막으로 1세기 유대교와 기독교를 제2차 성전시대의 연장선상에 놓고 보는 것이 중요하다. 왜냐하면 미쉬나와 랍비문학은 신약성경과 더불어 1세기 유대법을 이해하는 데 중요한 사료이고, 결국 고대 유대교의 법 관련 주제들이 바울의 유대교와 초기기독교 해석을 이해하는 것과도 직접 관련 있기 때문이다.

참고문헌

Daube, David(1956), *The New Testament and Rabbinic Judaism*, London: Athlone Press.

Herford, R. T.(1903), *Christianity in Talmud and Midrash*, New York: Ktav Publishing.

Hezser, Catherine(1997), *The Social Structure of the Rabbinic Movement in Roman Palestine*, Tübingen: J. C. B. Mohr.

Jeremias, Joachim(1971), *Neutestamentliche Theologie: Die Verkuendigung Jesu*, Gütersloh: Gütersloher Verlagshaus G. Mohn.

Kraemer, David(1996), *Reading the Rabbis, The Talmud as Literature*, New York: Oxford University Press.

Albeck, H.(1923), *Untersuchungen ueber die Redaktion der Mischna*, Berlin: Schwetschke; idem, מבוא למשנה.

Alexander, E. S.(2006), *Transmitting Mishnah: The Shaping Influence of Oral Tradition*, New York: Cambridge University Press.

Avery-Peck, Alan J. et al(eds.)(2006), *The Mishnah in Contemporary Perspective*, part 2, Leiden/Boston: Brill.

Bar-Asher, M.(1987), "Mishnaic Hebrew: An Introductory Survey," in: S. Safrai (ed.), *The Literature of the Sages* Part 1, Assen: Van Gorcum & Philadelphia: Fortress Press, pp. 567-595.

Baumgarten, A.(2002), " 'But Touch the Law and the Sect Will Split': Legal Dispute as the Cause of Sectarian Schism", *Review of Rabbinic Judaism* 5(2), pp. 301-315.

Ben-Sasson, H. H.(ed.)(1976), *A History of the Jewish People*, Cambridge, MA: Harvard University Press.

Bieringer, R. et al(eds.)(2010), *The New Testament and Rabbinic Literature*, Leiden/ Boston: Brill.

Bouman, W.(1983), "The Concept of the 'Law' in the Lutheran Tradition," *Word and World* 3(4), pp. 413-422.

Brooks, Roger(1992), s.v. "Mishnah," David Noel Freedman(ed.), *The Anchor Bible Dictionary* Vol. 4, Yale University Press.

Bultmann, Rudolf(1948), *Theologie des Neuen Testaments*, Tübingen: J.C.B. Mohr.

Cohen, S. J. D.(2006), *From Maccabees to the Mishnah*, Louisville: Westminster John Knox Press.

Danby, Herbert(1933), *The Mishnah*, New York: Oxford University Press.

Dunn, James D. G.(2005), *The New Perspective on Paul*, Tübingen: Mohr Siebeck.

Eisenberg, Ronald L.(2010), *What the Rabbis said*, Santa Babara: Praeger.

Epstein, J. N.(1957), *Introduction to Tannaitic Literature: Mishnah, Tosephta, and Halakhic Midrashim*(Hebrew), ed. E. Z. Melamed, Jerusalem: Magnes Press.

Fishbane, S.(2006), "The Structure and Implicit Message of Mishnah Tractate Nazir," in: Alan Avery-Peck and Jacob Neusner(eds.), *The Mishnah in Contemporary Perspective*, Leiden: Brill, pp. 110-135.

Fonrobert, C. E. and M. S. Jaffee(eds.)(2007), *The Cambridge Companion to the Talmud and Rabbinic Literature*, New York: Cambridge University Press.

Gafni, I. M.(1987), "The Historical Background," in: S. Safrai(ed.), *The Literature of the Sages* Part 1, Assen: Van Gorcum & Philadelphia: Fortress Press, pp. 1-34.

Goldberg, A.(1987), "The Mishna—A Study Book of Halakha," in: S. Safrai(ed.), *The Literature of the Sages* Part 1, Assen: Van Gorcum & Philadelphia: Fortress Press, pp. 211-262.

Holtz, B. W.(ed.)(1984), *Back to the Sources: Reading the Classical Jewish Texts*, New York: Summit Books.

Horbury, W.(2010), "The New Testament and Rabbinic Study—An Historical Sketch," in: R. Bieringer et al(eds.), *The New Testament and Rabbinic Literature*, Leiden/Boston: Brill, pp. 1-42.

Lauterbach, J. Z., "Midrash and Mishnah: A Study in the Early History of Halakah," *JQR* N. S. 5(1914-15), pp. 503-27; 6(1915-16), pp. 23-95, 303- 323[같은 논문이 다른 곳에 출판됨. Lauterbach, J. Z(1973), *Rabbinic Essays*, New York: Ktav Publishing, pp. 63-256].

Maccoby, H.(1988), *Early Rabbinic Writings*, New York: Cambridge University Press.

Marx, A., "The 'Romm' Mishnah," *JQR* 2.2(1911), pp. 266-270.

Neusner, Jacob et al(eds.)(2003), *Blackwell Companion to Judaism*, Oxford: Blackwell.

Neusner, Jacob(1975), *Early Rabbinic Judaism*, Leiden: Brill.

_____(1981), "Bibliography on the Mishnah," in: *Study of Ancient Judaism* I, New York: Ktav Publishing, pp. 37-54.

_____(1981), "The Modern Study of the Mishnah," in: *Study of Ancient Judaism* I, New York: Ktav Publishing, pp. 3-26.

_____(1981), *Judaism. The Evidence of the Mishnah*, Chicago: University of Chicago Press.

_____(1988), *The Mishnah: A New Translation*, New Haven: Yale University

Press.

_____(1991), *Judaism as Philosophy: The Method and Message of the Mishnah*, Columbia: University of South Carolina Press.

_____(1991), *Rabbinic Political Theory: Religion and Politics in the Mishnah*, Chicago: University of Chicago Press.

_____(1994), *Introduction to Rabbinic Literature*, New York: Doubleday.

_____(2004), *Making God's Word Work A Guide to the Mishnah*, New York: Continuum.

_____ et al(eds.)(2005), *The Encyclopedia of Judaism*, 2nd ed., Leiden: Brill.

Rakover, Nahum(1994), *A Guide to the Sources of Jewish Law*, Jerusalem: Library of Jewish Law.

Safrai, S.(1987), "Halakha," in: S. Safrai(ed.), *The Literature of the Sages* Part 1, Assen: Van Gorcum & Philadelphia: Fortress Press, pp. 121-210.

_____(1987), "Oral Tora," in: S. Safrai(ed.), *The Literature of the Sages* Part 1, Assen: Van Gorcum & Philadelphia: Fortress Press, pp. 35-120.

_____(ed.)(1987), *The Literature of the Sages* Part 1, Assen: Van Gorcum & Philadelphia: Fortress Press.

Sanders, E. P.(1977), *Paul and Palestinian Judaism*, London: SCM Press.

_____(1983/85), *Paul, the Law, and the Jewish People*, Philadelphia: Fortress Press.

Segal, M. H.(1927), *A Grammar of Mishnaic* Hebrew, Oxford: Clarendon Press.

Sherira Gaon, *Iggeret of Rav Sherira Gaon(ISG)*.

Steinsaltz, Adin(1976), *The Essential Talmud*, New York: Basic Books.

Stendahl, Krister(1963), "The Apostle Paul and the Introspective Conscience of the West," *The Harvard Theological Review* Vol. 56, No. 3, pp. 199-215.

Strack, H. L. and Günter Stemberger(1996), *Introduction to the Talmud and Midrash*,

Minneapolis: Fortress Press.

Tomson, P. J.(2005), "The Halakhic Evidence of Didache 8 and Matthew 6 and the Didache Community's Relationship to Judaism," in: H. van de Sandt(ed.), *Matthew and the Didache. Two Documents from the Same Jewish-Christian Milieu?*, Assen: Royal Van Gorcum & Minneapolis: Fortress Press, pp. 131-141.

_____(2010), "Halakhah in the New Testament: A Research Overview" in: R. Bieringer et al(eds.), *The New Testament and Rabbinic Literature*, Leiden/Boston: Brill, pp. 135-206.

Urbach, E. E.(1975), *The Sages: Their Concepts and Beliefs*. trans. by Israel Abrahams, 2 vols., Jerusalem: Magnes Press.

Urbach, E. E., "Mishnah" in: EJ 12, pp. 93-109.

Wein, Berel(2008), *The Oral Law of Sinai: An Illustrated History of the Mishnah*, San Francisco: Jossey Bass.

Weiss, "Mishnah," in: *Encyclopedia Judaica*, 2nd ed., vol. 14, pp. 319-331.

최중화(2018), 「구약성경 야브네 정경화에 대한 소고: AD 90년대 야브네 사회-정치상황 재구성을 중심으로」, 『구약논단』 24(2), 176-200쪽.

משנה

부록

•

미쉬나에 나오는 주요 화폐와 도량형 환산표

•

성경과 미쉬나 찾아보기

•

미쉬나 주제·용어 찾아보기

미쉬나에 나오는
주요 화폐와 도량형 환산표

1. 화폐

프루타(פרוטה, perutah) • 가장 적은 액면의 동전 • 청동	아그립바 1세의 프루타(기원후 41-42)
이싸르(איסר, issar) • 8프루타 • 청동	바르 코크바 반란 때의 이싸르(기원후 132-135)
푼디온(פונדיון, pondion) • 2이싸르 • 청동	마르쿠스 아우렐리우스의 푼디온(기원후 161)
마아(מעה, ma'ah) • 2푼디온 (가장 적은 액면의 은전) • 무게는 보리 이삭 16개 정도 • 그리스 동전	아테네에서 만들어진 마아(기원전 515-510)
디나르(דינר, dinar) 또는 **주즈**(זוז, zuz) • 12푼디온 • 6마아	티베리우스 황제의 디나르(기원후 14-37)
	바르 코크바 반란 때의 주즈(기원후 134-135)

아스페르(אספר, asper) • 1/5디나르	트라페주스의 마누엘 1세 아스페르(약 1238-1263)
트로파익(טראפיק, tropaic) • 1/2디나르 • 퀴나리우스(Quinarius) 라고도 함 • 은전	하드리아누스 황제의 트로파익(기원후 120-121)
쉐켈(שקל, sheqel) • 2디나르 • 은전	유대 대반란 때 주조된 쉐켈(기원후 66)
쎌라(סלע, sela) • 2쉐켈 • 은전	바로 코크바 반란 때의 쎌라(약 132)
금화 디나르(דינר זהב, gold dinar) 또는 자훕 • 25디나르	베스파시아누스 황제의 금화 디나르(2세기)
마네(מנה, 라틴어로 미나 mina) • 100디나르(주즈) • 금화	프톨레마이오스 왕조의 미나(기원전 191)

2. 무게

주즈(זוז, zuz): 약 3그램

쉐켈(שקל, sheqel): 2주즈

성전 쉐켈(sheqel of the Sanctuary): 4주즈

쎌라(סלע, sela): 2쉐켈

타르티마르(תרטימר, tartemar): 50주즈

이탈리아 미나(Italian mina): 100주즈

미나(מנה, mina): 160주즈

탈란트(ככר, talent): 6,000주즈 = 37.5미나

3. 거리

에쯔바(אצבע, fingerbreadth): 손가락 너비 = 약 2.3센티미터

테팍(טפח, handbreadth): 손바닥 너비 = 4에쯔바

씨트(מלוא הסיט, sit): 엄지와 중지를 벌린 거리 = 2테팍

제렛(זרת, span) 또는 뼘: 3테팍

아마(אמה, amah) 또는 큐빗(cubit): 2뼘

리스(ריס, ris): 266.67아마(큐빗)

밀(מיל, mile): 안식일에 여행할 수 있는 거리 = 2,000아마(큐빗) = 7.5리스

4. 부피(액체와 고체)

로그(לג, log): 달걀 6개의 부피

쿠르토브(קורטוב, qurtov): 1/64로그

리트라(ליטרא, litra): 1/2로그

카브(קב, qav): 4로그

힌(הין, hin): 3카브

에파(איפה, ephah): 3쎄아(sea'h)

코르(כור, kor) 또는 호메르(homer): 30쎄아

레텍(לתך, letekh): 1/2코르

5. 넓이

미쉬나에서 밭의 넓이는 씨를 얼마나 뿌릴 수 있느냐를 기준으로 측량했다. 1카브에 해당하는 씨를 뿌릴 수 있는 밭은 그 넓이가 1카브가 되는 것이다. 이 넓이를 환산하면 대략 다음과 같다.

코르(כור, kor): 7만 5,000평방아마(큐빗)

쎄아(סאה, se'ah): 2,500평방아마(큐빗)

카브(קב, qav): 416.7평방아마(큐빗)

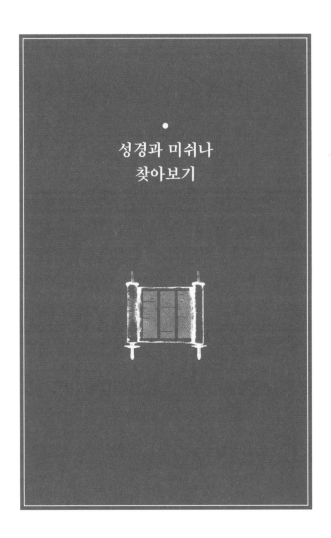

성경과 미쉬나
찾아보기

1. 히브리 성경과 미쉬나*

창세기		출애굽기	
1:1 이하	타아닛 4, 3	2:4	쏘타 1, 9
	메길라 3, 6	5:2	야다임 4, 8
	하기가 2, 1	9:27	야다임 4, 8
1:4	훌린 5, 5	12:1 이하	메길라 3, 4
1:10	파라 8, 8	12:6	페싸힘 5, 3; 5, 5
	미크바옷 5, 4	12:19	페싸힘 3, 3
1:28	예바못 6, 6	13:2	브코롯 8, 1
4:10	산헤드린 4, 5	13:7	페싸힘 2, 2; 3, 3
5:2	예바못 6, 8	13:8	페싸힘 10, 5
6:3	산헤드린 10, 3	13:12	브코롯 2, 6; 2, 9; 8, 1
9:6	아봇 3, 15	13:13	브코롯 1, 2; 1, 4; 1, 7
11:8	산헤드린 10, 3	13:19	쏘타 1, 9
12:6	쏘타 7, 5	15:1	쏘타 5, 4
13:13	산헤드린 10, 3	15:16-18	아봇 6, 10
14:19	아봇 6, 10	15:26	산헤드린 10, 1
17:1	네다림 3, 11	17:8 이하	메길라 3, 6
20:7	바바 캄마 8, 7	17:11	로쉬 하샤나 3, 8
20:17	바바 캄마 8, 7	19:15	샤밧 9, 3
24:1	키두쉰 4, 14	20:16	마콧 1, 3
26:5	키두쉰 4, 14	20:24	아봇 3, 6
32:32	훌린 7, 1-6	21:8	브코롯 1, 7
34:25	샤밧 9, 3; 19, 3	21:10	케투봇 3, 2
35:22	메길라 4, 10	21:21	자빔 2, 3
38:13 이하	메길라 4, 10	21:22	케투봇 3, 2
50:7, 9	쏘타 1, 9	21:28	바바 캄마 4, 4

---

* H. Danby, *The Mishnah,* New York: Oxford, 1933, pp. 807-811.

11:39 이하	홀린 9, 5	20:15-16	산헤드린 1, 4
12:6	크리톳 6, 9	21:1	키두쉰 1, 7
13:3	네가임 6, 8; 9, 2	21:7	예바못 6, 5; 10, 3
13:12	네가임 2, 3	21:12	산헤드린 2, 1
13:23	네가임 9, 2-3	21:20	브코롯 7, 2; 7, 5
13:32	네가임 10, 2	22:13	예바못 9, 6
14:21	메나홋 9, 3	22:14	트루못 6, 6
14:28 이하	네가임 14, 10	22:28	홀린 5, 1-5; 6, 3
14:35 이하	네가임 12, 5 이하	23:1 이하	메길라 3, 5
14:53	네가임 14, 2	23:4	로쉬 하샤나 2, 9
15:19	닛다 5, 1; 8, 3	23:14	메나홋 10, 5
16:1 이하	요마 7, 1	23:23 이하	메길라 3, 5
	메길라 3, 5	23:26 이하	요마 7, 1
	쏘타 7, 7		쏘타 7, 7
16:6	요마 1, 1	23:44	메길라 3, 6
16:30	요마 3, 8; 4, 2; 6, 2; 8, 9	24:5	메나홋 6, 7
17:4	제바힘 14, 1-2	24:7	메나홋 11, 5
18:5	마콧 3, 15	24:14	산헤드린 6, 1
18:16, 18, 20	예바못 3, 10	24:22	산헤드린 4, 1
18:20	예바못 4, 13	25:15	아라킨 9, 1
18:29	마콧 3, 15	25:27	아라킨 9, 2
19:3	크리톳 6, 9	25:29	아라킨 9, 5-7
19:10	페아 7, 7	25:30	아라킨 9, 3
19:13	바바 메찌아 9, 12	25:32-33	아라킨 9, 8
19:14	바바 메찌아 5, 11	25:34	아라킨 8, 5
19:16	산헤드린 3, 7	25:36-37	바바 메찌아 5, 11
19:17-18	네다림 9, 4	26:3 이하	메길라 3, 6
19:20	크리톳 2, 5	26:31	메길라 3, 3
19:27	빅쿠림 4, 2	27:7	아라킨 4, 4
	키두쉰 1, 7	27:10	트무라 1, 1-2; 1, 6
19:28	마콧 3, 6	27:16 이하	아라킨 3, 2; 7, 1

208

2. 신약성경과 미쉬나*

마태복음

1:1	빅쿠림 1, 5		9, 2
	타아닛 4, 5		케투봇 13, 1
	예바못 4, 13; 6, 4		쏘타 9, 15
	키두쉰 4, 1-4; 4, 6		기틴 7, 2; 8, 8; 9, 15
	미돗 5, 4		바바 캄마 1, 1
1:5	예바못 8, 3		바바 메찌아 5, 11
1:10	에두욧 7, 6		산헤드린 4, 3; 5, 5; 11, 3
1:16	예바못 4, 13		호라욧 3, 4
	키두쉰 4, 10		크리톳 1, 1
	바바 바트라 8, 6		켈림 13, 7
	산헤드린 7, 5		오홀롯 17, 5
	아봇 5, 19		파라 11, 5-6
1:17	타아닛 4, 6		토호롯 1, 1; 4, 7; 4, 11
1:18	예바못 4, 10		테불 욤 4, 6
	케투봇 1, 5		야다임 3, 2
1:19	기틴 1, 2	2:15	아봇 1, 15
	산헤드린 7, 3	2:19	로쉬 하샤나 1, 1
2:1	기틴 1, 2	2:20	하라 4, 8
2:4	킬아임 13, 1		마콧 2, 4
	트루못 1, 1	3:4	브라홋 6, 3
	할라 1, 1		킬아임 9, 1
	오를라 3, 9		트루못 10, 9
	샤밧 7, 2		샤밧 9, 7
	예바못 1, 1; 2, 4; 6, 4;		바바 바트라 5, 3
			아보다 자라 2, 7

---

* C. R. Gianotti, *The New Testament and the Mishnah: A Cross-Reference Index*, Michigan: Baker, 1983.

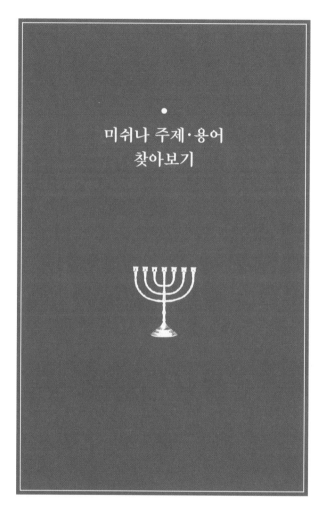

미쉬나 주제·용어
찾아보기

랍비 유대교에서 반복적으로 사용하는 전문 용어들은 원래 그 낱말의 정의를 기초로 법적인 의미가 확장된 경우가 많다. 그래서 직역하면 문장을 이해할 수 없고, 의역하면 원문의 맛을 잃는 단점이 있다. 여기에 정리한 용어들은 '미쉬나 번역·주해서'(전 6권, 한길사)의 번역 용례를 보여줌과 동시에 그 용례를 폭넓게 조사할 수 있도록 독자를 도우려는 의도로 준비했다. 랍비들의 논리와 용례에 따라 옷을 갈아입는 용어들에 익숙해질수록 랍비 유대교와 그 전통에 친숙해질 수 있다. 아울러 미쉬나에 등장하는 주요 랍비들은 '랍비' 항목에 모아두었다.

【ㄱ】

가까이 있는 것(מוקף מקף) 거제나 할라를 뗄 때 가까이 있는 것들을 하나로 묶어 계산하여 뗄 수 있는지 논의할 때 사용한다. 미돗 2, 2; 토호롯 8, 1.

가나안(כנען) 가나안 땅. 키두쉰 3, 4; 마콧 2, 4.

가난과 부 키두쉰 4, 14.

가난한 자를 위한 십일조(מעשר עני) 안식년 주기에 따라 제3년과 제6년에 십일조를 떼어 레위인과 가난한 자들에게 준다. 페아 5, 2; 5, 4-5; 8, 2-3; 8, 8; 드마이 4, 3-4; 5, 5; 트루못 9, 3; 마아쎄르 쉐니 5, 6; 5, 10; 샤밧 18, 1; 아봇 4, 9; 5, 9; 야다임 4, 3.

가인(קין) 형제를 죽인 자. 산헤드린 4, 5.

가죽(עור) 세 가지 서로 다른 가죽: 켈림 24, 12. 가죽의 다양한 용도: 켈림 26, 5.

가축(בהמה)**의 십일조** 마아쎄르 쉐니 1, 2; 쉐칼림 1, 7; 3, 1; 8, 8; 로쉬 하샤나, 1, 1; 하기가 1, 4; 네다림 2, 4; 나지르 5, 3; 제바힘 1, 2; 5, 8; 8, 2; 10, 3; 메나홋 9, 6-7; 훌린 1, 7; 10, 2; 브코롯 2, 2; 5, 1; 5, 5; 9, 1 이하; 트무라 1, 6; 3, 5; 파라 1, 4.

간접적 부정(מדף) 공인된 부정의 요인과 공인된 방법으로 관련되지 않더라도 간접적으로 부정이 전이되었다고 간주하는 경우가 있는데, 이렇게 전이된 부정이나 부정해진 물건을 이렇게 부른다. 에두욧 6, 2; 켈림 16, 7; 23, 5; 파라 10, 1-2; 토호롯 8, 2; 자빔 4, 6; 5, 2.

갈릴리(הגלילי) 이스라엘 북부에 있는 지역 이름이다. 슈비잇 9, 2; 마아쎄롯 2, 3;

페싸힘 4, 5; 케투봇 4, 12; 5, 9; 13, 10; 네다림 2, 4; 5, 5; 쏘타 9, 15; 기틴 7, 7; 바바 캄마 10, 9; 바바 바트라 3, 2; 훌린 5, 3; 11, 2; 켈림 2, 2; 야다임 4, 8. 갈릴리의 도량형: 트루못 10, 8; 케투봇 5, 9; 훌린 11, 2.

감사기도(הודאה) 브라홋 9, 4; 케투봇 13, 4; 쉬부옷 7, 1-3.

감사제/제물(תודה) 할라 1, 6; 페싸힘 1, 5; 2, 5; 쉬부옷 2, 2; 제바힘 5, 6; 메나 홋 2, 3; 3, 6; 5, 1; 6, 5; 7, 1 이하; 트무라 3, 2; 메일라 4, 2.

감옥(בית אסורים) 페싸힘 8, 6; 모에드 카탄 3, 1-2; 예바못 12, 5; 쏘타 4, 5; 기 틴 6, 7; 산헤드린 9, 5; 아보다 자라 1, 3.

강제점유자(אנס) 토지나 여성의 신체를 강제로 점유한 사람을 지칭한다. 킬아임 7, 6; 7, 7; 예바못 6, 1; 7, 5; 11, 1; 케투봇 2, 3; 3, 4; 3, 6; 네다림 3, 1; 3, 3; 바바 메찌아 7, 9; 7, 10; 쉬부옷 4, 6-7; 브코롯 8, 7; 아라킨 3, 1; 3, 4; 토호 롯 9, 2; 닛다 1, 6.

개(כלב) 킬아임 1, 6; 8, 6; 샤밧 11, 6; 24, 4; 페싸힘 2, 3; 요마 8, 6; 네다림 4, 3; 9, 3; 쏘타 9, 15; 바바 캄마 2, 3; 5, 3; 7, 2; 7, 7; 바바 메찌아 7, 9; 산헤드린 9, 1; 훌린 4, 2; 4, 7; 브코롯 4, 4; 5, 6; 트무라 6, 3; 6, 5; 오홀롯 3, 8; 4, 3; 8, 6; 11, 7; 자빔 2, 3.

개의 값(המחיר) 남창에게 준 수고비. 제바힘 8, 1; 9, 3; 14, 2; 트무라 6, 1 이하; 파라 2, 3.

개인의 주장 법정에서 다수의 주장과 다른 소수 또는 개인의 의견을 기록에 남기는 관례. 에두욧 1, 5-6; 5, 7.

개종자(גר) 히브리 성서에서 이스라엘 땅에 체류하는 외국인을 일컫는 말이었는데, 미쉬나에서는 주로 유대교로 개종한 외국인을 가리킨다. 페아 4, 6; 드마이 6, 10; 슈비잇 10, 9; 마아쩨르 쉐니 5, 14; 할라 3, 6; 빅쿠림 1, 4-5; 페싸힘 8, 8; 쉐칼림 1, 3; 1, 6; 7, 6; 예바못 2, 8; 6, 5; 8, 2; 11, 2; 케투봇 1, 2; 1, 4; 3, 1-2; 4, 3; 9, 9; 기틴 2, 6; 3, 5; 키두쉰 4, 1; 6, 7; 바바 캄마 4, 7; 5, 4; 9, 11; 바바 메 찌아 4, 10; 바바 바트라 3, 3; 마콧 2, 3; 에두욧 5, 2; 5, 6; 호라욧 1, 4; 3, 8; 훌린 10, 4; 브코롯 8, 1; 크리톳 2, 1; 네가임 7, 1; 닛다 7, 3; 자빔 2, 1; 2, 3; 야다임 4, 4. 체류하는 외국인: 바바 메찌아 5, 6; 9, 12; 마콧 2, 3; 네가임 3, 1.

거룩하게 만들다(קדש) 그릇에 담은 생수에 붉은 암소를 태워서 만든 재를 섞어서 속죄의 물을 만드는 행위를 일컫는다. 파라 5, 5; 6, 1.

거룩한 영(רוח הקדש) 거룩한 자 즉 야훼 신의 영이다. 쏘타 9, 6; 9, 15.

거룩함 열 단계의 거룩함: 켈림 1, 6 이하. 덜 거룩한 것들: 오를라 2, 17; 메길라 1, 11; 키두쉰 2, 8; 마콧 3, 3; 에두욧 8, 6; 제바힘 1, 2; 5, 6-8; 7, 4; 8, 3; 9, 5; 11, 7-8; 12, 3; 14, 3 이하; 아라킨 8, 6-7; 메일라 1, 3-4; 켈림 1, 8. 가장 거룩한 것들: 오를라 2, 16-17; 쉐칼림 8, 6; 메길라 1, 11; 쏘타 3, 7; 키두쉰 2, 8; 마콧 3, 3; 에두욧 8, 6; 제바힘 1, 2; 5, 1-5; 6, 1; 7, 4; 8, 3; 9, 5; 10, 2-3; 11, 4; 11, 7-8; 12, 3; 14, 3 이하; 아라킨 8, 6-7; 메일라 1, 1-2; 1, 4.

거름(זבל) 농부나 노동자가 거름을 만들고 뿌리는 작업과 관련된 규정들. 샤밧 4, 1; 8, 5; 바바 캄마 3, 3; 바바 메찌아 5, 7; 8, 7; 10, 5; 바바 바트라 2, 1; 산헤드린 7, 2-3; 아보다 자라 3, 3; 3, 8; 요마 5, 6; 킬아임 5, 7; 9, 4; 슈비잇 3, 1 이하; 켈림 24, 9; 홀린 6, 7; 메나홋 8, 2-3; 8, 6; 메일라 3, 6.

거부권 행사하기(מאא) 모에드 카탄 3, 8; 예바못 1, 1-2; 2, 10; 13, 1-2; 13, 4-5; 13, 7; 13, 11; 케투봇 11, 6; 바바 메찌아 1, 8; 산헤드린 1, 3; 에두욧 6, 1; 홀린 1, 7; 닛다 6, 11.

거세된 자(סריס) 예바못 8, 4-6; 쏘타 4, 4; 닛다 5, 9; 자빔 2, 1.

거제(תרומה) 거제는 성전에 바치는 예물 중 제사장의 몫이 되는 물품을 가리키며, 제사장은 거제를 정결한 몸으로 성전 안에서 먹어야 한다. 제사장의 가족 중 거제를 먹을 수 있는 자격은 엄격하게 제한된다. 브라홋 1, 1; 트루못 1, 1 이하 마쎄켓 전체. 거제가 속된 것과 섞였을 때 101분의 1의 비율이 되면 무효가 된다: 트루못 4, 7. 십일조의 거제(레위인들이 십일조를 받은 뒤에 거제를 떼어 제사장에게 바친다): 드마이 1, 1; 4, 1; 4, 4; 5, 1-3; 7, 1-3; 7, 5; 트루못 3, 5; 4, 5; 5, 1; 11, 8; 마아쎄르 쉐니 5, 6; 5, 9-10; 할라 3, 9; 오를라 2, 1; 빅쿠림 2, 5; 바바 메찌아 4, 8; 메일라 4, 2; 테불 욤 4, 1; 4, 4.

거주민이 될 자격 어느 도시에 12개월 이상 살아야 그곳의 거주민으로 인정을 받는다. 바바 바트라 1, 5.

건축가(בנאי) 바바 캄마 9, 3; 켈림 14, 3; 미크바옷 9, 6.

게르마니아(גרמניה) 로마의 식민지 게르마니아. 네가임 2, 1.

게마트리아(גימטריא) 글자를 숫자로 읽어서 본문을 해석하는 방법. 아봇 3, 18; 우크찜 3, 12.

게힌놈(גיהינם) 예루살렘 서쪽에 있는 계곡의 지명이었으나 후대에 지옥을 가리키는 말로 사용되었다. 키두쉰 4, 14; 에두욧 2, 10; 아봇 1, 5; 5, 19-20.

겨자(חרדל)와 겨자 씨 페아 3, 2; 킬아임 1, 2; 1, 5; 2, 8-9; 3, 2; 슈비잇 9, 1; 마

아쩨롯 4, 6; 샤밧 18, 1; 페싸힘 2, 8; 나지르 1, 5; 바바 바트라 2, 10; 켈림 14, 8; 25, 3; 토호롯 8, 8; 닛다 5, 2. 이집트 겨자: 킬아임 1, 2. 야생 겨자: 킬아임 1, 5.

격리하다(הסגיר) 악성피부병자처럼 부정한 사람은 일정한 기간 동안 일반인과 격리시키고 환부를 진찰한다. 네가임 5, 1; 메길라 1, 7.

결혼식/잔치/연회(משתה) 브라홋 1, 1; 슈비잇 7, 4; 트루못 11, 10; 할라 2, 7; 에루빈 8, 1; 케투봇 7, 5; 쏘타 9, 11; 아보다 자라 1, 3; 크리톳 3, 7; 네가임 3, 2; 토호롯 9, 2.

경사로/오르막(כבש) 번제단에 올라가는 경사로: 에루빈 10, 14; 쉐칼림 8, 8; 요마 2, 1-2; 2, 4; 4, 5; 쑤카 4, 9; 제바힘 2, 1; 3, 2; 3, 6; 5, 3; 6, 3; 6, 5; 9, 7; 타미드 1, 4; 2, 1; 3, 1; 4, 3; 7, 3; 미돗 3, 3-4; 5, 2.

계명의 남은 것(שירי מצוה) 토라가 명령한 계명을 실행할 때 주요 목적을 취하기 위해 꼭 필요한 작업이 끝났다면, 시행하지 않아도 계명을 지켰다고 간주할 수 있는 세목들이 있다. 메나홋 9, 8; 네가임 14, 10.

계약의 체결과 불이행 바바 메찌아 6, 1 이하. 금지된 계약: 바바 메찌아 5, 2 이하.

고백(ודוי) 토라 법규정에 따라 십일조를 다 바친 뒤 정해진 말로 고백해야 한다(신명기 26:12-15). 마아쎄르 쉐니 5, 10; 빅쿠림 2, 2; 메길라 2, 5; 쏘타 7, 1. 죄를 고백할 의무: 산헤드린 6, 2. 대제사장의 고백: 요마 3, 8; 4, 2; 6, 2.

고아(יתום) 미쉬나 시대에 상속권이 없는 어머니와 무관하게 아버지가 없는 아이는 고아가 되었다. 슈비잇 10, 6; 페싸힘 8, 1; 예바못 13, 6 이하; 케투봇 3, 6; 6, 5-6; 9, 7-8; 10, 2; 11, 1; 기틴 4, 3; 5, 2; 5, 4; 쉬부옷 7, 7; 브코롯 9, 4; 아라킨 6, 1.

고의로(מזיד) 유대법을 어긴 사람은 고의로 그런 행위를 했는지 아니면 실수로 어겼는지에 따라 받는 처벌이 다르다. 마아쎄르 쉐니 1, 5-6; 빅쿠림 4, 4; 트루못 2, 2-3; 5, 9; 7, 1; 9, 1; 에루빈 6, 4; 페싸힘 2, 4; 예바못 6, 1; 기틴 5, 4; 키두쉰 2, 8; 바바 캄마 2, 6; 마콧 2, 6; 아봇 4, 4; 호라욧 2, 1; 트무라 2, 3; 크리톳 2, 4; 2, 6; 3, 1;

곡식/곡물(דגן) 유대 법전통에서 같은 범주에 속하는 곡식 다섯 가지가 있는데, 밀·보리·스펠트밀·호밀·귀리. 할라 1, 2; 페싸힘 2, 5; 네다림 7, 2; 메나홋 10, 7.

공공 기금(קופה) 유대 공동체를 위해 쓸 기금을 미리 준비해놓은 것을 말한다. 페아 8, 7; 킬아임 9, 10; 트루못 1, 7; 마아쎄롯 1, 7; 3, 2; 샤밧 4, 2; 8, 2; 10, 2; 17, 5; 쉐칼림 3, 3; 베짜 4, 1; 케투봇 6, 4; 네다림 6, 6; 나지르 1, 5; 기틴 3, 4;

바바 메찌아 2, 8; 제바힘 3, 4; 메나홋 10, 1; 10, 3; 훌린 9, 1; 켈림 8, 2; 16, 3; 17, 4; 27, 4; 28, 6; 오홀롯 6, 2; 12, 6; 네가임 1, 5; 1, 6; 토호롯 1, 4; 9, 1; 9, 4; 미크바옷 6, 5; 10, 5; 테불 욤 2, 5; 마크쉬린 4, 6; 6, 3.

공공 영역/공적 공간(רשות רבים) 공공 영역을 침해한 경우: 바바 바트라 3, 8. 공공 영역 훼손: 바바 메찌아 10, 4-5. 공공 영역인 길: 바바 바트라 6, 7.

공기 어떤 그릇의 내부 공기를 통해 부정이 전이될 수 있다. 켈림 1, 1; 2, 1; 2, 8; 3, 4; 4, 3; 5, 3; 5, 6; 7, 6; 8, 1 이하; 오홀롯 12, 2.

공동 소유(שתפין) 부동산을 공동으로 소유하고 있을 때 각 소유주의 권리. 바바 바트라 1, 1 이하.

공회당/바실리카(בסיליקי) 로마시대에 집회나 재판을 위해 사용했던 건물. 아보다 자라 1, 7; 토호롯 6, 8.

과부/미망인(אלמנה) 케투봇 4, 12; 11, 1 이하; 12, 3-4; 기틴 5, 3.

관대한 태도 특정한 조건이 조성되었을 때 혐오스러운 것과 남은 것과 부정한 것에 대한 염려를 할 필요가 없다는 규정. 마아쎄르 쉐니 3, 2; 페싸힘 10, 9; 네다림 1, 3; 마콧 3, 2; 제바힘 2, 2; 3, 5; 4, 1 등; 메나힘 1, 3; 2, 1 등; 훌린 8, 6; 크리톳 1, 1; 3, 2; 4, 2; 메일라 1, 2; 2, 9; 4, 3-4; 토호롯 3, 4.

관리인(אפוטרופוס) 고아의 재산을 관리하도록 임명을 받은 자. 슈비잇 10, 6; 빅쿠림 1, 5; 페싸힘 8, 1; 케투봇 9, 4; 9, 6; 기틴 5, 4; 바바 캄마 4, 4; 4, 7; 바바 바트라 3, 3; 쉬부옷 7, 8. 관리인의 종류 네 가지: 바바 메찌아 7, 8; 쉬부옷 8, 1 이하. 보수를 받는 관리인: 바바 캄마 4, 9; 7, 6; 바바 메찌아 4, 9; 6, 6-8; 6, 10; 쉬부옷 6, 5. 보수를 받지 않는 관리인: 쉐칼림 4, 1; 바바 캄마 4, 9; 7, 6; 바바 메찌아 3, 1; 4, 9; 6, 6-7; 7, 8; 7, 10; 쉬부옷 6, 5; 8, 1-2.

구덩이(בור) 흐르는 물이 고여 있는 곳 또는 물을 모아서 보관하는 곳을 가리킨다. 슈비잇 3, 10; 에루빈 2, 4-5; 8, 6; 10, 7; 베짜 5, 5; 타아닛 3, 8; 기틴 6, 6; 바바 캄마 5, 5-6; 바바 바트라 2, 1; 2, 12; 3, 8; 4, 4; 4, 7; 5, 3; 6, 5; 아봇 2, 1; 2, 5; 2, 8; 메일라 3, 6; 미돗 5, 4; 켈림 8, 9; 오홀롯 16, 5; 미크바옷 1, 4; 3, 3; 9, 6; 마크쉬린 2, 1; 테불 욤 2, 6;

구제하는 음식(תמחוי) 원래 다양한 음식을 담은 접시를 가리키는 말인데, 기부자들에게 다양한 음식을 받아서 가난한 사람들에게 나누어줄 때의 그 음식을 부르기도 한다. 페아 8, 7; 페싸힘 10, 1; 네다림 4, 4; 샤밧 3, 5; 베짜 1, 8; 마아쎄롯 1, 7; 크리톳 3, 9; 켈림 14, 4; 16, 1; 30, 2.

그 이름(השם) 신의 이름을 직접 부르지 않기 위해 사용하는 대용어다. 요마 3, 8; 4, 3; 6, 2; 쏘타 7, 6; 산헤드린 7, 5; 10, 1; 타미드 3, 8; 7, 2.

그리스(야반 יון) 기틴 8, 5. 그리스 왕들: 미돗 1, 6; 2, 3. 헬라어: 쉐칼림 3, 2; 메길라 1, 8; 쏘타 9, 14; 기틴 9, 6; 9, 8; 메나홋 6, 3; 켈림 20, 7.

그리짐산(גרזים) 세겜 남쪽에 있는 산으로 이스라엘 백성들이 축복의 말을 낭송했다는 곳. 쏘타 7, 6.

금식(תענית) 금식해야 할 의무가 있는 날: 로쉬 하샤나 3, 4; 타아닛 1, 4 이하 마쎄켓 전체. 금식 두루마리: 타아닛 2, 8.

기근 타아닛 3, 1 이하.

기는 것(שרץ) 땅에서 기어다니는 부정한 동물들로 곤충·양서류·파충류·설치류, 연체동물을 가리키는 말이다. 빅쿠림 2, 7; 샤밧 10, 5; 14, 1; 에루빈 10, 15; 나지르 7, 4; 쉬부옷 2, 5; 에두욧 2, 7; 6, 3; 7, 5; 아보다 자라 3, 6; 홀린 9, 2; 9, 6; 메일라 4, 3-4; 타미드 5, 5; 켈림 1, 1; 2, 7; 8, 1-3; 8, 5; 8, 7; 9, 3; 10, 3; 10, 8; 19, 6; 오홀롯 1, 7; 3, 7; 13, 5; 네가임 14, 2-3; 파라 9, 3; 10, 3; 토호롯 1, 7; 1, 9; 3, 4; 4, 2-4; 4, 7; 4, 12; 5, 1; 5, 4; 7, 5; 10, 7; 미크바옷 6, 7; 닛다 7, 1-2; 마크쉬린 6, 2; 6, 5; 자빔 5, 10-11.

기는 것(רמשים) 곤충이나 벌레나 뱀과 같은 기는 것들과 그것들이 옮기는 부정. 빅쿠림 2, 7; 샤맛 10, 5; 14, 1; 에루빈 10, 15; 나지르 7, 4; 쉬부옷 2, 5; 에두욧 2, 7; 6, 3; 아보다 자라 3, 6; 홀린 9, 2; 9, 5; 메일라 4, 3-4; 타미드 5, 5; 켈림 1, 2; 2, 7; 8, 1-3; 8, 5; 8, 9, 3; 10, 3; 10, 8; 19, 6; 오홀롯 1, 7; 13, 5; 네가임 14, 2-3; 파라 9, 3; 10, 3; 토호롯 1, 7; 1, 9; 3, 4; 4, 2-4; 4, 7; 4, 12; 5, 1; 5, 4; 7, 5; 10, 7; 미크바옷 6, 7; 닛다 7, 1-2 마크쉬린 6, 5; 자빔 5, 10-11.

기도(문)/축복(ברכה) 이 낱말을 직역하면 '축복'이 되는데, 유대교에서 신께 바치는 기도를 이 말로 부르기 때문에 '기도문'이라고 옮긴다. 식후 기도: 브라홋 3, 3; 페싸힘 10, 7; 쑤카 2, 5. 새해 기도: 로쉬 하샤나 4, 5. 성서 읽기 전 기도: 메길라 4, 1 이하. 쉐마 전후 기도: 브라홋 1, 4; 2, 2; 3, 4; 메길라 4, 3; 4, 5; 타미드 5, 1. 성전 기도: 브라홋 9, 5; 타미드 5, 1. 애곡하는 기도: 메길라 4, 3; 모에드 카탄 3, 7. 제사장의 기도: 브라홋 5, 4; 메길라 4, 3; 4, 5-7; 4, 10; 쏘타 7, 2; 타미드 5, 1; 7, 2. 금식일 기도: 타아닛 2, 2 이하; 3, 8. 식전 기도: 브라홋 6, 1 이하; 7, 5; 8, 1; 8, 5 이하; 할라 1, 8; 쏘타 7, 1. 좋은 일이나 나쁜 일이 있을 때의 기도: 브라홋 5, 3; 9, 3; 9, 5. 대제사장의 기도: 요마 7, 1; 쏘타 7, 2; 7, 7;

타미드 3, 8; 7, 2. 찬양할 때의 기도: 페싸힘 10, 7. 결혼 기도: 메길라 4, 3. 쉬모 네 에쓰레 기도: 브라홋 4, 3-4; 5, 2; 타아닛 2, 2. 그 외: 우크찜 3, 12; 브라홋 5, 2-3; 6, 8; 쏘타 7, 5-6; 9, 12; 요마 3, 11; 킬아임 7, 1; 마크쉬린 2, 2; 바바 바트라 5, 3; 오를라 1, 5; 마콧 5, 1; 6, 11; 닛다 6, 10. 기도하는 자세: 브라홋 4, 5-6. 환자를 위한 기도: 브라홋 5, 5.

기도문을 낭송하다(בירך מברך) 이 동사는 원래 '축복하다'는 말이지만, 인간이 신에게 복을 달라고 비는 행동이기 때문에 '기도문을 낭송하다'로 번역한다. 브라홋 1, 4; 3, 4; 6, 4; 6, 6-8; 7, 3; 8, 1; 8, 7-8; 9, 3; 9, 5; 드마이 1, 4; 빅쿠림 1, 1; 페싸힘 10, 2; 10, 7; 요마 7, 1; 7, 7; 메길라 4, 1-2; 쏘타 7, 8.

기드론(קדרון) 예루살렘 동쪽에 있는 골짜기. 요마 5, 6; 메일라 3, 3; 미돗 3, 2.

기름(שמן) 기름이라고 말할 때는 올리브 열매를 짜서 얻은 기름을 가리킨다. 기름을 준비하는 방법: 메나홋 8, 3 이하. 소제에 첨가하는 기름: 메나홋 6, 3. 십일조를 뗄 의무가 있는 기름: 마아쎄롯 1, 7.

기름 부음을 받은 제사장(כהן משוח) 제2차 성전시대 유대교에서 제사장들을 몇 가지 부류로 나눌 수 있는데, 기름을 부은 대제사장은 그중 가장 상위에 속한다. 메길라 1, 9; 마콧 2, 6; 쉬부옷 1, 7; 호라욧 2, 1; 3, 4; 제바힘 4, 3; 10, 8; 메나홋 3, 2.

기름의 방(לשכת בית שמניה) 성전 뜰에서 기름과 포도주를 보관하는 곳이다. 미돗 2, 5.

기업인 밭(שדה אחזה) 조상 대대로 물려받은 농토. 아라킨 3, 1-2; 7, 1 이하.

기적(נסים) 기적이 일어난 장소에서 드리는 기도. 브라홋 9, 1.

길어온 물(שאובין) 흐르는 샘물과 달리 사람이 그릇으로 길어온 물을 가리킨다. 이런 물로 정결례를 시행할 수 없기 때문에 관련된 법규정들이 존재한다. 에두욧 1, 3; 자빔 5, 12; 미크바옷 1, 7; 2, 2-5; 3, 3-4; 4, 4; 6, 3; 6, 11; 7, 6; 토호롯 4, 1.

끊어짐/카렛(כרת) 유대법에서 살아 있는 동물의 피를 마시거나 할례를 거부하는 등의 범죄를 저질렀을 때 선고하는 처벌를 카렛이라고 부르며, 이스라엘 공동체와 다음에 올 세상에서 '끊어짐'을 선포한다. 할라 1, 2; 빅쿠림 2, 10; 에루빈 10, 15; 페싸힘 3, 1; 3, 5; 9, 1; 9, 4; 메길라 1, 5; 예바못 4, 13; 케투봇 3, 1; 산헤드린 7, 8; 마콧 3, 15; 쉬부옷 1, 6; 호라욧 2, 3; 2, 6; 제바힘 2, 1-3; 2, 5; 4, 1-2; 6, 7; 14, 2; 14, 9; 메나홋 1, 3-4; 2, 1-3; 2, 5; 훌린 5, 1-2; 크리톳 1, 1-2; 2, 6; 6, 3.

【ㄴ】

나무 그릇(כלי עץ) 나무로 만든 그릇으로, 미쉬나는 성전에서 제의 목적으로 사용하는 것과 일반적으로 사용하는 것을 나누어 그릇이 부정하게 되는 경우를 규정하고 있다. 홀린 1, 6; 켈림 2, 1; 13, 6; 15, 1; 16, 1 이하; 17, 1; 20, 2; 22, 1 이하; 27, 1.

나지르/나실인(נזיר) 어떤 사람이 자신을 일정 기간 동안(대개 30일) 성별하기로 맹세하고 소원을 빈다. 할라 1, 6; 오를라 1, 7-8; 3, 3; 빅쿠림 2, 11; 에루빈 3, 1; 페싸힘 2, 5; 7, 7; 쉐칼림 2, 5; 모에드 카탄 3, 1; 네다림 1, 1-2; 2, 3; 11, 5; 11, 9; 나지르 1, 1 이하 마쎄켓 전체; 키두쉰 1, 8; 2, 9; 마콧 3, 7; 3, 9; 에두욧 4, 11; 7, 5; 아보다 자라 5, 9; 자빔 5, 5-6; 10, 2; 10, 5; 메나홋 3, 6; 7, 2; 9, 3; 13, 10; 홀린 10, 4; 트무라 7, 4; 크리톳 2, 1-2; 메일라 3, 2; 미돗 2, 5; 켈림 6, 2; 오홀롯 18, 4; 네가임 14, 4; 파라 1, 4; 토호롯 4, 7; 4, 12. 나실인의 방(לשכת נזיר). 나실인들이 서원 기간을 끝내고 제의를 시행하는 곳이다: 미돗 2, 5. 나지르가 머리를 깎아 봉헌: 나지르 2, 5-6; 4, 5; 4, 7; 키두쉰 2, 9; 아보다 자라 5, 9; 메나홋 13, 10.

나팔(חצוצרות, 항상 복수로) 구부러진 숫양의 뿔 입구에 은을 씌워 만들었다. 쑤카 5, 4; 로쉬 하샤나 3, 3 이하; 아라킨 2, 5; 타미드 7, 3; 키님 3, 6. 이는 곧은 들염소의 뿔로 만든 뿔나팔(שופר)과 구별되나 명절에는 이들을 함께 불었다. 뿔나팔에 관하여: 페싸힘 5, 5; 쑤카 4, 5; 4, 9; 5, 4-5; 로쉬 하샤나 3, 2 이하; 4, 1 이하; 타아닛 1, 6; 2, 3 이하; 3, 1 이하; 메길라 2, 5; 홀린 1, 7; 아라킨 2, 3; 타미드 3, 8.

나틴(נתין)/**네티나**(נתינה) 여호수아 9장에 따라 기브온 사람의 후손들을 가리키는 이름이며, 이들은 성전에 속한 일꾼들이다. 랍비들은 이스라엘 자손들과 나틴(남) 또는 네티나(여)의 결혼을 반대한다. 예바못 2, 4; 6, 2; 8, 3; 9, 3; 케투봇 1, 8-9; 3, 1; 11, 6; 쏘타 4, 1; 8, 3; 8, 5; 기틴 9, 2; 키두쉰 2, 3; 3, 12; 4, 1; 마콧 3, 1; 호라욧 1, 4; 3, 8.

낙타(גמל) 킬아임 8, 4; 9, 1; 샤밧 5, 1; 5, 3; 7, 4; 24, 3; 쑤카 2, 3; 바바 캄마 6, 6; 바바 메찌아 6, 5; 바바 바트라 2, 14; 산헤드린 10, 5; 쉬부옷 3, 8; 홀린 9, 2; 켈림 23, 2; 24, 9; 네가임 11, 2; 우크찜 3, 3.

낙헌제/자원하는 제사(נדבה) 메길라 1, 6; 바바 캄마 7, 4; 키님 1, 1.

남녀추니(אנדרוגינוס) 남자의 성기와 여자의 성기를 모두 가지고 있어서 남녀를 구별할 수 없는 사람. 빅쿠림 1, 5; 4, 1; 4, 5; 하기가 1, 1; 샤밧 19, 3; 예바못 8, 6; 나지르 2, 7; 닛다 3, 5; 자빔 2, 1; 브코롯 6, 12; 트무라 2, 3; 5, 2; 아라킨 1, 1; 파라 5, 4; 12, 10.

남은 것/노타르(נותר) 지정된 기한을 지나서도 먹지 않고 남겨진 희생제물을 가리 킨다. 마아쎄르 쉐니 3, 2; 오를라 2, 16; 샤밧 9, 5; 페싸힘 4, 1; 7, 8; 7, 10- 11; 10, 9; 예바못 8, 3; 네다림 1, 3-4; 마콧 3, 2; 아보다 자라 3, 7; 제바힘 3, 4-6; 4, 5; 8, 3-4; 11, 7; 14, 10; 훌린 8, 6; 9, 5; 아라킨 7, 1; 트무라 7, 1.

남자(איש) 여성과 달리 남성에게만 관련된 법규정들: 쏘타 3, 8; 키두쉰 1, 7; 호 라욧 3, 7; 닛다 5, 9.

남편 남편이 아내에게 제공할 의무가 있는 것들: 케투봇 5, 6. 아내를 멀리해야 하 는 남편: 케투봇 7, 10; 아라킨 5, 6.

낮에 씻은 사람(טבול יום) 그날 낮에 물로 몸을 씻어 정결례를 행했으나 아직 해질 녘이 되지 않아 부정한 사람이다. 낮에 씻은 사람은 일상적인 음식에는 아무런 영향을 미치지 않고 둘째 십일조를 먹을 수 있지만, 성물이나 지극히 거룩한 음 식에 접촉하면 부정을 전이시키며 제3차 감염자로 만든다. 낮에 씻은 사람은 '여 인들의 뜰'보다 더 성전 안쪽으로 들어갈 수 없다. 할라 4, 8; 페싸힘 1, 6; 에두 욧 2, 1; 8, 1; 제바힘 2, 1; 12, 1; 메나홋 1, 2; 메일라 2, 1-9; 켈림 1, 5; 1, 8; 네가임 14, 3; 파라 8, 7; 토호롯 2, 1; 자빔 5, 12; 테불 욤 1, 1-5; 2, 1-7; 3, 1-6; 4, 1; 4, 4.

냄비(אלפס לפס) 마아쎄롯 1, 7; 샤밧 3, 5; 8, 5; 쑤카 5, 6; 산헤드린 2, 3; 켈림 2, 5; 3, 2; 5, 2; 14, 1; 테불 욤 3, 3.

네다림(נדרים) 어떤 행위나 물체를 자기 자신에게 금지시키는 맹세이며, 신에게 스 스로 바치는 희생제물(קרבן 코르반)을 걸고 약속하는 행위다. 드마이 2, 3; 할라 1, 2; 에루빈 3, 1; 쉐칼림 1, 5 등; 쑤카 5, 7; 메길라 1, 6; 1, 10; 하기가 1, 8; 네다림 1, 1; 3, 1; 3, 4; 3, 10; 6, 1; 9, 1; 9, 4; 9, 10; 11, 1; 기틴 4, 7; 산헤드린 7, 6; 아봇 3, 13; 훌린 8, 1; 아라킨 1, 1; 키님 1, 1; 네가임 2, 5; 닛다 5, 6.

네다바(נדבה) 의무나 서원에 의해서가 아니라 자원하여 드리는 제물을 말한다(출 애굽기 35:29; 36:3; 레위기 7:16; 22:18; 21:23; 23:38; 민수기 15:3; 29:39; 신명기 12:6; 12:17; 16:10; 23:24 등). 타아닛 3, 8; 요마 6, 1; 키님 1, 1-3; 쉐칼림 2, 5; 6, 5; 7, 1; 페싸힘 9, 7; 나지르 2, 8; 4, 6-7; 5, 6; 8, 1; 바바 캄마 9, 11; 크리톳 6, 1; 메나홋 1, 1; 아라킨 8, 7; 쉐칼림 2, 3; 6, 6; 크리톳 5, 2; 트무라 3, 3-4; 4, 3 등.

네지룻(נזירות) 민수기 6:1 이하에서 규정하는 나지르(나실인) 서약으로, 자기 몸을 구별하는 기간에 포도주를 마시거나 머리카락을 자르거나 죽은 자 곁에 가까이 가는 것을 금한다. 나지르로서의 표준 기한은 30일이다. 페싸힘 2, 5; 빅쿠림 4, 5; 모에드 카탄 3, 1; 빅쿠림 2, 11; 4, 4; 쏘타 3, 8; 미돗 2, 5; 네다림 1, 1; 나지르 1, 1-2; 2, 7; 3, 6; 4, 1; 6, 1; 7, 1; 9, 1; 에루빈 3, 1; 할라 1, 6; 아보다 자라 5, 9; 훌린 10, 4; 키두쉰 2, 9 등.

노아(נח) 샤밧 12, 3; 네다림 3, 11; 아봇 5, 2.

노예/종(남종עבד, 여종שפחה) 브라홋 2, 7; 3, 3; 페아 3, 8; 슈비잇 8, 8; 트루마 7, 3; 8, 1; 마아쎄르 쉐니 1, 7; 빅쿠림 1, 5; 페싸힘 7, 2; 8, 1; 쑤카 2, 1; 2, 8-9; 3, 10; 로쉬 하샤나 1, 7; 예바못 7, 1-2; 7, 5; 케투봇 3, 7; 8, 5; 나지르 9, 1; 쏘타 6, 2; 기틴 1, 4; 1, 6; 2, 3; 4, 4 이하; 키두쉰 3, 13; 4, 7; 바바 캄마 3, 10; 4, 5; 6, 5; 8, 3-4; 바바 메찌아 1, 5; 4, 9; 바바 바트라 3, 1; 산헤드린 11, 1; 쉬부옷 6, 5; 에두욧 1, 13; 아봇 1, 3; 호라욧 3, 8; 브코롯 8, 7; 크리톳 2, 4-5; 야다임 4, 7. 가나안인 노예/종에 관하여: 마아쎄르 쉐니 4, 1; 에루빈 7, 6; 키두쉰 1, 3; 바바 캄마 8, 3; 8, 5; 바바 메찌아 1, 5; 아라킨 8, 4.

노예해방문서(שחרורי עבדים) 기틴 1, 4-6; 9, 3; 바바 메찌아 1, 7.

농부(אכר) 아라킨 6, 3; 오홀롯 16, 1.

누룩(חמץ) 유월절에 먹는 것이 금지된 누룩이나 누룩이 든 음식물. 페싸힘 1, 1 이하; 2, 1 이하; 3, 3; 3, 6 이하; 9, 3.

누른 무화과 과자(דבילה) 무화과를 말려서 둥근 모양으로 눌러놓은 과자다. 페아 8, 5; 드마이 1, 2; 2, 1; 5, 5; 슈비잇 1, 2-4; 트루못 4, 8; 마아쎄롯 3, 4; 샤밧 17, 2-3; 트루못 2, 1; 2, 4; 11, 1; 케투봇 5, 8; 나지르 2, 1; 바바 메찌아 2, 1; 3, 4; 4, 8; 켈림 8, 10; 10, 2; 오홀롯 8, 1; 파라 11, 3; 테불 욤 2, 3.

니카노르 문 쉐칼림 6, 3; 요마 3, 10; 쏘타 1, 5; 미돗 1, 4; 2, 3; 2, 6; 네가임 14, 8.

【ㄷ】

다니엘(דניאל) 예언자 다니엘. 샤밧 12, 3. 다니엘서: 요마 1, 6; 야다임 4, 5.

다듬은 돌의 방(לשכת הגזית) 성전 뜰 안에 있는 방들 중 하나이며 산헤드린이 모이는 장소로 알려져 있다. 페아 2, 6; 산헤드린 11, 2; 에두욧 7, 4; 타미드 2, 5; 4, 3; 미돗 5, 4.

다림줄(חוט משקלת) 다양한 기술자들이 쓰는 다림줄. 바바 바트라 2, 13-14; 켈림 12, 8; 29, 3; 미크바옷 2, 10.

다음 세상에서 분깃이 없는 자 산헤드린 10, 1-3.

다윗(דוד) 타아닛 2, 4; 메길라 4, 10; 산헤드린 2, 2-3; 아봇 3, 7; 5, 16; 6, 3; 6, 9. 다윗의 자손들: 타아닛 4, 5.

담그는 방/정결례의 방(בית טבילה) 성전 안에 있는 시설 가운데 제사장들이 정결례를 실시하는 곳이다. 타미드 1, 1; 미돗 1, 6; 1, 9.; 5, 3

담보 담보를 잡고 빌려주기: 바바 메찌아 6, 7; 9, 12; 쉬부옷 6, 7; 에두욧 8, 2; 아라킨 6, 3 이하. 담보의 가치 절하: 바바 메찌아 3, 6 이하. 담보와 관련된 맹세: 쉬부옷 5, 1 이하; 크리톳 2, 2. 담보를 잃어버리거나 도둑 맞은 경우: 바바 메찌아 3, 1 이하; 3, 9 이하.

대머리(קרחת) 네가임 3, 6; 4, 3; 10, 10.

대추야자(תמר) 드마이 2, 1; 5, 5; 슈비잇 9, 3; 마아쎄롯 1, 2; 빅쿠림 1, 3; 1, 10; 키두쉰 2, 1; 아보다 자라 1, 5; 5, 2; 테불 욤 3, 6.

대리인/대행인(שליח) 이 낱말을 직역하면 '보냄을 받은 자'인데, 유대법에서 어떤 사람을 대신해서 법적인 행위를 하는 사람을 가리킨다. 브라홋 5, 5; 트루못 4, 4; 마아쎄롯 4, 2; 5, 1; 빅쿠림 1, 5; 에루빈 3, 2; 쉐칼림 7, 6; 요마 1, 5; 쑤카 4, 9-10; 로쉬 하샤나 1, 6; 2, 9; 4, 9; 타아닛 3, 8; 나지르 1, 1; 6, 8; 기틴 3, 3; 3, 6; 4, 1; 6, 3; 6, 7; 키두쉰 2, 1; 2, 6; 4, 9; 바바 캄마 6, 4; 9, 5; 바바 메찌아 2, 4; 3 ,12; 5, 10; 8, 3; 바바 바트라 5, 9; 9, 4-5; 산헤드린 11, 4; 마콧 2, 2; 3, 4; 쉬부옷 4, 12; 에두욧 8, 7; 아보다 자라 5, 7; 메나홋 9, 8; 10, 8; 훌린 7, 2; 12, 1-4; 브코롯 6, 3; 6, 9; 9, 4; 메일라 6, 1-3; 8, 2-3; 미돗 2, 5; 켈림 1, 7; 네가임 14, 2; 파라 3, 2; 마크쉬린 5, 6; 야다임 4, 8.

대상(שירא) 상단을 꾸려 장거리 교역에 나서는 사람들의 집단. 에루빈 1, 8-10; 산헤드린 10, 5.

대제사장(כהן גדול) 쉐칼림 4, 2; 요마 1, 1 이하 마쎄켓 전체; 메길라 1, 9; 예바못 2, 4; 6, 4; 7, 6; 나지르 7, 1; 쏘타 7, 6-7; 산헤드린 2, 1; 마콧 2, 6-7; 아봇 5, 5; 호라욧 2, 7; 3, 5; 3, 8; 타미드 7, 1 이하; 미돗 1, 3; 5, 4; 켈림 1, 9; 파라 3, 1; 4, 1. 대제사장의 의복: 요마 7, 5; 하기가 2, 4. 대제사장의 아들들: 케투봇 13, 1-2(5); 오홀롯 17, 5.

대장장이(נפח) 켈림 14, 3; 16, 6; 17, 17; 29, 6. 구리 세공인: 케투봇 7, 10.

더럽다(מטמא) 제의적으로 정결하지 못하거나 역겨운 모습 때문에 제물로 드리기에 합당하지 않은 것을 '더럽다'고 표현한다. 할라 2, 2; 홀린 2, 5; 예바못 11, 5.

덮기 부정(אהל) 어떤 공간이 길이 1테팍에 너비 1테팍이 되고 어떤 물건이나 사람이 지붕처럼 덮고 있을 때, 그 공간에 인간의 시체와 함께 머물면 덮기 부정이 전이된다. 킬아임 8, 5; 샤밧 2, 3; 나지르 7, 2-4; 바바 바트라 2, 14; 에두욧 1, 7; 2, 5; 3, 1; 3, 7; 6, 3; 켈림 1, 4-5; 9, 6; 27, 1; 오홀롯 1, 1 이하 마쎄켓 전체; 네가임 13, 12; 토호롯 4, 4; 5, 1; 6, 2; 미크바옷 10, 8; 닛다 7, 4; 10, 5; 자빔 4, 6; 5, 3; 테불 욤 2, 8.

도공(יוצר)/옹기장이(קדר) 슈비잇 5, 7; 마아쎄롯 3, 7; 하기가 3, 5; 바바 캄마 3, 4; 5, 2; 바바 메찌아 5, 7; 켈림 2, 4; 8, 9; 오홀롯 16, 2; 파라 5, 6; 토호롯 7, 1; 미크바옷 9, 2, 7.

도구(그릇)의 방(לשכת הכלים) 성전에서 당장 사용하지 않는 제의 도구들을 보관하는 방이다. 쉐칼림 5, 6; 타미드 3, 4.

도량형 장소나 용도에 따라 다르게 사용되던 도량형에 관한 논의: 켈림 17, 9 이하.

도살업자/도축업자(טבח) 베짜 3, 7; 키두쉰 4, 14; 산헤드린 6, 4; 홀린 5, 4; 7, 1; 마크쉬린 2, 9.

도살용 칼의 집(בית החליפות) 성전 뜰에 있는 방들 중 칼을 보관하는 곳이다. 미돗 4, 7.

도시민(פוליטיקין) 도시(폴리스)에 사는 자를 도시민(폴리티코이)이라고 부르는데, 시골 마을에 사는 사람에 비해 지위가 높은 자들을 가리킨다. 트루못 2, 5.

도장들의 방(לשכת החותמות) 성전 뜰 북쪽에 있는 방으로 도장을 보관하는 곳이다. 타미드 3, 3.

도피성(ערי מקלט) 실수로 죄를 지은 자가 재판을 받기 위해 피하는 곳. 슈비잇 10, 8; 마아쎄롯 3, 10; 마콧 1, 1; 2, 4; 2, 6-8.

돌무화과(שקמה)와 그 나무 드마이 1, 1; 킬아임 1, 8; 6, 4; 슈비잇 4, 5; 9, 2; 바바 메찌아 9, 9; 바바 바트라 2, 7 이하; 4, 8-9; 5, 6.

돌판(십계명)이 쪼개진 일 타아닛 4, 6.

동료(חבר) 유대인들 중에서 정결법을 철저히 지키고, 일반 음식도 정결한 상태에서만 먹으며, 십일조를 철저히 구별해서 드리는 사람을 가리킨다. 브라홋 4, 7; 7, 5; 드마이 2, 3; 6, 6; 6, 9; 6, 12; 킬아임 9, 10; 슈비잇 5, 9; 트루못 8, 6; 빅쿠림 3, 12; 에루빈 2, 6; 6, 6; 페싸힘 7, 13; 9, 10; 예바못 16, 7; 쏘타 9, 15; 기틴 5, 9; 산헤드린 7, 10; 에두욧 2, 4; 아봇 1, 6; 2, 9; 6, 5-6; 제바힘 9, 5; 메나홋 9, 9; 훌린 9, 3; 켈림 3, 6; 5, 2; 14, 2; 17, 13; 18, 2; 19, 1; 19, 7-8; 20, 3; 21, 3; 27, 3; 28, 7-8; 28, 10; 29, 2; 오홀롯 2, 2; 3, 4; 15, 8; 네가임 11, 1; 파라 12, 8-9; 12, 10; 토호롯 7, 4; 8, 5; 8, 9; 미크바옷 10, 5; 테불 욤 1, 1; 2, 5-6; 3, 1-3; 우크찜 2, 5-6.

동료 아내(צרה) 일부다처제에 따라 남편 한 사람에게 여러 명의 아내가 있을 수 있는데, 첩이 아닌 다른 아내를 일컫는다. 예바못 1, 1 이하; 2, 1 이하; 3, 6; 4, 7; 4, 11; 7, 4; 10, 1; 10, 5; 10, 8; 13, 8; 15, 4; 15, 6; 16, 1; 쏘타 6, 2; 기틴 2, 7; 8, 6-7; 에두욧 4, 8.

동문(שער המזרח) 성전산의 동쪽 문. 브라홋 9, 5; 오를라 2, 12; 요마 1, 3; 쏘타 1, 5; 타미드 5, 6; 미돗 1, 3.

동전(מטבע) 바바 메찌아 4, 1; 쉬부옷 6, 1; 6, 3; 브코롯 8, 7. 손상된 동전: 바바 메찌아 4, 5; 켈림 12, 7.

돼지(חזיר) 킬아임 8, 6; 슈비잇 8, 10; 네다림 2, 1; 바바 캄마 7, 7; 훌린 9, 2; 브코롯 4, 4; 6, 8-9; 오홀롯 18, 8; 우크찜 3, 3.

두루마리(מגלה) 양피지나 파피루스에 글을 써서 말아놓은 두루마리를 가리키는데, 성서의 책들 중 주로 아가 · 룻기 · 전도서 · 에스더서를 부르는 명칭이다. 쉐칼림 1, 1; 로쉬 하샤나 3, 7; 메길라 1, 1; 1, 4; 2, 1; 2, 3-5; 4, 1.

둥지에 든 새 새알을 꺼낼 때 어미 새를 쫓아버릴 의무를 가리킨다. 훌린 12, 1 이하.

뒷그루(ספיח) 제6년에 수확하다가 떨어지거나 자연스럽게 파종되어 안식년에 거둘 수 있게 자라난 열매를 가리킨다. 쉐칼림 4, 1; 슈비잇 9, 1.

드마이 생산물(דמאי) 십일조로 구별해놓은 농산물이나 열매들 중에서 적절한 절차와 적당한 때를 구별해놓은 것인지, 규정에 어긋나는 것인지, 불확실하거나 의심되는 것인지를 가리킨다. 브라홋 7, 1; 드마이 1, 1; 1, 3-4; 2, 1; 3, 1-3; 4, 1; 4, 3-4; 5, 11; 7, 5; 트루못 11, 8; 마아쎄롯 2, 1; 마아쎄르 쉐니 3, 3; 3, 6; 4, 6; 4, 8; 4, 11; 5, 15; 할라 4, 6; 오를라 2, 1; 빅쿠림 3, 10; 샤밧 2, 7; 18, 1; 에루빈 1, 10; 3, 2; 페싸힘 2, 5-6; 쑤카 3, 5; 쏘타 9, 10; 바바 메찌아 4, 8; 훌린 4, 6; 메일라 4, 2; 마크쉬린 2, 10.

들리기(היסט) 부정이 전이되는 방법 중에서 직접 접촉하지 않고 다른 물건이나 사람을 통해 들리기만 해도 부정해지는 관계를 표현하는 말이다. 파라 11, 6; 자빔 3, 1-2; 4, 3; 4, 5.

들어오기(ביאה) 어떤 집이나 성전에 '들어가기'를 가리키며, 정결법에서 악성 피부병자나 유출병자와 관련해서 사용하는 개념이다. 켈림 1, 4-5; 네가임 8, 8; 13, 4; 13, 6 이하; 13, 11 이하; 토호롯 6, 4; 7, 7; 야다임 3, 1. 남녀의 성관계를 가리키기도 한다: 예바못 6, 1-2; 7, 5; 케투봇 4, 4; 키두쉰 1, 1; 크리톳 3, 5; 닛다 5, 4; 5, 9.

들판/초원/목초지(מגרש) 도시의 성벽 바깥 지역을 가리키는 말로 주로 가축을 놓아 먹이는 곳이다. 마아쎄르 쉐니 5, 14; 쏘타 5, 3; 아라킨 9, 8.

등잔(נר) 그릇에 기름을 담고 심지를 꽂아 불을 밝히는 기구. 샤밧 2, 4; 3, 6; 16, 7; 베짜 4, 4; 메일라 6, 3; 켈림 2, 8; 3, 2.

등잔대/메노라(מנורה) 등잔대 기둥: 켈림 11, 7. 일곱 갈래의 등잔대: 메나홋 3, 7; 4, 4; 8, 4; 9, 3; 타미드 1, 4; 3, 1; 3, 6; 3, 9; 6, 1.

딸(בת) 딸의 생활을 통제하는 권한: 케투봇 4, 4 이하. 딸을 돌볼 의무: 케투봇 4, 6; 4, 11; 12, 1 이하; 13, 3; 바바 바트라 8, 8; 9, 1; 브코롯 8, 9.

땅(עפר) 부동산 매매: 바바 바트라 7, 1 이하.

땅 위에 고인 물(מי גבאים) 정결례를 시행할 수 있는 물은 어떤 것인지 논의하면서 땅 위에 고인 빗물에 관해 설명하는데, 40쎄아에 미치지 못하는 땅 위에 고인 물에서 정결례를 시행할 수 없다. 미크바옷 1, 1; 1, 4.

떨어뜨린 것(לקט 레케트) 추수하면서 떨어뜨린 곡식 이삭은 다시 돌아가 줍지 않고 가난한 자들이 가져가도록 놓아둔다(레위기 19:9). 페아 4, 3; 4, 6; 4, 9-11; 5, 1-2; 5, 4-5; 6, 5; 8, 1-2; 8, 8; 킬아임 5, 1; 트루못 1, 5; 6, 5; 9, 2; 11, 6; 마아쎄르 쉐니 2, 5; 5, 10; 슈비잇 4, 1; 7, 3; 8, 4; 9, 7; 마아쎄롯 1, 5; 4, 2; 5, 1; 5, 10; 할라 1, 3; 오를라 1, 6; 3, 9; 4, 9-10; 5, 4; 5, 6; 6, 5; 8, 2; 모에드 카탄 1, 5; 네다림 11, 3; 기틴 5, 8; 키두쉰 2, 7; 산헤드린 7, 11; 에두욧 8, 5; 크리톳 4, 3; 오홀롯 16, 5; 파라 11, 8.

떨어진 포도(פרט) 포도를 수확하면서 가지에 남은 포도송이는 다시 돌아가 따지 않고 가난한 자들이 가져가도록 놓아둔다(레위기 19:10). 페아 6, 5; 7, 3; 7, 6; 8, 1; 슈비잇 5, 8; 마아쎄롯 2, 6; 3, 9; 마아쎄르 쉐니 2, 8-9; 4, 2; 5, 3; 쏘타 4, 1; 바바 메찌아 4, 7; 마콧 1, 7; 에두욧 1, 9-10; 4, 5; 훌린 8, 4; 크리톳 4, 3; 메일라 6, 4; 켈림 2, 6; 14, 1.

【ㄹ】

랍비(רבּי) 미쉬나에 등장하는 주요 랍비와 라반을 활동한 시대 순으로 나열하면 다음과 같다. ■샴마이(Shammai, 장로이며 그의 제자들을 샴마이 학파라고 부른다): 오를라 2, 5; 쑤카 2, 8; 하기가 2, 2; 에두욧 1, 1-4; 1, 7-8; 1, 10-11; 아봇 1, 12; 1, 15; 켈림 22, 4; 닛다 1, 1. ■힐렐(Hillel, 장로이며 그의 제자들을 힐렐 학파라고 부른다): 슈비잇 10, 3; 하기가 2, 2; 기틴 4, 3; 바바 메찌아 5, 9; 에두욧 1, 1-4; 아봇 1, 12-14; 2, 4-7; 4, 5; 5, 17; 아라킨 9, 4; 닛다 1, 1. ■ 감리엘 1세 라반(장로로 불렸고 바울의 스승으로 추정): 페아 2, 6; 오를라 2, 12; 쉐칼림 3, 3; 6, 1; 로쉬 하샤나 2, 5; 예바못 16, 7; 쏘타 9, 15; 기틴 4, 2-3; 아봇 1, 16. ■쉼온 벤 감리엘 라반(라반 감리엘 1세의 아들): 아봇 1, 17; 크리톳 1, 7. ■요하난 벤 자카이 라반(기원전 30〜기원후 90): 샤밧 16, 7; 22, 3; 쉐칼림 1, 4; 쑤카 2, 5; 3, 12; 로쉬 하샤나 4, 1; 4, 3-4; 케투봇 13, 1-2; 쏘타 5, 2; 5, 5; 9, 9; 9, 15; 산헤드린 5, 2; 에두욧 8, 3; 8, 7; 아봇 2, 8-9 메나홋 10, 5; 켈림 2, 2; 17, 16; 야다임 4, 3; 4, 6. ■감리엘 2세 라반(기원후 40-120, 라반 감리엘 1세의 손자): 브라홋 1, 1; 페아 2, 4; 드마이 3, 1; 테루못 8, 8; 샤밧 12, 6; 에루빈 4, 1-2; 페싸힘 1, 5; 베짜 1, 8; 예바못 5, 1; 쏘타 2, 1; 기틴 1, 1; 바바 메찌아 5, 8; 아보다 자라 3, 4; 제바힘 9, 1; 크리톳 3, 7-9; 켈림 5, 4; 네가임 6, 5; 토호롯 9, 1. ■엘리에제르 (벤 호르카노스)(기원후 40-110): 브라홋 1, 1-2; 페아 3, 6; 샤밧 1, 10; 에루빈 1, 2; 예바못 3, 1; 케투봇 1, 6-9; 바바 캄마 1, 4; 에두욧 2, 7; 제바힘 1, 1; 메일라 1, 2-3; 켈림 2, 8; 파라 1, 1. ■예호슈아 (벤 하나니야)(기원후 50-131): 브라홋 1, 2; 페아 3, 6; 테루못 4, 7-11; 샤밧 12, 4; 에루빈 4, 1; 타아닛 1, 1; 예바못 4, 13; 케투봇 1, 6-9; 쏘타 1, 1; 바바 캄마 9, 7; 에두욧 2, 7; 아봇 2, 8-9; 제바힘 1, 3; 트무라 3, 1; 크리톳 3, 7-9; 켈림 11, 4; 오홀롯 2, 4; 파라 1, 1; 마크쉬린 1, 3; 야다임 3, 1-2. ■엘아자르 (벤 아자르야): 브라홋 1, 1; 슈비잇 1, 8; 샤밧 4, 2; 베짜 2, 8; 케투봇 5, 1; 쏘타 9, 15; 아봇 3, 18; 제바힘 1, 3; 메나홋 13, 6; 네가임 7, 2; 토호롯 7, 7. ■아키바(기원후 50-135): 브라홋 4, 3; 페아 1, 6; 샤밧 2, 3; 에루빈 1, 2; 쉐칼림 4, 3-4; 4, 6-7; 예바못 4, 12; 케투봇 3, 3; 바바 캄마 3, 8; 산헤드린 1, 4; 제바힘 8, 11; 브코롯 2, 6-7; 켈림 2, 2; 오홀롯 1, 3. ■이쉬마엘 (벤 엘리야): 페아 4, 10; 드마이 6, 4; 샤밧 2, 2; 에루빈 1, 2; 네다림 3, 11; 나지르 6, 3; 산헤드린 1, 2; 쉬부옷 2, 5; 메나홋 3, 7; 브코롯 3, 1; 켈림 2, 2; 네가임 1, 2.

타르폰: 브라홋 1, 3; 페아 3, 6; 샤밧 2, 3; 쑤카 3, 4; 예바못 15, 6-7; 케투봇 5, 2; 바바 캄마 2, 5; 아봇 2, 15-16; 제바힘 10, 8; 브코롯 2, 6-9; 켈림 11, 4; 야다임 4, 3. ■일라이(랍비 엘리에제르의 수제자): 에루빈 2, 6. ■요쎄 (갈릴리 사람): 브라홋 7, 3; 슈비잇 4, 6; 에루빈 1, 7; 페싸힘 7, 1; 케투봇 3, 3; 기틴 2, 3; 바바 메찌아 2, 10; 산헤드린 10, 6; 제바힘 8, 12; 훌린 4, 3; 파라 1, 2; 닛다 5, 8. ■예후다 벤 브테라: 페아 3, 6; 빅쿠림1, 6; 샤밧 9, 7; 페싸힘 3, 3; 예바못 4, 9; 케투봇 6, 1; 네다림 6, 8; 기틴 2, 4; 쉬부옷 3, 6; 에두욧 8, 3; 아리킨 8, 6; 켈림 2, 4; 오홀롯 11, 7; 네가임 9, 3; 11, 7; 미크바옷 4, 5. ■쉼온 벤 감리엘 2세 라반(기원후 110-180, 라반 감리엘 2세의 아들): 브라홋 2, 8; 페아 5, 1; 슈비잇 1, 5; 샤밧 1, 9; 에루빈 6, 6; 타아닛 4, 7-8; 케투봇 2, 8; 쏘타 9, 12; 기틴 4, 4; 바바 캄마 3, 3; 바바 바트라 1, 5; 산헤드린 1, 2; 메나홋 11, 9; 훌린 2, 6; 브코롯 2, 4; 켈림 7, 6; 미크바옷 6, 7; 야다임 3, 1. ■메이르 (기원후 90-170): 페아 2, 1; 드마이 1, 2; 샤밧 6, 3; 에루빈 1, 7; 예바못 15, 5; 네다림 2, 4-5; 바바 캄마 3, 9; 바바 산헤드린 1, 1-2; 제바힘 4, 3; 메나홋 2, 4-5; 켈림 3, 2; 오홀롯 2, 3; 네가임 1, 1. ■예후다 (바르 일라이): 브라홋 2, 1-3; 페아 1, 3; 드마이 1, 1; 2, 2-3; 킬아임 1, 2; 샤밧 1, 11; 에루빈 2, 3-5; 페싸힘 1, 3-5; 쑤카 1, 6-7; 예바못 2, 9; 네다림 1, 3-4; 나지르 2, 1-2; 쏘타 2, 3; 바바 캄마 2, 4; 바바 바트라 1, 6; 산헤드린 2, 1-4; 쉬부옷 7, 1-3; 제바힘 2, 5; 메나홋 1, 4; 훌린 2, 1; 아라킨 1, 2; 켈림 1, 5; 네가임 2, 1-2; 파라 2, 4-5; 토호롯 1, 1. ■요쎄 (벤 할라프타): 페아 3, 4; 드마이 2, 5; 샤밧 2, 5; 에루빈 1, 6, 예바못 4, 10; 네다림 3, 11; 바바 캄마 4, 4; 바바 바트라 1, 3; 제바힘 4, 5-6; 메나홋 2, 1-2; 켈림 1, 9; 오홀롯 2, 7; 네가임 6, 5. ■쉼온 (바르 요하이)(기원후 90-170): 페아 1, 3; 드마이 3, 4; 샤밧 3, 6; 에루빈 3, 4; 예바못 2, 2; 쏘타 3, 2; 바바 캄마 4, 1; 바바 바트라 2, 2; 제바힘 1, 4; 훌린 2, 3; 켈림 3, 2; 닛다 3, 4; 자빔 3, 2. ■예후다 한나씨(기원후 135-217, 미쉬나를 집대성한 인물): 슈비잇 6, 4; 마아쎄롯 5, 5; 샤밧 12; 3; 케투봇 2, 4; 네다림 3, 11; 바바 캄마 5, 3; 아봇 2, 1-2; 메나홋 6, 3; 아라킨 4, 2; 오홀롯 18, 9; 미크바옷 2, 10. ■감리엘 3세 라반(예후다 한나씨의 아들): 아봇 2, 2-4.

레위기(ויקרא) 히브리 성서의 세 번째 책. 메나홋 4, 3.

레위인(לוי) 야곱의 아들 가운데 레위의 자손들. 페아 1, 6; 8, 2; 8, 6; 드마이 6, 4-5; 트루못 2, 2; 4, 2; 마아쎄르 쉐니 5, 10; 5, 14; 빅쿠림 3, 4; 샤밧 11, 2;

쉐칼림 1, 3; 1, 6; 쑤카 5, 4; 로쉬 하샤나 4, 4; 타아닛 4, 2; 4, 5; 예바못 9, 4-6; 10, 1; 16, 7; 네다림 11, 3; 쏘타 7, 5; 기틴 3, 7; 8, 5; 키두쉰 2, 3; 3, 5; 3, 12; 4, 1; 4, 4; 산헤드린 4, 2; 마콧 2, 7-8; 쉬부옷 4, 7; 호라욧 3, 8; 홀린 1, 6; 브코롯 1, 1; 2, 1; 8, 1; 아라킨 1, 1; 2, 4; 2, 6; 7, 5; 8, 5; 9, 8; 타미드 5, 6; 7, 3-4; 미돗 1, 1-2; 1, 5; 1, 9; 2, 5-6; 켈림 15, 6; 18, 3-4; 24, 14; 네가임 14, 4. 레위인으로 일할 수 있는 자격: 홀린 1, 6. 레위인들의 음악: 로쉬 하샤나 4, 4; 아라킨 2, 6; 타미드 7, 3-4; 미돗 2, 5-6. 레위인의 아이들: 아라킨 2, 6.

로마(רומא) 에루빈 4, 1; 아보다 자라 4, 7.

룰라브(לולב) 대추야자나무의 잎을 가리키며 초막절에 들고 기도해야 한다. 쑤카 3, 8-9; 3, 11-15; 4, 1-2; 4, 4; 4, 7; 베짜 1, 5; 로쉬 하샤나 4, 3; 메길라 2, 5; 네다림 2, 2; 쉬부옷 3, 8; 메나홋 3, 6.

【ㅁ】

마르헤슈반(מרחשון) 유대 월력에 따른 여덟째 달을 말한다. 타아닛 1, 3-4.

마른 무화과(גרוגרות) 무화과 열매를 말려서 둥글게 누른 것으로 과자처럼 먹는다. 페아 8, 5; 드마이 5, 5; 7, 3; 트루못 2, 4; 11, 1; 11, 4; 마아쎄롯 1, 8; 샤밧 17, 2; 22, 3; 케투봇 5, 8; 나지르 2, 1; 아보다 자라 5, 2; 메일라 3, 6; 켈림 3, 2; 4, 2; 오홀롯 6, 2; 우크찜 1, 6. 크기를 재는 단위: 샤밧 7, 4; 9, 7; 에루빈 7, 8; 켈림 17, 7. 하얀색: 드마이 1, 1; 아보다 자라 1, 5. 페르시아: 슈비잇 1, 2-4; 5, 1; 11, 1. 야생: 드마이 1, 1; 오홀롯 8, 1; 파라 11, 3; 마크쉬린 1, 6; 테불 욤 2, 3.

마아마드(מעמד) 이스라엘 사람들은 제사장들의 24개 반열(미쉬마르)에 상응하는 일반인들의 집단 24개 수행조(마아마드)가 조직되어 있었다. 제사장 반열이 성전에 올라가면, 그 반열에 상응하는 마아마드 집단 사람들은 일부 지역 회당에 모여 기도하며 토라를 낭송했고, 또 일부는 예루살렘에 올라가 제사장들을 돕기도 했다. 오를라 1, 7; 빅쿠림 3, 2; 타아닛 2, 7; 4, 1-5; 메길라 3, 4; 3, 6; 4, 3; 케투봇 2, 10; 바바 바트라 6, 7; 홀린 8, 5; 타미드 5, 6.

마케도니아 기틴 8, 5.

마차(מרכבה) 에스겔 1장에 나오는 마차 환상을 가리킨다. 메길라 4, 10; 하기가 2, 1.

막힌 부정(טמאה רצוצה) 덮기 부정에서 공간의 길이가 1테팍 너비가 1테팍에 미치지 못하는 경우 부정이 위로 궁창까지 밑으로 깊은 곳까지 미친다고 표현한다.

오홀롯 9, 1-16; 10, 4; 10, 6-7; 11, 9; 12, 2; 12, 5; 14, 5-6.

맏물(ביכורים) 이스라엘 땅에서 생산된 일곱 가지 열매는 복되며, 그 맏물을 예루살렘으로 가져와 제사장들에게 선물로 준다(출애굽기 23:19; 신명기 26:1-11). 페아 1, 1; 3, 6; 트루못 3, 6-7; 4, 6; 9, 4; 11, 3; 마아쎄르 쉐니 5, 6; 할라 4, 9; 4, 11; 오를라 2, 1; 빅쿠림 1, 1 그리고 마쎄켓 전체; 쉐칼림 8, 8; 쏘타 7, 2-3; 기틴 4, 9; 바바 메찌아 4, 8; 마콧 3, 3; 메나홋 5, 6; 10, 6; 메일라 4, 2; 켈림 1, 6.

말(סוס) 킬아임 1, 6; 8, 4; 산헤드린 5, 1; 페싸힘 4, 3; 쏘타 8, 1; 산헤드린 2, 5; 6, 1; 아보다 자라 1, 2; 1, 6; 켈림 23, 2; 자빔 4, 7.

매매(מכר) 매매의 정의: 바바 바트라 4, 1 이하; 5, 1-6. 매매 계약서(שטר): 기틴 3, 2; 바바 바트라 10, 3. 상품의 품질에 대한 법적 책임: 바바 바트라 6, 1 이하. 부동산 매매: 바바 바트라 7, 1 이하.

맹세(שבועה) 스스로 어떤 행위를 삼가거나 특정한 의무를 지겠다고 약속하는 관습이다. 게마라는 서원과 맹세를 구분하여 서원(네데르)은 자기 자신에게 어떤 대상을 금지시키는 것인 반면 맹세(쉬부아)는 어떤 사물의 이용을 금지하는 것이라고 설명한다. 쉐칼림 2, 1; 케투봇 8, 5; 9, 2 이하; 10, 5; 13, 1-2; 13, 4; 네다림 1, 1-2; 2, 1-3; 3, 4; 기틴 4, 3; 5, 3-4; 키두쉰 1, 5; 바바 캄마 9, 5; 10, 3; 바바 메찌아 1, 1-2; 3, 1-2; 4, 7-9; 6, 8; 7, 8; 7, 10; 8, 2; 8, 4; 9, 12; 산헤드린 3, 2; 쉬부옷 1, 1 이하 마쎄켓 전체; 아봇 1, 9; 5, 9; 크리톳 2, 2.

머리에 쓰는 망(סבכה) 여성들이 착용하는 머리쓰개 세 가지에 관한 논의: 켈림 24, 16.

멈춘 물(אשבורן) 빗물은 웅덩이에 고여 더 이상 움직이지 않을 때 정결례장으로 사용할 수 있다. 토호롯 8, 9; 미크바옷 1, 7; 5, 3; 오홀롯 3, 3.

메대(מדי, 마다이) 이란 서부 산지에 거주했던 고대 민족과 그들의 나라. 쉐칼림 3, 4; 바바 캄마 9, 5; 바바 메찌아 4, 7. 메대산 맥주: 페싸힘 3, 1. 메대의 월력: 기틴 8, 5.

메뚜기(חגב) 트루못 10, 9; 샤밧 9, 7; 페싸힘 3, 5; 타아닛 3, 5; 쏘타 9, 15; 바바 메찌아 9, 6; 에두욧 7, 2; 아보다 자라 2, 7; 훌린 3, 7; 8, 1; 브코롯 8, 1; 크리톳 1, 5; 5, 1; 켈림 24, 15; 닛다 3, 2; 우크찜 3, 9.

메시아(משיח) 역사가 끝나는 날에 오는 구원자. 브라홋 1, 5; 쏘타 9, 15.

메주자(מזוזה), 이 낱말은 원래 현관 양쪽 기둥을 의미했으나, 미쉬나에서는 현관에 설치하는 성구함을 가리킨다. 브라홋 3, 3; 메길라 1, 8; 모에드 카탄 3, 4; 기틴 4, 6; 메나홋 3, 7; 켈림 16, 7; 17, 16.

멜로그(מלוג) 여성이 혼인할 때 친정에서 가져온 재산으로, 남편이 그 수익을 취할 수 있으나 원금에는 손을 댈 수 없는 재산이다. 예바못 4, 3; 7, 1-2.

면제년(שמטין 또는 שמטה) 신명기(15:1 이하) 규정에 따라 매 7년 끝에 동족의 빚을 면제하는 제도를 말한다. 6년간 농지를 경작하고 7년째에는 땅을 쉬게 하는 안식년의 규정(출애굽기 23:11; 레위기 25:4)과 연결되어 있는 것으로 이해된다. 미쉬나에서는 주로 토지 소유권의 포기에 관한 문제 등과 관련해 언급된다. 페아 6, 1; 로쉬 하샤나 1, 1; 에두욧 4, 3. 땅의 해방: 아봇 5, 9.

명절날(יום טוב) 명절날(욤 토브)은 절기의 첫날과 마지막 날로 안식일처럼 일반적인 노동이 금지된다. 할라 1, 8; 샤밧 19, 5; 20, 1; 23, 1; 에루빈 3, 6; 페싸힘 3, 3; 6, 2; 7, 10; 쉐칼림 3, 1; 쑤카 2, 6; 베짜 1, 1 이하; 메길라 1, 5; 4, 2; 하기가 1, 3; 2, 2; 산헤드린 4, 1; 에두욧 4, 1-2; 메나홋 11, 9; 훌린 1, 7; 브코롯 9, 5. 절기에 읽는 성서 본문: 메길라 3, 4-6.

모르드카이/모르드개(מרדכי) 쉐칼림 5, 1; (아봇 6, 6).

모세(משה) 페아 2, 6; 요마 3, 8; 4, 2; 6, 2; 로쉬 하샤나 2, 9; 3, 8; 메길라 3, 6; 케투봇 7, 6; 네다림 3, 11; 쏘타 1, 9; 5, 4; 키두쉰 3, 4; 산헤드린 1, 6; 에두욧 8, 7; 아봇 1, 1; 5, 6; 5, 18; 켈림 17, 9; 파라 3, 5; 야다임 4, 3; 4, 8.

모세의 법(משה דת) 케투봇 7, 6.

모압(מואב) 야다임 4, 3. 모압인: 예바못 8, 3; 야다임 4, 4.

목동(רועה) 할라 1, 8; 베짜 5, 3; 키두쉰 4, 14; 바바 캄마 6, 2; 10, 9; 산헤드린 3, 2; 훌린 4, 3; 브코롯 5, 4.

목욕탕(מרחץ) 미쉬나 시대에는 공동 목욕탕이 있었다. 슈비잇 8, 11; 샤밧 1, 2; 페싸힘 2, 7; 타아닛 1, 6; 메길라 3, 2; 케투봇 7, 8; 네다림 5, 3; 5, 5; 키두쉰 2, 3; 바바 메찌아 8, 8; 바바 바트라 1, 6; 4, 4; 4, 6-7; 10, 7; 산헤드린 2, 5; 아보다 자라 1, 7; 1, 9; 3, 4; 4, 3; 켈림 22, 10; 28, 2; 오홀롯 18, 10; 닛다 9, 3; 마크쉬린 2, 2; 2, 5. 목욕탕 직원: 슈비잇 8, 5; 메일라 5, 4; 켈림 8, 8; 17, 1; 자빔 4, 2.

목수(חרש) 바바 캄마 9, 3; 10, 10; 아라킨 6, 3; 켈림 14, 3; 16, 7; 21, 3; 29, 3; 오홀롯 13, 3.

몰렉(מלך) 아이를 제물로 받는 가나안 신. 산헤드린 7, 4; 7, 7; 크리톳 1, 1.

무덤을 갈아 엎은 밭(בית פרס) 무덤이 있는 줄 모르고 밭을 갈다가 시체나 유골의 일부가 넓게 흩어진 농토. 에루빈 3, 1; 케투봇 2, 10; 트무라 1, 5; 오홀롯 2, 3; 13, 6; 17, 1 이하; 18, 1 이하; 토호롯 4, 5; 닛다 7, 5.

무덤 표시 마아쎄르 쉐니 5, 1; 쉐칼림 1, 1; 모에드 카탄 1, 2.

무심코(עראי) 곡식에서 십일조를 떼기 전인데 밭이나 타작마당에서 무심코 낱알 몇 개를 먹는 행위를 가리킨다. 킬아임 9, 2; 트루못 9, 7; 마아쎄롯 1, 5; 1, 8; 2, 1; 2, 4; 할라 3, 1; 쑤카 2, 4; 2, 9.

무크쩨(מוקצה) '따로떼어 놓은 것'이라는 뜻이며, 안식일이나 명절에 접촉할 수는 있어도 옮길 수 없는 물건을 가리킨다. 돈, 바위, 나뭇가지 등이 여기에 해당한다. 슈비잇 8, 6; 마아쎄롯 1, 5; 마아쎄르 쉐니 3, 6; 에루빈 2, 3; 10, 8; 베짜 4, 1; 4, 7; 제바힘 8, 1; 9, 3; 14, 2; 트무라 6, 1; 파라 7, 12.

무해한(תם) 행위자 평소에 행동하던 방식을 따르는 경우 행위자는 무해하며 법적인 책임을 지지 않는다. 바바 캄마 1, 4; 2, 4; 3, 8; 3, 11; 4, 2; 4, 4-5; 4, 9.

무화과(תאנה) 브라홋 6, 8; 드마이 2, 5; 7, 5; 킬아임 1, 8; 6, 4; 슈비잇 1, 3; 8, 3; 8, 6; 트루못 2, 4; 4, 8-9; 8, 6; 11, 4; 마아쎄롯 2, 1-2; 2, 4-7; 3, 1; 3, 4; 3, 8; 3, 10; 4, 2; 마아쎄르 쉐니 3, 6; 네다림 3, 2; 11, 5-6; 키두쉰 2, 7; 바바 바트라 6, 2; 산헤드린 5, 2; 아보다 자라 5, 2; 크리톳 4, 3; 타미드 2, 3; 2, 5; 파라 3, 8; 7, 12; 우크찜 1, 6; 3, 8.

무효가 되다(פסול) 법적인 자격이 무효가 되는 경우를 가리키며, 제사법과 정결법과 관련해서 자주 사용된다. 슈비잇 8, 7; 10, 5; 페싸힘 5, 2-3; 8, 6; 요마 1, 1; 쑤카 3, 1-2; 3, 5-6; 로쉬 하샤나 3, 6; 하기가 3, 2; 예바못 12, 1; 12, 5; 네다림 1, 3; 나지르 6, 10; 기틴 1, 5; 2, 1-2; 2, 6; 3, 1; 3, 3; 6, 3; 9, 1-2; 9, 7-8; 마콧 1, 8; 쉬부옷 4, 11; 아봇 5, 5; 제바힘 1, 1; 2, 1-5; 3, 3; 4, 2; 6, 7; 8, 11-12; 9, 1; 10, 7; 12, 4; 13, 1; 메나홋 1, 2-4; 2, 1-2; 2, 5; 3, 1; 7, 3-4; 8, 3; 8, 6-7; 9, 4; 10, 6; 11, 8; 훌린 1, 4-6; 2, 10; 5, 2; 브코롯 7, 2-3; 7, 5-7; 크리톳 3, 3; 메일라 2, 1; 미돗 2, 5; 3, 4; 5, 4; 키님 1, 1; 1, 3; 2, 1; 2, 3; 3, 1-5; 켈림 10, 2; 파라 4, 1; 4, 4; 6, 1; 6, 4; 7, 3; 7, 5-9; 7, 11-12; 8, 10; 9, 4; 11, 7-8; 12, 10-11; 토호롯 2, 1; 2, 5-6; 미크바옷 3, 1; 4, 4; 5, 1; 6, 10-11; 7, 3; 닛다 5, 3 등 다수.

문바즈(מנבז) 파르티아의 아디아베네 지역 왕이며(Monobaz II), 어머니 헬레네와 함께 유대교로 개종했다고 전한다. 요마 3, 10.

물 흘리기(המשכה) 길어온 물을 땅 위로 흐르게 하여 웅덩이에 모으면 정결례에 사용할 수 있다. 물이 땅 위를 흐르면서 성질이 변한다고 믿었다. 미크바옷 4, 4.

물고기/생선(דג) 슈비잇 7, 4; 트루못 10, 8; 마아쎄르 쉐니 2, 1; 샤밧 1, 6; 2, 2; 22, 2; 베짜 2, 1; 3, 1-2; 네다림 6, 3-4; 기틴 5, 8; 바바 메찌아 2, 1; 아보다 자라 2, 6; 홀린 3, 7; 7, 5; 8, 1; 브코롯 1, 2; 8, 1; 크리톳 1, 5; 5, 1; 켈림 10, 1; 16, 1; 24, 11; 오홀롯 11, 7; 닛다 3, 2; 마크쉬린 6, 3; 우크찜 3, 8-9. 물고기를 절인 물: 트루못 11, 1; 요마 8, 3; 네다림 6, 4; 아보다 자라 2, 4; 켈림 10, 5; 미크바옷 7, 2.

므낫세(מנשה) 유다의 왕 므낫세. 산헤드린 10, 2.

미드라쉬(מדרש) 랍비 유대교의 구전토라에 해당하는 가르침이며, 토라 본문을 설명하고 해석한 저술들을 가리킨다. 네다림 4, 3(참고: 쏘타 8, 1; 산헤드린 2, 4; 10, 4; 네가임 12, 5).

미리암(מרים) 모세의 누이 미리암. 쏘타 1, 9.

미쉬나(משנה) 토라의 명령을 다시 한 번 풀어서 설명한 가르침. 키두쉰 1, 10; 아봇 5, 21; 6, 1; 6, 6. 첫째 미쉬나: 케투봇 5, 3; 나지르 6, 1; 기틴 5, 6; 산헤드린 3, 4; 에두욧 7, 2. 아키바 랍비의 미쉬나: 산헤드린 3, 4.

민수기 토라의 네번째 책. 요마 7, 1; 메나홋 4, 3.

민족들/이방인들의 땅(ארץ העמים) 유대 법전통 안에서 이스라엘 땅과 달리 다른 민족들이 사는 땅과 관련된 전통(정결법 관련). 나지르 7, 3; 오홀롯 2, 3; 18, 6; 토호롯 4, 5; 5, 1.

밀(חטים, חטין) 밀은 이스라엘의 주식이었으며 이에 관한 다양한 규정들이 존재한다. 페아 2, 5-6; 8, 3; 8, 5; 드마이 3, 4; 6, 8-9; 킬아임 1, 1; 1, 9; 2, 3; 2, 7; 트루못 2, 4; 2, 6; 5, 9; 10, 3; 11, 6; 마아쎄롯 4, 5; 할라 1, 1; 3, 1; 3, 7; 3, 10; 4, 2; 오를라 2, 6; 페싸힘 2, 5; 2, 7; 케투봇 5, 8; 네다림 6, 10; 8, 4; 8, 7; 쏘타 2, 1; 바바 캄마 6, 5; 바바 메찌아 3, 7; 5, 1; 5, 8-9; 6, 5; 9, 7-8; 바바 바트라 5, 6; 마콧 3, 2; 쉬부옷 3, 2; 4, 5; 5, 3; 6, 3; 7, 5; 메나홋 6, 5; 7, 5; 10, 7; 12, 3; 네가임 13, 9; 마크쉬린 3, 3-5; 테불 욤 1, 5.

【ㅂ】

바리새인(פרושים, 프루쉼) 드마이 2, 3; 하기가 2, 4; 2, 7; 쏘타 3, 4; 토호롯 4, 12; 야다임 4, 6-8.

바벨(בבל) 현재 이라크 남부에 있었던 고대 도시. 슈비잇 6, 1; 할라 4, 11; 쉐칼림 3, 4; 베짜 5, 5; 네다림 5, 4-5; 키두쉰 4, 1; 야다임 4, 3. 바벨 출신 사람: 요마 6, 4; 바바 메찌아 7, 9; 메나홋 11, 7. 그 외: 페싸힘 3, 1; 켈림 16, 1.

반열(משמר) 예루살렘에 성전이 있었을 때 제사장들은 순서에 따라 24개 반열로 나누어 성전 직무를 수행했다. 쑤카 5, 6-7; 타아닛 4, 2; 예바못 11, 7; 아보다 자라 4, 11; 타미드 5, 1; 미돗 1, 2; 파라 3, 11.

발람(בלעם) 산헤드린 10, 2; 아봇 5, 19.

발진(בהק) 피부에 하얀색 종기가 생기는 현상으로 그 색깔에 따라 진찰한다. 네가임 1, 5-7; 6, 6; 8, 6-7.

밭(שדה) 관개시설을 한 밭. 슈비잇 2, 2; 트루못 10, 11; 모에드 카탄 1, 1; 바바 메찌아 9, 2; 바바 바트라 2, 13; 3, 1; 4, 7; 메나홋 8, 2-3; 8, 6; 10, 8. 천수답: 슈비잇 2, 9; 트루못 10, 11; 쑤카 3, 3; 바바 바트라 3, 1.

배상 상해를 입힌 자가 지불해야 할 액수. 바바 캄마 8, 6. 두 배로 배상하는 경우: 트루못 6, 4; 케투봇 3, 9; 바바 캄마 5, 7; 7, 1; 7, 3-5; 9, 8; 바바 메찌아 3, 1; 4, 9; 산헤드린 1, 1; 쉬부옷 4, 6; 6, 5; 8, 3-4. 세 배로 배상하는 경우: 바바 캄마 7, 3. 네 배나 다섯 배로 배상하는 경우: 케투봇 3, 9; 바바 캄마 7, 1-2; 7, 4-5; 바바 메찌아 3, 1; 3, 4; 3, 9; 산헤드린 1, 1; 쉬부옷 4, 6; 6, 5; 8, 4.

번제(עולה) 제단 위에서 제물을 모두 태워서 드리는 제의. 브라홋 1, 1; 4, 1; 트루못 3, 8; 페싸힘 5, 2; 6, 1; 9, 8; 쉐칼림 1, 1; 1, 4-5; 2, 5; 4, 8; 5, 3; 6, 5; 7, 1; 7, 5-6; 8, 8; 요마 1, 2; 2, 6; 5, 6; 6, 7; 7, 3; 메길라 1, 6; 2, 5-6; 하기가 1, 2-3; 1, 5-6; 2, 3-4; 네다림 1, 1; 1, 4; 나지르 1, 2; 4, 4; 4, 6; 6, 7-8; 6, 10; 8, 1-2; 쏘타 3, 7; 키두쉰 1, 6; 바바 메찌아 4, 9; 에두욧 6, 1; 아보다 자라 2, 5; 아봇 3, 18; 호라욧 2, 6; 3, 6; 제바힘 1, 3; 2, 1; 4, 4; 5, 4; 6, 2; 6, 5-7; 7, 1-2; 7, 4; 8, 2; 8, 4; 8, 9-10; 9, 1-2; 9, 4; 9, 6; 10, 1-2; 10, 4; 12, 2-3; 13, 4; 메나홋 4, 3-4; 6, 2; 12, 5; 13, 6-11; 훌린 2, 10; 아라킨 5, 5; 8, 7; 트무라 1, 3; 3, 2-4; 5, 1-4; 5, 6; 크리톳 2, 2; 메일라 2, 2; 2, 4; 3, 2; 4, 2; 타미드 1, 4; 6, 1; 키님 1, 1-2; 1, 4; 2, 4-5; 3, 3-5; 네가임 14, 7; 파라 1, 4; 야다임 4, 2.

법궤(תבה) 십계명을 담은 상자. 브라홋 5, 2; 에루빈 3, 9; 타아닛 1, 2; 2, 1-2; 2, 5; 메길라 3, 1; 4, 3; 4, 5; 4, 8; 네다림 5, 5.

법원장/법정의 수장(אב דין-בית) 랍비 유대교의 법전통에 따라 적절한 행동양식을 결정하는 최고 책임자. 타아닛 2, 1; 하기가 2, 2; 에두욧 5, 6.

법정(בית דין) 법정은 물론 재판을 하는 곳이며, 재판관이 최소한 3명 이상이 모였을 때부터 유효하다. 법정은 처벌을 시행하는 권한도 가지고 있는데, 재판관이 23–71명이 모이면 사형을 선고할 수 있다. 드마이 7, 3; 슈비잇 10, 2; 쉐칼림 7, 5-6; 요마 1, 2; 1, 5; 2, 2; 7, 5; 쑤카 4, 4; 로쉬 하샤나 1, 7; 2, 7; 2, 9; 3, 1; 4, 1; 4, 4; 타아닛 1, 5-6; 2, 1; 모에드 카탄 3, 3; 하기가 2, 2; 예바못 2, 10; 10, 2; 케투봇 1, 5; 3, 1-2; 4, 7; 5, 2; 10, 2; 11, 3; 11, 5; 쏘타 1, 2; 4, 5; 기틴 3, 6; 4, 2; 5, 4; 5, 6; 6, 7; 9, 8; 바바 캄마 1, 3; 4, 4; 9, 5; 바바 메찌아 1, 6; 1, 8; 2, 9; 3, 6; 바바 바트라 9, 4; 10, 4; 10, 6; 산헤드린 1, 1 이하; 마콧 1, 10; 2, 2; 쉬부옷 1, 2; 1, 6; 3, 10-11; 4, 1; 4, 3; 4, 5; 에두욧 1, 5; 5, 6; 아봇 5, 8; 호라욧 1, 1; 2, 1; 테불 욤 4, 7. 잘못된 판결: 호라욧 1, 1. 이방인의 법정: 기틴 9, 8. 예루살렘 대법정: 쏘타 1, 4; 9, 1; 기틴 6, 7; 산헤드린 11, 2; 11, 4. 세속 판사의 법정: 산헤드린 1, 1-3; 3, 1; 4, 1. 재판관 23명의 법정: 산헤드린 1, 1-2; 1, 4; 4, 1. 재판관 71명의 법정: 산헤드린 1, 5. 성전산에 있는 이방인의 법정: 미돗 1, 1. 이스라엘 민족의 법정: 쑤카 5, 4; 미돗 1, 1; 2, 5-6; 5, 1; 켈림 1, 8. 제사장의 법정: 미돗 1, 1; 2, 6; 5, 1; 켈림 1, 8.

병(חבית) 점토로 만든 병을 가리킨다. 베짜 5, 2; 샤밧 20, 2; 아보다 자라 5, 5; 요마 2, 5; 훌린 9, 3; 켈림 8, 2; 17, 2; 네가임 11, 11; 테불 욤 4, 4.

보리(שעורה) 페아 6, 7; 8, 5; 드마이 6, 8-9; 트루못 9, 6; 10, 2-3; 마아쎄롯 4, 5; 할라 1, 1; 3, 1; 페싸힘 2, 5; 케투봇 5, 8; 네다림 8, 4; 쏘타 2, 1; 바바 캄마 6, 5; 바바 메찌아 6, 5; 9, 8; 산헤드린 9, 5; 쉬부옷 3, 2; 4, 5; 5, 3; 6, 3; 메나홋 10, 7; 12, 3; 아라킨 3, 2; 7, 1; 네가임 13, 9; 마크쉬린 3, 2; 테불 욤 1, 5.

보증인(ערב)의 책임 바바 바트라 10, 7-8.

보통 손(סתם ידים) 적절한 방법에 따라 손 씻기 제의를 행하지 않은 사람의 손을 가리킨다. 보통 손은 제2차 감염자로 간주한다. 하기가 2, 5; 3, 2; 에두욧 3, 2; 5, 3; 5, 6; 켈림 25, 7-8; 토호롯 4, 11; 7, 8; 테불 욤 2, 2; 야다임 1, 1 그리고 마쎄켓 전체.

부관/제사장보(סגן) 성전에서 대제사장을 돕는 대제사장보와 제사장보가 있었다면, 후대에 회당에는 회당장보가 있었다. 빅쿠림 3, 3; 요마 3, 9; 4, 1; 7, 1; 쏘타 7, 7-8; 타미드 7, 3.

부드러운 빵(ספגין ספוגנים) 스펀지처럼 부드럽고 부풀린 반죽으로 만든 빵. 할라 1, 4-5.

부모를 저주하는 죄 산헤드린 7, 8; 11, 1; 쉬부옷 4, 13.

부스럼(שאת) 피부병의 일종으로 계란 흰자와 같은 색깔로 판단한다. 아보다 자라 1, 1; 2, 3; 네가임 1, 1; 7, 2; 네다림 7, 8-9; 8, 7; 11, 8; 케투봇 12, 2.

부와 가난 키두쉰 4, 14.

부적(קמע) 샤밧 6, 2; 8, 3; 쉐칼림 3, 2; 미크바옷 10, 2.

부적당한 것(פיגול, פגול) 제사장이 올바른 의도를 품지 않아서 바칠 수 없게 된 제물이며, 의도적으로 부적당한 것을 바치거나 먹으면 사형에 처한다. 마아쎄르 쉐니 3, 2; 오를라 2, 16; 페싸힘 10, 9; 마콧 3, 2; 네다림 1, 3; 제바힘 2, 2-3; 2, 5-6; 3, 4-5; 4, 1-5; 6, 7; 메나홋 1, 3-4; 2, 1-5; 3, 1; 7, 3; 11, 8; 훌린 8, 6; 트무라 7, 1; 크리톳 1, 1; 메일라 1, 2-4; 2, 1-9; 4, 1; 4, 4; 투 호롯 3, 4.

부적절한 것(טבל) 수확한 농산물에서 떼어야 할 거제를 떼지 않아서 부적절한 상태, 또는 들에서 간단한 식사를 할 때 거제를 떼지 않아도 좋다고 간주하는 농산물을 가리킨다. 브라홋 3, 5; 7, 1; 드마이 5, 8; 7, 5-7; 트루못 2, 2; 8, 2; 9, 4; 9, 6-7; 10, 6; 마아쎄롯 1, 8; 4, 3; 마아쎄르 쉐니 4, 11; 하기가 2, 6; 3, 1-2; 산헤드린 8, 2; 마콧 3, 2; 네가임 14, 1; 14, 8; 14, 10; 파라 3, 8-9; 12, 11; 토호롯 5, 3-4; 8, 9; 미크바옷 2, 1-2; 6, 2; 10, 1; 10, 6; 10, 8; 테불 욤 4, 4.

부적절한 상태(מקלקלת) 피 얼룩을 발견한 여성이 언제부터 피를 흘렸는지 모르는 상태를 가리키며, 얼룩이 월경의 피인지 아니면 유출병의 피인지 판단할 수 없는 상태다. 네다림 11, 12; 닛다 6, 13.

부정(טמאה) 쎄데르(제6권) 『토호롯』과 그 서론(「들어가며」) 참조. 가벼운 부정(קלה טמאה): 토라 법규정이 아니라 랍비들의 전통에 따라 부정해진 경우에 덜 엄중한 제제를 받는다. 자빔 5, 11. 심각한 부정(טמאה חמורה): 토라의 율법에 따라 부정해진 경우 심각한 부정으로 취급하며, 서기들의 전통에 따라 부정해진 경우와 달리 엄격한 절차에 따라 정결례를 시행해야 한다. 트루못 5, 4; 파라 4, 4; 미크바옷 2, 2.

부정으로부터 보호하는 천막(האהל חציצת) 일정한 공간은 덮기 부정이 퍼지는 매개이지만, 동시에 이웃한 공간으로 퍼지는 것을 막는 역할을 하기도 한다. 오홀롯 3, 7; 8, 1; 8, 4; 15, 4-5; 미크바옷 9, 3; 9, 5-7; 10, 8.

부정의 아버지(הטמאה אב) 사람이나 물건과 접촉하여 부정을 전이시키는 요인들을 가리키며, 시체, 기는 것, 죽은 채 발견된 것, 정액, 속죄의 물, 월경하는 여성, 산모, 유출병자, 악성 피부병자가 있다. 마아쎄르 쉐니 3, 9; 페싸힘 1, 6; 쉐칼림

8, 4; 8, 6; 에두욧 2, 1; 메일라 4, 4; 켈림 1, 1 이하; 19, 4; 토호롯 1, 5; 4, 11; 닛다 10, 6; 마크쉬린 4, 2; 4, 8; 테불 욤 1, 4-5; 2, 1; 2, 8; 3, 1; 야다임 3, 1.

부정의 자식(ולד הטמאה) 부정의 아버지와 접촉하여 부정해진 물건이나 사람은 부정의 자식이 되는데, 이런 경우 다른 사람이나 물건을 부정하게 만들지 않으며, 음식이나 음료수에 부정을 전이한다. 마아쎄르 쉐니 3, 9; 페싸힘 1, 6; 쉐칼림 8, 4; 8, 6; 에두욧 2, 1; 메일라 4, 4; 토호롯 1, 5; 야다임 3, 1.

부활(תחית המתים) 죽은 자의 부활. 쏘타 9, 15; 산헤드린 10, 1.

분산(이산)의 세대(דור הפלגה) 대홍수와 바벨탑 사건 이후에 온 세계로 흩어진 세대를 가리킨다. 바바 메찌아 4, 2; 산헤드린 10, 3.

분실물(מציאה) 주인이 잃어버리고 다른 사람이 찾으면 '분실물'이 되는데, 습득한 사람은 주인을 찾아줄 의무가 있다. 예바못 10, 1; 케투봇 4, 1; 4, 4; 6, 1; 기틴 5, 3; 5, 8; 8, 5; 바바 캄마 5, 7; 10, 2; 바바 메찌아 1, 3-5; 2, 1 외 다수; 3, 6; 바바 바트라 2, 6; 쉬부옷 6, 1; 호라욧 3, 7; 켈림 27, 12; 닛다 5, 7; 마크쉬린 2, 8.

불(אור/בערה/דלקה) 불 피우기: 베짜 4, 7. 방화: 바바 캄마 6, 4-6. 안식일에 불 피우기: 샤밧 16, 1 이하; 로쉬 하샤나 2, 5.

불가항력(אנס) 피할 수 없는 사건. 바바 메찌아 7, 9-10.

불법 성관계(ערוה) 유대법에 따라 금지된 상대방과 성관계를 맺으면 불법행위로 간주하며, 근친상간, 유부남이나 유부녀의 간통, 월경하는 여성과 맺는 성관계 등이 있다. 하기가 1, 7; 예바못 2, 3; 3, 2-4; 15, 3; 케투봇 3, 5; 기틴 9, 10; 에두욧 1, 12; 아봇 3, 13.

불임 여러 이유로 아이를 낳을 수 없는 사람들을 가리킨다. 예바못 6, 6; 8, 5; 케투봇 11, 6; 기틴 4, 8.

불씨/불꽃의 방(בית הניצוץ) 본래 작은 불씨를 보관하는 곳인데, 제사장들이 성전을 보호하기 위해 망을 보는 곳이기도 하다. 타미드 1, 1; 미돗 1, 1.

붉은 암소(פרה אדומה) 정결례에 필요한 속죄의 물을 만들기 위해 붉은 암소를 태워 그 재를 사용한다. 쉐칼림 4, 2; 7, 7; 메길라 3, 4; 제바힘 14, 1; 훌린 1, 6; 5, 2; 파라 1, 1 외 마쎄켓 전체; 미돗 1, 3; 2, 4.

블레셋(פלשת) 네다림 3, 11; 나지르 1, 2; 쏘타 1, 8; 8, 1; 8, 6.

비(גשם) 브라홋 5, 2; 9, 2; 페아 2, 1; 킬아임 2, 3; 9, 5-6; 슈비잇 3, 8; 6, 3; 9, 7; 쑤카 2, 9; 타아닛 1, 1 이하; 3, 1 이하; 모에드 카탄 1, 1; 네다림 4, 4; 8, 5; 바바 메찌아 5, 10; 8, 6; 아보다 자라 3, 8; 아봇 5, 5; 브코롯 6, 3; 켈림 20, 2;

오홀롯 17, 4; 토호롯 3, 4; 6, 5; 6, 7; 미크바옷 1, 4; 2, 7; 4, 4; 7, 3; 마크쉬린 2, 3-4; 3, 5-6; 4, 2; 4, 10; 5, 7; 6, 8. 비를 구하는 기도: 브라홋 5, 2; 타아닛 1, 1 이하. 비를 감사하는 기도: 브라홋 9, 2. 첫 번째 비가 내릴 때(רביעה ראשונה)는 이른비와 함께 우기가 시작될 때: 타아닛 3, 1. 두 번째 비가 내릴 때(רביעה שניה)는 우기의 둘째 기간으로 10-11월: 페아 8, 1; 슈비잇 9, 6-7; 네다림 8, 5.

비가 내려 고인 물 (מי תמצית) 정결례에 사용할 적절한 물을 논의하며 사용하는 용어다. 미크바옷 1, 4.

비둘기/산비둘기(תור) 쉐칼림 6, 5; 제바힘 3, 5; 7, 5; 14, 2; 메나홋 13, 6; 홀린 1, 5; 크리톳 6, 8-9; 메일라 3, 4-5; 키님 1, 1 이하 마쎄켓 전체.

비둘기/집비둘기(יונה) 로쉬 하샤나 1, 8; 바바 캄마 7, 7; 바바 바트라 2, 5; 5, 3; 산헤드린 3, 3; 쉬부옷 7, 4; 에두욧 2, 7; 제바힘 7, 5; 14, 2; 홀린 1, 5; 12, 1; 크리톳 6, 9; 파라 9, 3; 키님 1, 1 이하 마쎄켓 전체.

비둘기장(שבך) 샤밧 24, 3; 베짜 1, 3; 2, 5-6; 3, 1; 4, 7; 4, 9; 5, 3; 메일라 3, 6; 오홀롯 8, 2.

비라(בירה) 성전산 또는 그곳과 연결된 요새 형태의 건물. 오를라 2, 12; 페싸힘 3, 8; 7, 8; 제바힘 12, 5; 타미드 1, 1; 미돗 1, 9; 파라 3, 1.

비밀의 방(לשכת חשאים) 독실한 신자들은 누구나 몰래 비밀의 방에 제물을 가져다 놓을 수 있다. 독실하지만 가난한 자들도 이 방을 이용할 수 있다. 쉐칼림 5, 6.

비유(משל) 쑤카 2, 9; 쏘타 9, 15; 닛타 2, 5; 5, 7.

빌리다(חכר חכיר) 소작계약 중에서 미리 정해진 양을 지주에게 납부하기로 하고 맺은 계약 또는 그 임차인. 드마이 6, 1-2; 빅쿠림 1, 2; 1, 11; 2, 3; 바바 메찌아 9, 2.

빚/부채(מלוה) 제7년에 탕감하는 빚: 슈비잇 10, 1 이하. 빚을 갚을 의무: 기틴 8, 3.

빵 두 덩이 칠칠절에 성전에서 드리는 두 덩이의 빵을 말한다(레위기 23:17 참조). 페싸힘 7, 4; 쉐칼림 1, 4; 4, 1; 아봇 5, 5; 제바힘 9, 5; 14, 3; 메나홋 5, 1 이하; 6, 2 이하; 8, 1; 10, 2; 10, 6; 11, 1 이하; 메일라 2, 6; 켈림 1, 6; 파라 2, 1.

뿔나팔(שופר) → 나팔.

【ㅅ】

사두개인(צדוקים, 쩨도킴) 브라홋 9, 5; 에루빈 6, 2; 하기가 2, 4; 마콧 1, 6; 파라 3, 3; 3, 7; 닛다 4, 2; 야다임 4, 6-8.

사망 법적인 문제와 관련해서 개인의 사망을 인정하는 조건: 예바못 15, 1; 15, 4 이하; 16, 1-6; 기틴 2, 7.

사생아(ממזר) 토라가 부정한 성관계로 규정한 아버지와 어머니 사이에 태어난 아이를 일컫는다. 이런 사람의 법적 권리는 제약을 받는다. 마아쎄르 쉐니 5, 14; 하기가 1, 7; 예바못 2, 4; 4, 12-13; 6, 2; 7, 5; 8, 3; 9, 1-3; 10, 1; 10, 3-4; 케투봇 1, 8-9; 3, 1; 11, 6; 쏘타 4, 1; 8, 3; 8, 5; 기틴 8, 5; 9, 2; 키두쉰 2, 3; 3, 12-13; 4, 1; 4, 8; 마콧 3, 1; 호라욧 1, 4; 3, 8.

사십 대(ארבעים) 범죄를 처벌하기 위해 때리는 매. 킬아임 8, 3; 트루못 11, 3; 페싸힘 7, 11; 예바못 11, 5; 11, 7; 나지르 4, 3; 산헤드린 9, 5; 마콧 1, 1 이하 마쎄켓 전체; 쉬부옷 3, 7; 3, 9-11; 훌린 5, 1-3; 6, 3; 7, 3; 트무라 1, 1; 토호롯 1, 1; 1, 3. 사십 대 처벌을 면제받는 경우: 마콧 3, 1 이하.

사자(ארי) 야생동물 사자. 바바 캄마 1, 4; 바바 메찌아 7, 9; 산헤드린 1, 4; 아보다 자라 1, 7; 아봇 4, 15; 5, 20; 훌린 3, 1; 미돗 4, 7.

사정한 자(בעל קרי) 정액을 몸 밖으로 유출하면서 부정해졌고 아직 정결례를 마치지 않은 남자를 가리킨다. 브라홋 3, 4-5; 트루못 1, 6; 아보다 자라 3, 4; 켈림 1, 5; 닛다 5, 1; 자빔 1, 1; 5, 11 미크바옷 3, 4; 8, 1; 8, 4.

사해(ים המלח) 나지르 4, 4; 4, 6; 아보다 자라 3, 3; 3, 9; 트무라 4, 2-3; 메일라 3, 2.

사형 재판으로 선고할 수 있는 사형의 종류: 산헤드린 7, 1 이하. 사형을 (선고하는) 재판(דיני נפשות). 재판의 결과 사형을 선고할 수 있는 범죄를 다룰 때는 특별한 조건과 과정을 거쳐야 한다: 산헤드린 1, 4; 4, 1 이하; 5, 1 이하.

삭도(מורה) 나지르 서약을 한 사람은 삭도로 털을 깎지 못한다. 나지르 9, 5.

산당(במה) 예루살렘 바깥에 있었던 종교 중심지들. 메길라 1, 10; 제바힘 14, 4 이하.

산모(יולדת) 아이를 출산한 여성. 쏘타 3, 5; 바바 캄마 5, 4; 에두욧 5, 4; 닛다 4, 3-4. 산모의 제물(קני יולדת, 출산한 산모가 정결해지는 기간이 지난 뒤에 바치는 제물): 슈비잇 8, 8; 쉐칼림 1, 5; 2, 5; 네다림 4, 3; 크리톳 1, 3, 키님 1, 1; 마아쎄르 쉐니 1, 7.

살인 의도하지 않은 살인: 산헤드린 9, 1-2; 마콧 2, 1-3. 정당화되는 살인: 산헤드린 8, 7; 9, 6.

상번제(תמיד) 성전에서 매일 정기적으로 드리는 제사. 페싸힘 5, 1; 5, 3-4; 쉐칼림 4, 1; 8, 8; 요마 2, 5; 3, 2; 3, 4; 7, 3; 쑤카 5, 5; 5, 7; 타아닛 4, 6; 에두욧 6, 1;

제바힘 10, 1; 메나홋 4, 4; 타미드 1, 1; 3, 4-5; 7, 3. 상번제 중단: 타아닛 4, 6.

상한 물(מים מוכים) 정결례를 시행할 수 없는 상한 물. 미크바옷 1, 8.

상한 포도(עוללת) 모양이 제대로 잡히지 않은 상한 포도는 수확하지 않고 가난한 자들을 위해 가지에 남겨둔다. 페아 7, 1; 7, 4.

새(עוף) 정결한 새와 부정한 새: 훌린 3, 6. 도살: 훌린 2, 1. 머리 비틀기(מליקה): 메길라 2, 5; 키두쉰 1, 8; 제바힘 3, 5; 6, 4-5; 6, 7; 7, 5-6; 13, 7; 훌린 1, 4; 크리톳 5, 3; 메일라 2, 1-2; 토호롯 1, 1.

새해(로쉬 하샤나, ראש השנה) 새해 첫날을 명절로 지키는 관습. 슈비잇 1, 6-7; 2, 2-10; 7, 2; 샤밧 19, 5; 에루빈 3, 7; 로쉬 하샤나 1, 1-3; 3, 3; 3, 5; 4, 1; 4, 7-8; 메길라 3, 5; 모에드 카탄 3, 6; 제바힘 10, 1; 메나홋 11, 9; 훌린 5, 3; 브코롯 9, 5-6; 아라킨 2, 5; 9, 1.

새벽(קריאת גבר) 수탉이 우는 시간. 요마 1, 8; 쑤카 5, 4; 타미드 1, 2.

새 제물(קנים) 비둘기 등 새를 제물로 드리는 것을 말한다. 슈비잇 8, 8; 마아쎄르 쉐니 1, 7; 쉐칼림 1, 5; 2, 5; 5, 1; 6, 5; 7, 1; 네다림 4, 3; 아봇 3, 19; 제바힘 10, 3-4; 훌린 12, 1; 트루마 1, 6; 7, 4; 크리톳 1, 7; 2, 3; 6, 8; 키님 1, 1 이하. 둥지에 있는 새 관련 규정: 훌린 12, 1 이하.

샘(מעין) 땅 속에서 솟아나는 물로 정결례를 시행하는 데 적합하다. 모에드 카탄 1, 1; 파라 6, 5; 미크바옷 1, 7; 5, 1-6; 6, 6.

생살(מחיה) 피부병을 진찰할 때 판단의 기준이 되는 증상. 네가임 1, 3; 1, 5-6; 3, 3; 3, 6; 4, 2-3; 4, 5-7; 4, 10; 5, 2; 6, 2-5; 6, 7-8; 7, 4; 8, 2; 8, 5; 8, 7; 8, 9; 9, 3; 10, 10.

생수(מים חיים) 샘에서 솟아 나와서 흐르는 물이고, 그 물길이 샘에서 끊어지지 않은 상태를 가리킨다. 켈림 1, 5; 네가임 14, 1; 미크바옷 1, 8; 자빔 1, 1; 1, 5.

서서 드리는 기도(עמידה) 유대교에서 낭송하는 기도문들 가운데 가장 오래되고 가장 중심적인 위치를 차지하는 기도문이다. 희생제사를 대체하는 기도라고 설명하며, 다양한 영역에 대한 여러 기도문들이 합쳐져 있어서 '열여덟 가지 기도문'(쉬모네 에쓰레)이라고 부르기도 한다. 브라홋 4, 3-4; 5, 2; 타아닛 2, 2; 케투봇 4, 1.

석류(רמון) 브라홋 6, 8; 페아 1, 5; 슈비잇 7, 3; 마아쎄롯 1, 2; 2, 6; 3, 9; 오를라 1, 8; 3, 7; 빅쿠림 3, 1; 샤밧 9, 5; 페싸힘 7, 1; 메일라 6, 4; 켈림 17, 1; 17, 4-5; 17, 15; 19, 10; 20, 4; 25, 6; 우크찜 2, 3; 2, 6.

섞인 것이 되다(דמע) 거제물이 속된 음식에 떨어져 섞이면 음식물 전체를 '의심스러운 거제'로 만들며, 제사장이 아닌 사람이 그 음식물을 먹을 수 없다. 이렇게 어떤 음식이 다른 음식을 거제 관련법 적용대상으로 만든다는 동사다. 트루못 3, 2; 5, 6; 7, 6; 쏘타 7, 8; 트무라 1, 4; 토호롯 2, 3.

섞인 물(השקה) 서로 다른 종류의 물을 섞은 것으로, 특정한 조건하에서 정결례를 시행할 수 있다. 파라 8, 10; 토호롯 8, 9; 미크바옷 4, 4; 10, 6.

섬망증(קרדיקוס) 망상·헛소리·환각 등을 보이는 증상. 기틴 7, 1.

성인임을 확인할 수 있는 증거들 트루못 1, 3; 예바못 7, 4; 키두쉰 1, 2; 산헤드린 8, 1; 8, 4; 닛다 5, 8-9; 6, 1; 6, 11-12.

성전 뜰/마당(עזרה) 헤롯 성전에는 이스라엘의 뜰, 여인의 뜰, 이방인의 뜰 등이 있었다. 쑤카 5, 4; 네다림 5, 5; 산헤드린 1, 5; 쉬부옷 2, 2; 에두욧 8, 6; 미돗 1, 1; 파라 3, 3. 정관사 ה를 붙여 성전 뜰/마당(העזרה)을 표현할 때는 보통 제의가 행해지는 이스라엘의 뜰을 가리킨다: 빅쿠림 1, 8; 3, 4; 샤밧 6, 8; 페싸힘 5, 5; 5, 8; 9, 2; 쉐칼림 7, 3; 요마 1, 8; 3, 3; 3, 9; 4, 3; 6, 2; 6, 7; 모에드 카탄 3, 4; 하기가 3, 7; 쏘타 3, 4; 7, 8; 키두쉰 2, 9; 산헤드린 9, 6; 11, 2; 쉬부옷 2, 2-3; 에두욧 5, 6; 아보다 자라 5, 9; 제바힘 5, 6; 6, 1; 10, 8; 12, 6; 메나홋 10, 4; 11, 2; 트무라 7, 4; 타미드 1, 1; 미돗 1, 1 이하; 켈림 1, 8.

성전에서 일하는 사람들 성전 관리(官吏) 등 각종 직임을 맡은 책임자들. 쉐칼림 5, 1 이하; 요마 2, 1; 3, 1; 타미드 1, 2; 3, 1-2; 5, 1; 미돗 1, 2.

셰케츠(שקץ) 혐오스러운 것들. 슈비잇 7, 3; 샤밧 14, 1; 네다림 2, 1; 산헤드린 8, 2; 마콧 3, 2; 쉬부옷 3, 4; 아보다 자라 3, 6; 브코롯 8, 1; 크리톳 1, 5; 파라 9, 2; 닛다 3, 2.

소 소 상인: 쉐칼림 7, 2. 쇠똥으로 만든 그릇: 켈림 10, 1; 오홀롯 5, 5; 6, 1; 파라 5, 5; 미크바옷 4, 1; 야다임 1, 2; 우크찜 2, 10. 소 매매: 바바 바트라 5, 5. 소를 임대하는 경우와 관련된 규정: 바바 메찌아 8, 1 이하. 소를 죽여야 하는 경우와 관련된 규정: 키두쉰 2, 9; 바바 캄마 9, 2; 산헤드린 1, 4; 7, 4; 아보다 자라 5, 9; 제바힘 8, 1; 홀린 5, 3; 트무라 7, 4; 크리톳 6, 2.

소 머리(ראש תור) 땅의 넓이를 계산할 때 사용하는 개념으로 삼각형을 가리킨다. 킬아임 2, 7; 3, 3; 켈림 18, 2.

소각부(אמורין) 희생제물 중 제단 위에서 태울 부분. 페싸힘 5, 10; 요마 6, 7; 제바힘 2, 2; 3, 6; 4, 4; 10, 3; 13, 4-5; 메나홋 2, 1; 5, 6; 메일라 1, 3-4; 2, 5.

소각장(בית שריפה) 제물을 태우고 버리는 곳. 페싸힘 8, 2; 9, 9; 쉐칼림 7, 3; 요

마 3, 2; 6, 7; 에두욧 2, 2; 제바힘 8, 4-5; 12, 4; 메나홋 2, 2; 크리톳 6, 1-2.

소금(מלח) 마아쎄롯 4, 3; 마아쎄르 쉐니 1, 5; 샤밧 4, 1; 6, 5; 14, 2; 에루빈 3, 1; 7, 10; 10, 14; 쉐칼림 7, 7; 베짜 5, 4; 바바 바트라 2, 1; 아보다 자라 2, 6; 제바힘 6, 5; 메나홋 1, 2; 브코롯 4, 9; 미돗 5, 3; 켈림 27, 11; 미크바옷 7, 1; 테불 욤 1, 3-4. 소금의 방: 미돗 5, 3.

소년 미성년 남성이 나이에 따라 가지는 법적 지위. 닛다 5, 2 이하.

소작인(אריס) 농지를 빌리고 생산물 중 일정한 비율에 해당하는 작물을 지대(地代)로 내는 농부. 페아 5, 5; 드마이 6, 8; 킬아임 5, 8; 빅쿠림 1, 11; 바바 바트라 10, 4; 켈림 15, 6.

소제(מנחה) 제물로 드리는 곡식 제사와 그 제물을 가리킴. 드마이 1, 3; 쉐칼림 2, 5; 7, 6; 하기가 1, 4; 쏘타 2, 1; 3, 1-3; 3, 7; 키두쉰 1, 8; 제바힘 4, 3; 6, 1; 9, 5; 10, 4; 13, 5; 14, 10; 메나홋 1, 1 이하 마쎄켓 전체; 트무라 1, 6; 메일라 2, 8-9. 빵으로 드리는 소제: 메나홋 5, 3; 5, 5; 6, 1; 6, 3. 고운 가루로 드리는 소제: 메나홋 5, 3; 5, 5; 6, 1; 13, 1. 제사장의 소제: 제바힘 4, 3; 10, 8; 13, 4; 메나홋 3, 2; 5, 3; 5, 5; 6, 2; 6, 4. 기름 부음을 받은 제사장의 소제: 쉐칼림 7, 6; 제바힘 4, 3; 10, 8; 13, 4; 메나홋 3, 2; 5, 3; 5, 5; 6, 2; 6, 4; 9, 2; 메일라 2, 9. 구운 것으로 드리는 소제: 메나홋 5, 3; 5, 5; 5, 8; 6, 1; 12, 2. 볶아서 드리는 소제: 메나홋 3, 5; 3, 8; 6, 1; 12, 2. 죄인의 소제: 제바힘 10, 4; 메나홋 1, 1-2; 1, 4; 2, 5; 5, 3; 5, 5; 6, 1. 부적절한 성관계의 의심을 받는 여인의 소제: 쏘타 2, 1; 3, 1-3; 3, 6-7; 키두쉰 1, 8; 메나홋 1, 1; 1, 4; 2, 5; 5, 3; 5, 6; 6, 1.

속건제(אשם) 실수로 성물을 전용했을 때 성전에 바치는 제물. 마아쎄르 쉐니 1, 7; 쉐칼림 1, 5; 2, 5; 6, 6; 하기가 1, 4; 네다림 4, 3; 바바 캄마 9, 7-8; 9, 11 이하; 쉬부옷 5, 1; 8, 3; 제바힘 1, 1; 4, 3; 4, 6; 5, 5; 8, 2-3; 8, 11; 10, 2; 10, 5-6; 14, 3; 메나홋 5, 6; 9, 6; 아라킨 5, 6; 트무라 1, 1; 3, 3; 크리톳 2, 3-4; 3, 4; 4, 2; 5, 2 이하; 6, 6; 메일라 2, 5; 네가임 14, 7; 야다임 4, 2. 의심을 위한 조건적 속건제: 예바못 4, 2; 호라욧 2, 4; 2, 7; 제바힘 5, 5; 트무라 7, 6; 크리톳 1, 2; 3, 1; 4, 1-2; 5, 2; 5, 4-8; 6, 1; 6, 3-4. 나지르의 속건제: 제바힘 5, 5; 10, 5. 파라 1, 4. 경건한 자의 속건제: 크리톳 6, 3. 도둑의 속건제: 바바 캄마 9, 7-8; 9, 11-12. 조건 없는 속건제: 요마 8, 8; 호라욧 2, 7; 훌린 2, 10; 크리톳 5, 2; 5, 4; 5, 6-7; 6, 2; 6, 4.

속된 것(חולין) 성별하지 않은 일반 음식을 가리킨다. 따라서 일반 이스라엘 사람이 먹을 수 있는 음식이다. 속된 것이 아닌 음식은 거룩하므로 그것을 걸고 서원하면 유효하다. 드마이 5, 2; 6, 3; 6, 5; 7, 7; 트루못 3, 2; 4, 5; 5, 1-4; 5, 7; 5, 9; 6, 1; 6, 4; 7, 1; 7, 3-6; 8, 4; 9, 4-5; 10, 7; 10, 10; 11, 5-8; 11, 10; 마아쩨르 쉐니 1, 3-4; 2, 5-6; 3, 13; 4, 6; 4, 9-12; 오를라 2, 8-9; 2, 11; 샤밧 21, 1; 에루빈 3, 1; 페싸힘 1, 5; 3, 6; 쉐칼림 2, 3; 2, 5; 7, 1-2; 쑤카 2, 4; 하기가 1, 3; 2, 5-6; 케투봇 5, 2; 5, 4; 네다림 1, 3; 2, 1; 키두쉰 2, 9; 바바 캄마 7, 2; 아보다 자라 5, 9; 제바힘 7, 5; 8, 1; 10, 7; 11, 8; 메나홋 7, 5-6; 홀린 2, 7; 5, 1-2; 6, 1-2; 7, 1; 10, 1-2; 11, 1; 12, 1; 브코롯 2, 2-3; 4, 9; 9, 1; 투무라 2, 3; 5, 2; 5, 5; 7, 4; 크리톳 5, 4-5; 6, 6; 파라 11, 4-5; 토호롯 2, 2-3; 2, 6-8; 4, 7; 4, 12; 테불 욤 2, 2-4; 3, 5; 4, 1-3.

속이는 일/사기(אונאה) 바바 메찌아 4, 3 이하.

속죄가 필요한 자 정결법에 따라 몇 가지 단계를 거쳐 정결한 상태를 회복하는데, 다른 의무를 다 했으나 아직 속죄제를 드리지 않은 상태를 가리킨다. 하기가 3, 3; 제바힘 2, 1; 12, 1; 메나홋 1, 2; 크리톳 2, 1; 메일라 2, 1 이하; 켈림 1, 5; 1, 8.

속죄의 물(מי חטאת) 붉은 암소를 태운 재로 만든 물로 정결례를 시행할 때 사용한다. 메길라 2, 4; 하기가 2, 5-6; 키두쉰 2, 10; 에두욧 3, 2; 5, 3; 7, 5; 브코롯 4, 6; 켈림 1, 1-2; 29, 2; 오홀롯 5, 5; 파라 1, 1 그리고 마쎄켓 전체; 미크바옷 5, 1; 5, 4; 10, 6; 자빔 5, 8; 5, 10; 야다임 1, 2.

속죄일(יום הכפורים) 일 년에 한 번 금식하면서 속죄하는 날. 샤밧 9, 4; 15, 3; 페싸힘 4, 4; 요마 1, 1; 로쉬 하샤나 2, 9; 타아닛 4, 1; 4, 8; 메길라 1, 9; 2, 5; 3, 4-5; 4, 2; 모에드 카탄 3, 6; 바바 캄마 7, 2; 8, 3; 마콧 3, 2; 쉬부옷 1, 2-7; 아봇 5, 6; 호라욧 3, 4; 제바힘 5, 1; 메나홋 3, 6; 11, 7; 홀린 1, 1; 5, 3; 트무라 2, 1; 크리톳 3, 4; 4, 2; 6, 3-5; 메일라 4, 5; 켈림 1, 9; 17, 11-12 파라 3, 1. 속죄일 금지행위: 요마 8, 1.

속죄에 영향을 주는 행위들 요마 3, 8; 4, 2; 5, 7; 6, 2; 8, 8-9; 쏘타 9, 6-7; 기틴 5, 5; 산헤드린 2, 1; 4, 5; 6, 2; 쉬부옷 1, 3 이하; 에두욧 7, 9; 호라욧 1, 2; 2, 2; 제바힘 4, 1-2; 5, 1-2; 8, 11-12; 13, 8; 아라킨 5, 6; 트무라 2, 2; 4, 1; 4, 3-4; 크리톳 2, 1; 6, 2; 6, 4-5; 메일라 3, 1; 네가임 14, 3; 14, 10.

속죄제(חטאת) 특정한 제의적 죄 또는 부정을 씻기 위해 드리는 제사. 마아쎄르 쉐니 1, 7; 샤밧 6, 1-4; 7, 1; 7, 3; 11, 5; 16, 7; 22, 3; 페싸힘 5, 4; 6, 5; 쉐칼림 1, 5; 2, 3-5; 나지르 4, 4; 4, 6; 6, 7-8; 6, 10; 8, 1; 기틴 5, 5; 키두쉰 2, 10;

산헤드린 7, 8; 에두욧 7, 9; 호라욧 2, 3; 2, 6; 제바힘 1, 1 그리고 마쎄켓 전체; 메나홋 9, 6; 훌린 2, 10; 트루마 1, 1; 2, 2; 4, 1; 크리톳 2, 4; 2, 6; 3, 4; 5, 5 이하; 메일라 2, 5; 3, 1; 5, 1; 5, 3; 키님 1, 1 그리고 마쎄켓 전체; 켈림 1, 8; 네가임 14, 7; 14, 11; 야다임 4, 2; 우크찜 3, 10. 새로 드리는 속죄제물: 나지르 8, 1; 제바힘 4, 4; 6, 2; 6, 4; 6, 7; 7, 1 이하; 10, 4; 트루마 7, 6; 크리톳 5, 3; 6, 5; 메일라 2, 1; 미돗 3, 3; 키님 1, 1 이하 마쎄켓 전체; 네가임 14, 7. 회중을 위한 속죄제: 요마 6, 1; 제바힘 5, 3. 개인의 속죄제: 제바힘 5, 3; 트루마 2, 2; 파라 1, 4.

손 씻기(נטילת ידים) 손 씻기 제의가 효력을 발휘하려면 물을 정해진 양 이상으로 사용해야 하고, 그 물을 그릇에 담아서 써야 하며, 어떤 사람이 이 물을 손 전체에 다 미칠 수 있도록 부어주어야 한다. 에두욧 5, 6; 야다임 1, 1 이하 마쎄켓 전체.

손의 부정 토라 전통과 달리 랍비 유대교에서 인간의 몸과 상관없이 손만 부정해질 수 있는 경우를 다룬다. 하기가 2, 5; 3, 2; 에두욧 3, 2; 5, 3; 5, 6; 켈림 25, 7-8; 토호롯 4, 11; 7, 8; 테불 욤 2, 2; 야다임 1, 1 이하 마쎄켓 전체.

손해(נזיק) 피해액 전부를 물어주어야 하는 손해: 바바 캄마 1, 4; 2, 1; 2, 3; 2, 5-6; 3, 8; 4, 2; 4, 9; 아라킨 3, 3. 피해액 절반을 물어주어야 하는 손해: 바바 캄마 1, 4; 2, 1-3; 2, 5; 3, 8; 4, 2; 4, 9; 5, 1; 산헤드린 1, 1; 쉬부옷 4, 6. 손해 평가: 바바 캄마 1, 3; 5, 4; 6, 2; 8, 1. 손해가 발생하는 네 가지 주요 이유: 바바 캄마 1, 1 이하.

솥(קדרה קדירה) 브라홋 6, 5; 마아쎄롯 1, 7; 샤밧 3, 5; 15, 2; 베짜 4, 5; 네다림 6, 1-2; 훌린 8, 3; 켈림 3, 2; 6, 1; 7, 1; 8, 4; 8, 8; 11, 9; 28, 2; 오를라 2, 15; 오홀롯 5, 2; 5, 7; 10, 6; 마크쉬린 4, 8; 5, 11; 토호롯 2, 1; 7, 9; 테불 욤 2, 2; 2, 5; 3, 3; 우크찜 2, 4; 3, 4.

수금(נבל) 성전에서 연주하는 악기. 쑤카 5, 4; 아라킨 2, 5-6; 미돗 2, 6.

수문(שער המים) 성전 남쪽 문들 가운데 하나로 이 문을 통해 초막절 제사의 전제에 사용되는 물을 운반했다. 쉐칼림 6, 3; 쑤카 4, 9; 미돗 1, 4; 2, 6.

수소(פר) 제물로 바치는 수송아지의 나이: 파라 1, 2. 속죄제물로 태우는 수송아지: 제바힘 4, 4; 5, 2; 12, 5; 메일라 2, 3.

수치(בשת) 수치에 대한 손해 배상: 케투봇 3, 7; 바바 캄마 8, 1-3; 아라킨 3, 4.

숫염소(שׂעיר) 속죄제나 속죄일 제물로 제단에 올리는 숫염소. 제바힘 4, 4; 5, 2; 12, 5; 메일라 2, 3.

쉐마(שמע) 신명기 6장 4절 본문을 낭송하며 드리는 기도. 브라홋 1, 1-2; 2, 2-3; 2, 5; 2, 8; 3, 1; 3, 3; 트루못 1, 2; 샤밧 1, 2; 8, 3; 페싸힘 4, 8; 타아닛 2, 4-5; 4, 3; 메길라 4, 3; 4, 5-6; 쏘타 5, 4; 7, 1; 7, 8; 8, 1; 아봇 2, 13; 타미드 4, 3; 5, 1.

쉬모네 에쓰레(שמונה עשרה) 열여덟 가지 기도문으로 서서 드리는 기도와 같다. 브라홋 4, 3; 샤밧 19, 5; 에루빈 2, 1; 타아닛 2, 2; 아봇 5, 21; 오홀롯 1, 8; 파라 1, 1; 닛다 5, 9.

시은좌/카포렛(כפרת) 법궤를 덮는 뚜껑을 가리키며 지성소 내부에 있었다. 미돗 1, 1; 5, 1.

시장 가격 시장의 적정 가격과 그 변화와 관련된 논의: 바바 메찌아 5, 1.

시체(מת) 시체는 가장 강력한 부정의 요인이다. 부정을 전이하는 시체의 최소 크기: 오홀롯 1, 7-8; 2, 1 이하. 부정을 전이하는 시체 관련 물품들: 나지르 7, 2; 에두욧 6, 3; 켈림 17, 12; 오홀롯 2, 1-2; 2, 5; 3, 2. 시체의 부정: 페싸힘 1, 6; 나지르 9, 2; 에두욧 2, 1; 3, 4; 6, 2-3; 8, 4; 켈림 1, 1; 1, 4; 1, 8; 8, 6-7; 8, 10; 11, 1; 18, 8; 19, 9; 22, 10; 27, 2; 27, 8; 오홀롯 1, 1 그리고 마쎄켓 전체; 파라 3, 2; 토호롯 8, 2; 닛다 5, 3; 10, 6; 자빔 5, 10-11. 무연고자의 시신: 나지르 6, 5; 7, 1.

식물 부정해질 수 있는 식물과 그 일부분. 우크찜 1, 1 이하 마쎄켓 전체.

식사기도(ברכת המזון) 식사와 관련해서 기도를 드리는 시간과 기도 참가자, 기도문 등에 관련된 법규정들이 있다. 브라홋 3, 3; 7, 1 이하; 메길라 4, 3; 쏘타 7, 1.

신랑 브라홋 2, 5. 피부병에 걸린 신랑: 네가임 3, 2.

신발 벗기기 예식(חליצה) 시형제가 역연혼 시행하기를 거절하거나 예바마가 거절하는 경우 신발 벗기기 예식을 거행한다. 트루못 8, 1; 베짜 5, 2; 모에드 카탄 3, 3; 예바못 1, 1 이하 마쎄켓 전체(특히 12, 1 이하); 케투봇 1, 2; 1, 4; 쏘타 4, 1; 7, 2; 7, 4; 8, 3; 8, 5; 기틴 8, 5; 9, 2; 키두쉰 1, 1; 3, 5; 3, 12; 바바 메찌아 1, 8; 산헤드린 1, 3; 2, 1-2; 마콧 1, 1; 3, 1; 쉬부옷 4, 7; 에두욧 4, 8-9; 5, 4; 훌린 1, 7; 브코롯 1, 7; 닛다 5, 9; 6, 11.

신부의 의자(כסא של כלה) 에두욧 1, 11; 켈림 22, 4.

신성모독(גדף) 산헤드린 7, 5; 케리톳 1, 1-2.

신접한 자(אוב) 죽은 자의 영혼과 소통하여 미래를 점치는 사람. 산헤드린 7, 7.

실수로(שוגג) 유대법 전통에서 행위 자체도 중요하지만 개인의 의도도 중요한 판단 근거이며, 실수로 범한 죄는 관대하게 처분한다. 트루못 2, 2-3; 5, 9; 6, 1-2;

9, 1; 마아쎄르 쉐니 1, 5-6; 빅쿠림 4, 4; 에루빈 6, 4; 페싸힘 2, 4; 9, 1; 예바
못 6, 1; 네다림 3, 1-2; 기틴 5, 4; 키두쉰 2, 8; 바바 캄마 2, 6; 마콧 2, 6; 쉬
부옷 1, 6; 아봇 4, 4; 호라욧 1, 1; 1, 4; 2, 1; 제바힘 8, 12; 트무라 2, 3; 크리
톳 2, 4; 2, 6; 4, 1-2.

심벌즈(צלצל) 성전에서 사용하던 악기 가운데 하나다. 쉐칼림 5, 1; 쑤카 5, 4; 아
라킨 2, 5; 타미드 3, 8; 7, 3; 미돗 2, 6.

십일조(מעשר) 유대인 성인 남성은 십일조를 바칠 의무가 있는데, 첫째 십일조, 둘
째 십일조 그리고 가난한 자들을 위한 십일조를 낸다. 브라홋 7, 1; 페아 1, 6; 4,
8-9; 5, 2; 5, 4-5; 8, 2-3; 8, 8; 드마이 1, 3-4; 2, 2; 2, 4; 3, 1; 3, 4-6; 4, 1; 5, 1;
5, 5; 5, 10; 7, 1 5; 7, 7 8; 슈비잇 9, 1; 트루못 1, 5; 2, 3; 3, 8; 4, 3; 5, 1; 9, 4;
마아쎄롯 1, 1; 5, 5; 마아쎄르 쉐니 1, 1; 1, 3; 1, 5; 1, 7; 2, 1; 3, 12; 4, 4; 4, 6;
5, 6; 5, 10-11; 5, 15; 할라 1, 2-4; 2, 2; 3, 4; 3, 9; 4, 7; 오를라 2, 1; 빅쿠림 2,
1-5; 2, 10; 샤밧 18, 1; 에루빈 1, 1; 3, 1-2; 페싸힘 2, 5-6; 7, 3; 쉐칼림 3, 1;
7, 1; 8, 8; 쑤카 3, 5; 베짜 5, 2; 로쉬 하샤나 1, 1; 메길라 1, 11; 2, 5; 하기가 1,
3-4; 2, 5-6; 예바못 10, 1; 케투봇 7, 6; 네다림 2, 4; 쏘타 7, 1; 9, 10; 9, 13;
기틴 8, 5; 키두쉰 2, 8; 2, 10; 바바 메찌아 4, 6; 4, 8; 7, 7; 산헤드린 1, 3; 8, 2;
10, 6; 에두욧 1, 9-10; 5, 3; 8, 6; 아봇 4, 9; 5, 9; 제바힘 5, 8; 14, 6; 14, 8; 메
나홋 10, 4; 브코롯 9, 5; 트무라 3, 5; 메일라 4, 2; 켈림 1, 5; 1, 8; 오홀롯 18, 7;
테불 욤 4, 1; 야다임 4, 3; 우크찜 3, 5-7.

쓰락나무(אילן סרק) 열매를 맺지 못하는 나무를 가리킨다. 킬아임 6, 3; 6, 5; 슈
비잇 1, 3; 바바 바트라 2, 7; 2, 13; 오홀롯 18, 3.

쓴 나물(מרור) 페싸힘 9, 3; 10, 4-5.

【ㅇ】

아가다(אגדה) 토라를 펼쳐서 가르치는 랍비 유대교 문헌의 한 종류. 네다림 4, 3.

아간(עכן) 산헤드린 6, 2; 오홀롯 15, 7.

아그립바 왕(אגריפס) 빅쿠림 3, 4; 쏘타 7, 8.

아내/부인(אישה) 남편에 대한 아내의 책임: 케투봇 4, 5; 4, 7; 네다림 11, 4. 아내
에 대한 남편의 책임: 케투봇 4, 7 이하; 5, 6-9. 아내의 재산: 예바못 7, 1; 케투
빔 4, 4; 6, 1; 8, 1 이하; 9, 1 이하.

아담(אדם) 산헤드린 4, 5; 아봇 5, 2.

아람(ארם) 빅쿠림 3, 6; 페싸힘 10, 4; 산헤드린 9, 6. 아람어: 쉐칼림 5, 3; 야다 임 4, 5.

아랍(ערב) 샤밧 6, 6; 메나홋 5, 9; 켈림 5, 10; 26, 4; 오홀롯 18, 10. 장소: 샤밧 16, 7; 22, 3.

아론(אהרן) 요마 4, 2; 타아닛 2, 5; 네다림 2, 1; 아봇 1, 12; 미돗 5, 4.

아리쓰(עריס) 포도나무를 울타리 가까이 심어서 그 덩굴이 울타리 위로 넘어가는 경우 그 아래에 있는 땅을 가리킨다. 농산물 두 가지를 섞어서 경작하지 못한다 는 법규정과 관련된다. 킬아임 6, 1-2; 6, 6-9; 7, 3; 페아 7, 8; 에두욧 2, 4.

아마(פשתן) 페아 6, 5; 킬아임 2, 2; 2, 7; 트루못 9, 1; 샤밧 1, 6; 2, 3; 4, 1; 로쉬 하샤나 2, 3; 네다림 7, 3; 바바 메찌아 2, 1; 3, 7; 6, 1; 켈림 11, 8; 13, 8; 29, 2; 네가임 2, 4; 11, 2; 파라 12, 8; 미크바옷 9, 1.

아말렉(עמלק) 메길라 3, 6.

아모리 족속의 관습/방식(דרכי אמרי) 우상숭배나 마술적인 제의를 이르는 말. 샤 밧 6, 10; 홀린 4, 7.

아브월 9일(טי באב) 성전이 파괴된 것을 애도하는 날. 페싸힘 4, 5; 로쉬 하샤나 1, 3; 타아닛 2, 10; 4, 6-7.

아벨(הבל) 에루빈 8, 7.

아브라함(אברהם) 타아닛 2, 4; 네다림 3, 11; 키두쉰 4, 14; 바바 캄마 8, 6; 바 바 메찌아 7, 1; 아봇 3, 12; 5, 2-3; 5, 6; 5, 19; 6, 10.

아브티나스의 방(לשכת אבטינס) 성전에서 향단에 바칠 향을 준비하는 아브티나스 가문이 사용하는 방. 타미드 1, 1; 미돗 1, 1.

아버지의 집/가문(בית אב) 제사장들이 매주 차례에 따라 성전에서 일할 때 조를 나 누는 기준 집단. 요마 3, 9; 4, 1; 타아닛 2, 6-7; 타미드 1, 1; 미돗 1, 8.

아비가일(אביגיל) 다윗의 아내(사무엘상 25). 산헤드린 2, 4.

아쉐라(אשרה) 우상을 숭배하기 위해 사용했던 나무. 오를라 1, 7-8; 쑤카 3, 1-3; 아보다 자라 3, 5; 3, 7; 3, 9-10; 메일라 3, 8.

아침기도(תפילת השחר) 아침에 드리는 기도는 언제까지 마쳐야 하는지 논의의 대 상이 된다. 브라홋 4, 1.

아합(אחאב) 산헤드린 10, 2.

악성피부병자(מצורע) 피부병으로 의심되는 증상이 있어서 제사장을 찾아갔고, 격리생활을 하는 동안 환부가 줄어들지 않고 증상이 심해지면 악성피부병자로 확진한다. 메길라 1, 7; 모에드 카탄 3, 1; 나지르 6, 6; 쏘타 1, 5; 제바힘 14, 3; 메나홋 3, 6; 아라킨 4, 2; 트무라 7, 4; 크리톳 2, 1; 2, 3; 켈림 1, 1; 1, 4-5; 1, 7; 네가임 1, 1 이하 마쎄켓 전체; 13, 11; 14, 7-10 그리고 마쎄켓 전체; 파라 6, 5; 미크바옷 5, 1; 닛다 4, 3; 10, 4. 악성피부병자의 정결례: 네가임 14, 1 이하; 파라 11, 8. 악성피부병자가 바치는 속죄제: 제바힘 5, 5; 10, 5; 메나홋 5, 7; 파라 1, 4. 악성피부병의 증상: 킬아임 9, 1; 에루빈 8, 2; 모에드 카탄 1, 5; 네다림 3, 11; 나지르 8, 2; 9, 4; 쉬부옷 1, 1; 에두욧 5, 6; 브코롯 7, 6; 아라킨 2, 1; 크리톳 2, 3; 켈림 17, 12; 오홀롯 13, 6; 네가임 1, 1 이하 마쎄켓 전체; 파라 1, 1; 토호롯 4, 12; 지빔 5, 6; 야디임 3, 1. 옷에 나타나는 피부병 증상: 네가임 11, 1 이하. 집에 나타나는 피부병 증상: 네가임 12, 1 이하; 13, 1-5; 파라 1, 1; 야다임 3, 1.

안수(הכימס, ךמס) 제물 위에 손 얹기. 베짜 2, 4; 하기가 2, 2; 메나홋 9, 7 이하; 트무라 3, 4; 켈림 1, 8.

안식년(תיעיבש) 7년마다 한 해씩 밭을 경작하지 않고 쉬게 하는 해를 말한다. 드마이 3, 4; 킬아임 1, 9; 7, 5; 슈비잇 1, 1 이하; 테불 욤 2, 3; 10, 5; 마아쎄롯 5, 3; 마아쎄르 쉐니 5, 1 이하; 할라 2, 2; 4, 7; 빅쿠림 2, 6; 페싸힘 4, 2; 쉐칼림 2, 2; 4, 1; 쑤카 3, 11; 베짜 4, 7; 로쉬 하샤나 1, 8; 모에드 카탄 1, 1-4; 네다림 4, 5; 8, 1; 기틴 5, 9; 키두쉰 2, 7; 바바 메찌아 9, 10; 산헤드린 3, 3; 마콧 3, 9; 쉬부옷 7, 4; 7, 8; 에두욧 5, 1; 아봇 5, 8-9; 브코롯 4, 8; 4, 10; 아라킨 9, 1; 오홀롯 18, 7; 닛다 6, 8; 마크쉬린 2, 11; 야디임 4, 3.

안식일(תבש) 자기에게 이익이 되는 노동을 금하고 주님을 섬기는 날. 드마이 4, 1-2; 4, 4; 킬아임 1, 9; 9, 10; 슈비잇 10, 7; 트루못 2, 3; 8, 3; 마아쎄롯 4, 2; 샤밧 7, 1 이하 마쎄켓 전체; 에루빈 1, 1 이하 마쎄켓 전체; 페싸힘 3, 6; 4, 8; 5, 1; 5, 8; 6, 1-2; 7, 10; 9, 3; 쉐칼림 8, 3; 요마 2, 5; 8, 6; 쑤카 3, 13-15; 4, 6; 4, 10; 5, 1; 베짜 2, 2; 4, 2; 5, 1-2; 로쉬 하샤나 1, 4-5; 1, 9; 4, 1; 타아닛 1, 6; 2, 7; 3, 7; 4, 3; 4, 7; 메길라 1, 2; 1, 5; 3, 4; 모에드 카탄 3, 5; 하기가 1, 8; 2, 4; 3, 7; 케투봇 5, 9; 네다림 3, 10-11; 8, 1; 8, 6; 10, 8; 쏘타 5, 3; 산헤드린 7, 4; 7, 8; 8, 7; 쉬부옷 1, 1; 에두욧 4, 10; 호라욧 1, 3; 제바힘 10, 1; 메나홋 10, 3; 10, 9; 11, 2-3; 11, 6; 11, 8-9; 트무라 2, 1; 크리톳 1, 1; 3, 4; 3, 10; 4, 1-2; 메일라 4, 5; 타미드 7, 4; 네가임 1, 4; 닛다 4, 4. 안식법(תבש): 토라(오경)에 나오는 안식

일법과 달리 랍비들이 규정한 안식일 노동 금지에 대한 규정을 말한다. 샤밧 10, 6; 에루빈 10, 3; 10, 15; 페싸힘 5, 9; 6, 2; 베짜 5, 2; 로쉬 하샤나 4, 8.

안식일 한계/영역(תחום) 안식일에 활동할 수 있는 영역의 한계. 샤밧 23, 3-4; 에루빈 3, 4; 4, 2-3; 4, 11; 5, 4-5; 7, 11; 8, 1; 10, 2; 베짜 4, 2; 로쉬 하샤나 4, 8; 케투봇 2, 10; 네다림 7, 5; 쏘타 5, 3; 마콧 2, 7.

안뜰(חצר) 여러 집이 함께 사용하는 마당인 안뜰에 분리 벽을 설치하는 일. 바바 바트라 1, 1; 1, 6. 거주민들의 권리: 바바 바트라 3, 7. 안뜰에 부속된 것들: 바바 바트라 3, 7.

알현 제물(ראיה) 일 년에 세 번 예루살렘 성전을 찾아와 드리는 제물. 하기가 1, 2.

암 하아레쯔(עם הארץ) 유대법에 관한 지식이 없거나 법을 지킬 의도가 없는 유대인들을 가리킨다. 이들은 자기도 모르는 사이에 부정해졌을 가능성이 있기 때문에 일단 부정하다고 간주한다. 드마이 1, 1; 1, 3; 2, 2-3; 3, 4; 6, 9; 6, 12; 슈비잇 5, 9; 트루못 3, 4; 마아쎄르 쉐니 3, 3; 4, 6; 하기가 2, 7; 기틴 5, 9; 에두욧 1, 14; 아봇 2, 6; 5, 10; 호라욧 3, 8; 토호롯 4, 5; 7, 1-2; 7, 4-5; 8, 1-3; 마크쉬린 6, 3; 테불 욤 4, 5.

암논(עמנון) 메길라 4, 10; 아봇 5, 16.

암몬(עמון) 쏘타 8, 1; 야다임 4, 3.

암양/양(רחל) 킬아임 1, 6; 샤밧 5, 2; 바바 캄마 9, 1; 메나홋 13, 7; 홀린 11, 2; 브코롯 1, 5-6; 3, 1; 네가임 11, 2; 파라 3, 3.

암송아지/암소(עגלה) 범인을 알 수 없지만 살해된 시신을 발견했을 때 암송아지 목을 꺾어야 한다(신명기 21:1-9; 7:9). 메길라 2, 5; 쏘타 9, 1 이하; 7, 2; 키두쉰 2, 9; 산헤드린 1, 3; 아보다 자라 5, 9; 홀린 1, 6; 5, 3; 트무라 7, 4; 크리톳 6, 2; 파라 1, 1.

앗슈르 문자 원래 아람어 필기체계였던 '사각형 문자'로 히브리어를 기록한 것. 메길라 1, 8; 2, 1-2; 야다임 4, 5.

야곱(יעקב) 족장 야곱이다. 바바 캄마 8, 6; 바바 메찌아 7, 1; 홀린 7, 4; 7, 6.

야브네(יבנה) 텔아비브 남쪽에 있는 소도시이며, 성전 파괴 후 요하난 벤 자카이 랍비와 감리엘 랍비가 학교를 세우고 제자들을 가르친 장소. 쉐칼림 1, 4; 로쉬 하샤나 4, 1-2; 케투봇 4, 6; 에두욧 2, 4; 브코롯 4, 5; 6, 8.

애곡하는 자(אונן) 가까운 친척이 죽었으나 아직 장례를 치르지 않은 사람을 가리킨다. 브라홋 2, 6; 에루빈 8, 1; 페싸힘 3, 7; 8, 6; 8, 8; 모에드 카탄 2, 1-2; 3,

6-7; 하기가 3, 3; 예바못 11, 7; (산혜드린 2, 1); 호라욧 3, 5; 제바힘 2, 1; 12, 1; 메나홋 1, 2; 미돗 2, 2; 토호롯 9, 2.

약삭빠르다(הערים) 법을 어기지 않는 한도 내에서 최대한 이득을 취하려는 교묘한 행동을 묘사하는 말. 트무라 5, 1.

약혼(קידושין) 유대법에 따라 결혼은 약혼과 혼인 두 단계로 이루어지는데, 그중 첫 단계를 가리킨다. 마아쎄르 쉐니 1, 2; 4, 7; 모에드 카탄 3, 3; 예바못 3, 8; 4, 10; 6, 3-4; 15, 7; 케투봇 4, 4; 7, 7; 쏘타 3, 8; 기틴 8, 3; 9, 9; 키두쉰 1, 1 이하; 바바 바트라 10, 4; 산혜드린 7, 4; 에두욧 4, 7. 약혼 선물: 예바못 3, 8; 13:2; 기틴 9, 9.

양(כבש) 제물로 바치는 양들의 종류와 조건. 파라 1, 3.

어루러기(בהרת) 피부에 밝은 색깔로 피부병 환부가 나타나는 현상. 네가임 1, 1; 2, 1; 4, 4-11; 5, 1; 5, 3-5; 6, 1-5; 6, 8; 7, 3; 7, 5; 8, 2-3; 8, 5; 8, 9-10; 9, 3.

어린 양의 방(לשכת הטלאים) 성전에서 레위인들이 관리하는 방들 중 하나로 상번 제로 드릴 흠이 없는 양들을 보관하는 장소. 아라킨 2, 5; 타미드 3, 3; 미돗 1, 1.

어미와 그 새끼(אתו ואת בנו) 토라의 명령에 따라 가축 어미와 그 새끼를 한꺼번에 잡을 수 없다. 훌린 5, 1 이하; 6, 3.

언약궤(ארון) 쏘타 8, 1. 언약궤를 숨긴 장소: 쉐칼림 6, 1-2.

얹기부정(מדרס) 부정이 전이되는 방법 중 유출병자가 몸무게를 실어서 앉거나 눕거나 올라탔을 경우를 가리키며, 직접 접촉이 없어도 부정을 전이시킨다. 샤밧 6, 8; 베짜 2, 10; 하기가 2, 7; 3, 1; 에두욧 2, 8; 3, 4; 5, 1; 켈림 18, 5-7; 19, 5; 19, 9; 20, 1-2; 20, 6; 22, 8; 22, 10; 23, 4; 24, 1-16; 26, 4-6; 26, 9; 27, 2; 27, 7-10; 28, 5; 28, 8-9; 네가임 11, 11; 토호롯 5, 7; 8, 2; 10, 1; 파라 5, 7; 8, 1; 10, 1; 닛다 6, 3; 자빔 3, 1; 4, 1; 야다임 4, 1.

여고냐(יכניה) 유다 왕 여호야긴의 원래 이름. 쉐칼림 6, 3; 미돗 2, 6.

여로보암(ירבעם) 산혜드린 10, 2; 아봇 5, 18.

여리고(יריחו) 페싸힘 4, 8; 메나홋 10, 8; 타미드 3, 8.

여성과 율법(토라) 미쉬나에는 여성의 지위가 남성에 비하여 낮았던 고대의 사회상이 반영되어 있으며, 여성에 대한 특별 규정들을 두고 있다. 여성과 율법에 대한 지식: 네다림 4, 3; 쏘타 3, 4. 여성의 본성에 관하여: 아봇 1, 5; 토호롯 7, 9. 여성의 행실: 케투봇 1, 8; 7, 6. 서원한 여성: 네다림 11, 10.

여성과 남성의 차이 여성은 율법상 각종 권리와 의무에서 남성과 차이를 보인다.

쏘타 3, 8; 키두쉰 1, 7; 호라욧 3, 7; 닛다 5, 9.

여인들의 뜰(עזרת נשים) 성전산 내부에 있는 뜰. 요마 7, 1; 쑤카 5, 2; 5, 4; 미돗
1, 1; 2, 5-6; 켈림 1, 8.

여자아이 여자아이가 태어나서 자라면서 유념해야 할 정결법 규정들. 닛다 5, 3-9.

여호수아(יהושע) 눈의 아들 여호수아. 타아닛 2, 4; 메길라 1, 1; 산헤드린 1, 6; 6,
2; 아봇 1, 1; 아라킨 9, 6-7.

여호야다(יהוידע) 대제사장 여호야다. 쉐칼림 6, 6.

역대기(דברי הימים) 히브리 성서 중 마지막 책. 요마 1, 6.

역연혼(יבום, יבם) 자식 없이 죽은 형제를 대신해서 고인이 된 형제의 아내와 혼인
하여 그 이름을 잇는 관습(형사취수제兄死娶嫂制). 빅쿠림 4, 2; 예바못 1, 1 이
하 마쎄켓 전체; 산헤드린 2, 1-2; 에두욧 1, 12; 4, 8; 5, 5; 브코롯 1, 7; 8, 10;
오홀롯 1, 6; 닛다 5, 3; 6, 11.

연단(דוכן) 레위인들이 일하는 연단. 키두쉰 4, 5; 아라킨 2, 6; 미돗 2, 6.

염색하는 이/염색업자(צבע) 슈비잇 7, 3; 샤밧 1, 6; 페싸힘 3, 1; 바바 캄마 9, 4;
바바 메찌아 5, 6; 바바 바트라 2, 3; 에두욧 7, 8; 켈림 5, 5; 8, 8; 16, 6; 24,
10; 미크바옷 7, 3.

염소(עז) 킬아임 1, 6; 샤밧 5, 2; 페싸힘 6, 4; 메나홋 7, 6; 브코롯 1, 4; 2, 5; 9, 1;
트무라 1, 2; 타미드 3, 8. 야생 염소: 킬아임 1, 6; 로쉬 하샤나 3, 3; 3, 5.

연결(חבר) 정결법에 따라 정결함과 부정함을 결정할 때 둘 이상의 물체를 하나로
연결하여 판단해도 되는지 여부를 논의. 킬아임 9, 10; 에두욧 2, 4; 훌린 9, 3;
켈림 3, 6; 5, 2; 18, 2; 19, 1; 19, 7-8; 20, 3; 21, 3; 28, 7-8; 28, 10; 29, 2; 오홀
롯 2, 2; 3, 3-4; 15, 8; 파라 12, 8-10; 토호롯 8, 9; 미크바옷 10, 5; 자빔 5, 4;
테불 욤 1, 1; 2, 5-6; 3, 1; 3, 3; 우크찜 2, 5-6.

옆으로 태어난 아이/새끼(יוצא דפן) 정상적인 출산이 아니라 산모의 옆구리를 절개
하여 출산한 아이 또는 가축의 새끼. 제바힘 8, 1; 9, 3; 14, 2; 브코롯 2, 9; 7, 7; 8,
2; 9, 4; 트무라 2, 3; 6, 1; 크리톳 1, 5; 파라 2, 3; 닛다 5, 1.

에덴 동산(גן עדן) 아봇 5, 20.

에돔(אדום) 케투봇 5, 8. 에돔 사람들: 예바못 8, 3. 에돔산 식초: 페싸힘 3, 1.

에루브(עירוב) 노동이 금지된 안식일에 물건을 운반하거나 이동할 수 있는 영역을
규정하기 위해 고안한 공동 공간, 또는 이 공간을 설정할 때 꼭 필요한 음식을 말
한다. 드마이 1, 4; 할라 1, 8; 샤밧 2, 7; 16, 3; 에루빈 1, 1 이하 마쎄켓 전체;

베짜 5, 6; 기틴 5, 8; 메일라 4, 5; 켈림 17, 11.

에발산(עיבל) 사마리아와 세겜 근처 그리짐과 에발 산의 위치. 쏘타 7, 5.

에스겔(יחזקאל) 타미드 3, 7; 미돗 4, 2.

에스더/에스테르(אסתר) 아봇 6, 6. 에스더서: 메길라 1, 1 이하.

에스라서(עזרא) 쉐칼림 1, 5; 요마 1, 6; 모에드 카탄 3, 4; 파라 3, 5; 야다임 4, 5.

에피코로스(אפיקורוס) 헬라 철학자 에피쿠로스를 따르는 사람들. 산헤드린 10, 1; 아봇 2, 14.

예언서 읽기 명절에 토라 이외에 히브리 성서의 예언서를 읽는 관습. 로쉬 하샤나 4, 6; 메길라 4, 1-5.

예언자/선지자(נביא) 페아 2, 6; 쉬부옷 2, 2; 아봇 1, 1; 야다임 4, 3. 거짓 예언자: 산헤드린 11, 5. 초기 예언자들 또는 그들의 시대: 요마 5, 2; 타아니 4, 2; 쏘타 9, 12.

엘리야/엘리야후(אליהו) 쉐칼림 2, 5; 타아닛 2, 4; 쏘타 9, 15; 바바 메찌아 1, 8; 2, 8; 3, 4-5; 에두욧 8, 7.

예루살렘(ירושלים) 드마이 1, 2; 6, 4; 마아쎄롯 2, 3; 2, 5; 3, 10; 마아쎄르 쉐니 1, 1; 1, 5; 2, 2; 2, 4; 2, 9; 3, 1; 3, 3-6; 3, 9 ; 5, 2; 할라 4, 11; 빅쿠림 2, 2; 2, 10; 3, 3; 샤밧 23, 1; 에루빈 6, 2; 10, 9; 페싸힘 3, 8; 7, 3; 8, 3; 쉐칼림 7, 2-4; 8, 1-2; 요마 6, 4; 6, 8; 쑤카 3, 8; 4, 5; 5, 3; 로쉬 하샤나 1, 7; 2, 5; 4, 2; 타아닛 2, 4; 3, 6; 3, 8; 4, 2; 4, 8; 메길라 1, 11; 하기가 1, 1; 3, 6; 예바못 4, 13; 8, 4; 케투봇 2, 9; 4, 12; 13, 1; 네다림 1, 3; 3, 10; 쏘타 1, 4; 9, 1-2; 9, 5; 9, 9-10; 기틴 6, 7; 9, 8; 바바 캄마 7, 7; 산헤드린 8, 2; 11, 4; 에두욧 1, 3; 1, 10; 2, 3; 5, 6; 6, 1; 아봇 1, 4; 5, 5; 제바힘 14, 8; 메나홋 10, 2; 10, 5; 13, 10; 아라킨 5, 1; 9, 6; 크리톳 1, 7; 3, 8; 타미드 5, 6; 켈림 1, 8; 6, 2; 네가임 12, 4; 파라 3, 2; 미크바옷 4, 5; 마크쉬린 1, 6. 거룩한 도시: 마아쎄르 쉐니 1, 5; 페싸힘 10, 3; 로쉬 하샤나 4, 1. 예루살렘 성벽의 파괴: 타아닛 4, 6. 예루살렘 성벽의 길이: 메나홋 7, 1-2.

예루살렘 성문 노래의 문: 쉐칼림 6, 3; 미돗 2, 6. 불의 문: 미돗 1, 5; 2, 6. 여인의 문: 쉐칼림 6, 3; 미돗 2, 6. 예호/코니야 문: 쉐칼림 6, 3; 미돗 2, 6. 제물의 문: 쉐칼림 6, 3; 미돗 1, 5; 2, 6. 초태생의 문: 쉐칼림 6, 3; 미돗 1, 4; 2, 6.

오니아스의 성전(בית חוניו) 이집트의 텔 엘-예후디예(Leontopolis)에 있었던 유대인들의 성전으로 셀레우코스 왕조의 탄압을 피해 이주한 유대인들이 건설한 것으로 알려져 있다. 메나홋 13, 10.

오를라(ערלה) 나무를 심은 뒤 3년 동안은 그 열매가 할례를 받지 못한 것으로 간주하고 먹지 말라는 명령에 관련된 규정이다(레위기 19:23-25). 트루못 11, 3; 마아쎄르 쉐니 5, 1; 오를라 1, 1 이하 마쎄켓 전체; 빅쿠림 2, 6; 쑤카 3, 5; 키두쉰 1, 9; 2, 9; 메일라 4, 6; 트무라 7, 5.

오분의 일 제물로 바친 것을 무르거나 성물을 전용했을 때 전체 가치의 5분의 1을 더하여 배상한다. 브라홋 7, 6; 드마이 1, 2; 트루못 1, 8; 3, 1; 6, 1-4; 7, 2; 7, 4; 8, 1; 11, 2; 마아쎄르 쉐니 4, 3; 5, 3; 할라 3, 6; 빅쿠림 1, 8; 2, 1; 예바못 11, 5; 11, 7; 바바 캄마 9, 6-7; 바바 메찌아 4, 8; 쉬부옷 8, 3; 에두욧 4, 5; 아라킨 3, 2; 7, 2; 8, 1-3; 크리톳 5, 2; 6, 6; 메일라 4, 2.

올리브(זית) 크기를 재는 기준: 켈림 17, 8 등. 올리브 기름을 짜는 틀(압착기): 슈비잇 8, 6; 마아쎄롯 1, 7; 마아쎄르 쉐니 3, 7; 샤밧 1, 9; 하기가 3, 4; 네다림 3, 2; 5, 3; 바바 메찌아 10, 4; 바바 바트라 1, 6; 3, 1; 4, 4-5; 4, 7; 10, 7; 쉬부옷 3, 8; 켈림 12, 3; 20, 3; 토호롯 2, 8; 9, 7; 10, 1-2; 10, 8; 자빔 4, 7. 올리브 압착기 부속품: 바바 바트라 4, 5. 올리브 열매를 삶는 사람이나 솥: 에두욧 7, 8; 켈림 5, 5; 8, 8. 올리브 열매를 가공하는 작업: 토호롯 9, 1 이하; 10, 1 이하.

올리브 산(הר הזיתים) 예루살렘 동쪽에 있는 산(감람산). 브라홋 9, 5; 로쉬 하샤나 2, 4; 미돗 1, 3; 2, 4; 파라 3, 6-7; 3, 11.

옮기기(משא) 어떤 사람이 부정한 사람이나 물건을 들어 옮기거나 다른 도구를 이용해서 이동을 시킬 때 부정이 전이된다. 직접 접촉하지 않아도 부정해진다. 킬아임 8, 5; 샤밧 9, 1; 나지르 9, 4; 에두욧 2, 5; 3, 1; 6, 3; 아보다 자라 3, 6; 제바힘 7, 6; 홀린 1, 1; 9, 4-5; 켈림 1, 1-3; 1, 5; 오홀롯 1, 8; 2, 3-4; 3, 1; 18, 2-3; 파라 11, 6; 토호롯 3, 3; 닛다 10, 4; 자빔 2, 2; 2, 4; 5, 1.

옳은 행동(גמילות חסדים) 자비를 베푸는 행위를 가리키는 말로 가난한 사람에게 기부하기, 병자를 문안하기, 죽은 자를 묻기, 다른 사람에게 배우자를 찾아 주기 등이 여기에 해당한다. 페아 1, 1; 바바 바트라 9, 4; 아봇 1, 2.

옷의 부정 부정한 사람과 그의 옷의 관계, 옷이 부정해질 수 없는 상태가 되는 조건들. 켈림 28, 8.

옷 술/술(ציצית) 옷자락 끝에 파란색과 흰색 실로 엮어서 달아야 할 술. 브라홋 1, 5; 모에드 카탄 3, 4; 에두욧 4, 10; 메나홋 3, 7; 4, 1.

왕(מלך) 브라홋 5, 1; 빅쿠림 3, 4; 요마 7, 5; 8, 1; 네다림 2, 5; 쏘타 7, 2; 7, 8;

바바 바트라 6, 7; 산헤드린 2, 2; 2, 4; 쉬부옷 2, 2; 아보다 자라 4, 6; (아봇 6, 3); 호라욧 2, 5; 3, 3. 왕과 관련된 토라의 법규정들: 쏘타 7, 8. 왕중의 왕: 아 봇 3, 1; 4, 22; 산헤드린 4, 5. 왕의 군대: 키두쉰 4, 5. 왕의 대로: 산헤드린 2, 4; 바바 바트라 6, 7. 왕의 축일들: 아보다 자라 1, 3. 왕의 아들들: 샤밧 6, 9; 14, 4.

외경(ספרים חיצונים) 랍비들의 전통과 다른 내용을 가르치는 책들. 산헤드린 10, 1.

외성기이상자(טומטום) 외성기가 제대로 발달하지 않아서 남자인지 여자인지 구별 하기 어려운 사람. 빅쿠림 1, 5; 4, 5; 하기가 1, 1; 예바못 8, 6; 나지르 2, 7; 바 바 바트라 9, 2; 브코롯 6, 12; 아라킨 1, 1; 트무라 2, 3; 5, 2; 파라 12, 10; 닛 다 3, 5; 자빔 2, 1.

요나(יונה) 히브리 성서에 나오는 예언자 요나. 타아닛 2, 4.

요단강(ירדן) 마아세르 쉐니 5, 2; 쏘타 7, 5; 브코롯 9, 2; 파라 8, 10. 요단강 동 쪽 땅: 슈비잇 9, 2; 빅쿠림 1, 10; 타아닛 3, 6; 케투봇 13, 10; 바바 바트라 3, 2; 마콧 2, 4; 에두욧 8, 7; 메나홋 8, 3.

요셉(יוסף) 야곱의 아들 요셉. 쏘타 1, 9.

요제/흔들기(תנופה) 제단 앞에서 제물을 흔들어 바치는 것을 말한다. 빅쿠림 2, 4; 3, 6; 메길라 2, 5; 나지르 6, 9; 쏘타 3, 1; 키두쉰 1, 8; 제바힘 14, 3; 14, 10; 메나홋 3, 2; 5, 5-7; 9, 8; 10, 4; 트무라 3, 1; 켈림 1, 8.

요하난(יוחנן) 대제사장 요하난. 드마이 1, 1; 마아쎄르 쉐니 5, 15; 쏘타 9, 10; 파라 3, 5; 야다임 4, 6.

욕조(אמבטי) 마크쉬린 2, 5; 미크바옷 6, 10.

욥(איוב) 히브리 성서의 욥기. 요마 1, 6; 쏘타 5, 5; 에두욧 2, 10.

우상 숭배(עבודה זרה) 이방 신을 섬기는 제의 또는 그 제의에 사용된 제물. 브라홋 8, 6; 9, 1; 드마이 6, 10; 샤밧 9, 1; 9, 6; 네다림 2, 1; 2, 4; 바바 캄마 7, 2; 7, 4; 산헤드린 5, 1; 6, 4; 7, 4; 7, 6-7; 7, 10; 8, 7; 9, 3; 11, 1; 11, 6; 아보다 자라 1, 3 그리고 마쎄켓 전체; 아봇 5, 9; 호라욧 1, 3; 1, 5; 2, 2-3; 2, 6; 메나홋 9, 7; 훌린 2, 7; 5, 3; 6, 2; 8, 5; 트무라 6, 1; 크리톳 1, 1.

우선권 양자가 모두 자격이 있을 때 우선권이 누구에게 있는지 논의: 기틴 5, 8; 바 바 메찌아 2, 11; 호라욧 3, 7-8; 크리톳 6, 9. 상속의 우선권: 바바 바트라 8, 2. 제물 중 우선이 되는 것: 호라욧 3, 6; 제바힘 10, 1 이하.

울타리(גדר) 농토나 건물 주위에 짓는 담이나 울타리 관련 규정. 바바 바트라 1, 2-3; 1, 6; 4, 8-9.

움큼(קמץ) 제물에서 한 움큼을 쥐어 제물을 바치는 경우. 제바힘 4, 3; 13, 4-6; 메나홋 1, 1 이하; 메일라 2, 8-9. 손으로 한 줌 움켜질 만한 분량: 메나홋 1, 2; 13, 3; 켈림 17, 11.

웅덩이/정결례장(מקוה) 물이 고여 있는 웅덩이를 가리키며, 주로 정결례를 실시하기 위한 물웅덩이를 가리킨다. 그러나 유대전통이 발전하면서 정결례를 실시하기 위해 특별한 구조물을 짓기도 했다. 트루못 5, 6; 샤밧 24, 5; 쉐칼림 1, 1; 요마 8, 9; 메길라 3, 2; 모에드 카탄 1, 2; 에두욧 1, 3; 훌린 1, 7; 트무라 1, 4; 파라 5, 7; 8, 1; 8, 6; 8, 8; 토호롯 4, 7; 8, 9; 미크바옷 1, 1; 5, 4 그리고 마쎄켓 전체; 마크쉬린 4, 6; 4, 8.

월경하는 여성(נידה) 브라홋 3, 6; 샤밧 2, 6; 9, 2; 페싸힘 9, 4; 예바못 3, 10; 케투봇 3, 1; 7, 6; 마콧 3, 1; 쉬부옷 2, 4; 에두욧 1, 1; 아보다 자라 3, 6; 아봇 3, 19; 호라욧 1, 3; 2, 4; 아라킨 2, 1; 크리톳 3, 5-6; 4, 2; 켈림 1, 3; 1, 5; 미크바옷 8, 5; 닛다 1, 1 그리고 마쎄켓 전체; 마크쉬린 4, 6; 6, 6; 자빔 4, 1; 5, 11.

유다(יהודה) 유다 지파. 타아닛 4, 5; 쏘타 8, 1. 로마의 식민지 유대: 드마이 1, 1; 슈비잇 9, 2-3; 마아쎄롯 2, 3; 에루빈 5, 6; 페싸힘 4, 5; 예바못 4, 10; 케투봇 1, 5; 4, 12; 5, 9; 13, 10; 네다림 2, 4; 기틴 5, 6; 7, 7; 바바 캄마 10, 9; 바바 바트라 3, 2; 훌린 11, 2.

유대법(דת יהודית) 유대인으로서 꼭 따라야 할 전통. 케투봇 7, 6.

유대 제의 브라홋 1, 1과 마쎄켓 전체; 페싸힘 10, 2 이하; 요마 7, 1; 쑤카 3, 9 이하; 4, 1 이하; 5, 1 이하; 로쉬 하샤나 3, 3 이하; 4, 1 이하; 타아닛 1, 1과 마쎄켓 전체; 메길라 2, 1 이하; 3, 4 이하; 4, 1 이하; 쏘타 7, 7.

유대인(יהודים) 이스라엘 백성을 부르는 호칭으로 '유대인'이 사용된 경우. 네다림 11, 12.

유동자산(נכס) 짧은 기간 안에 현금으로 바꿀 수 있는 자산. 페아 3, 6; 쉐칼림 4, 7-8; 하기가 1, 5; 예바못 4, 3; 4, 7; 케투봇 4, 7; 6, 6; 8, 1-2; 8, 6; 9, 7-8; 10, 2-3; 12, 2; 13, 3; 기틴 5, 2-3; 9, 4; 키두쉰 1, 4; 4, 14; 아봇 2, 7; 바바 캄마 1, 2; 바바 메찌아 1, 6; 바바 바트라 8, 6; 9, 1-3; 9, 7-10; 10, 7-8; 쉬부옷 6, 3; 7, 7; 브코롯 8, 3-4; 아라킨 6, 2.

유리 그릇(כלי זכוכית) 유리 그릇과 관련된 정결법 규정들. 켈림 2, 1; 15, 1; 30, 1 이하.

유산(ירשה) 예바못 4, 3; 4, 7; 10, 1; 11, 7; 케투봇 4, 6; 4, 10; 8, 1 이하; 9, 1 이하;

10, 1; 11, 1; 기틴 5, 5; 8, 5; 바바 캄마 9, 10; 바바 바트라 3, 3; 4, 9; 8, 1 이하;
9, 2; 9, 8-9; 산헤드린 3, 4; 마콧 1, 1; 브코롯 8, 1 이하, 9-10.

유예(תלה) 부정한 행실을 의심받는 여인이 평소에 어떤 자격이 있었다면 그 벌을
유예할 수도 있다. 쏘타 3, 4-5.

유월절(פסחים) 니싼월 15일에 이집트에서 탈출한 것을 기념하는 명절. 슈비잇 2,
1; 마아쎄르 쉐니 5, 6; 할라 1, 1-2; 1, 8; 샤밧 23, 1; 에루빈 2, 6; 페싸힘 1,
1 이하 마쎄켓 전체; 쉐칼림 3, 1; 로쉬 하샤나 1, 2-3; 타아닛 1, 2; 3, 8; 하
기가 1, 3; 메길라 3, 5; 네다림 7, 8-9; 8, 2; 8, 5; 바바 캄마 9, 2; 바바 메찌
아 8, 6; 마콧 3, 2; 에두욧 2, 10; 5, 2; 7, 6; 메나홋 8, 2; 10, 7; 훌린 5, 3; 브코
롯 9, 5; 아라킨 2, 3; 트무라 3, 1; 7, 5; 크리톳 1, 1; 3, 8; 미돗 3, 4. 유월절에
드리는 제물: 샤밧 1, 11; 23, 1; 페싸힘 1, 1 이하 마쎄켓 전체; 쉐칼림 2, 5; 7,
4; 메길라 1, 10; 마콧 3, 3; 에두욧 5, 2; 제바힘 1, 1 이하; 2, 4; 3, 6; 5, 8; 메
나홋 7, 6; 9, 6; 훌린 2, 10; 아라킨 2, 3; 크리톳 3, 8; 켈림 19, 2; 오홀롯 18, 4;
파라 1, 4; 닛다 10, 6; 야다임 4, 2. 유월절 제물을 굽는 방법: 페싸힘 7, 1 이하.
유월절 제물을 도살하는 방법: 페싸힘 5, 5-10.

유출병자(זב וזבה) 남자 유출병 환자: 브라홋 3, 6; 슈비잇 8, 8; 마아쎄르 쉐니 1,
7; 할라 4, 8; 샤밧 1, 3; 페싸힘 8, 5; 9, 4; 쉐칼림 1, 5; 2, 5; 메길라 1, 7; 모
에드 카탄 3, 2; 네다림 4, 3; 나지르 7, 3; 9, 4; 에두욧 2, 5; 제바힘 14, 3; 크
리톳 2, 1; 켈림 1, 3-5; 1, 8; 9, 6; 19, 4; 27, 9-10; 오홀롯 1, 5; 파라 6, 5; 8, 8;
토호롯 3, 3; 미크바옷 1, 8; 5, 1; 5, 5; 닛다 4, 7; 5, 1; 10, 3-4; 마크쉬린 6, 6;
자빔 1, 1 그리고 마쎄켓 전체. 여자 유출병 환자: 슈비잇 8, 8; 마아쎄르 쉐
니 1, 7; 할라 4, 8; 샤밧 1, 3; 페싸힘 8, 5; 9, 4; 쉐칼림 1, 5; 2, 5; 모에드 카
탄 3, 2; 네다림 4, 3; 나지르 7, 3; 제바힘 14, 3; 크리톳 2, 1; 켈림 1, 4; 1, 8;
토호롯 3, 3; 미크바옷 5, 5; 닛다 4, 6-7; 10, 3-4; 자빔 1, 1이후 마쎄켓 전체.

유해한(מועד) 어떤 주체가 본질적으로 손해를 입힐 가능성이 있고 그것이 잘 알려
진 상태. 바바 캄마 1, 4; 2, 1-4; 2, 6; 3, 8; 4, 2-3; 4, 5; 4, 9; 마콧 2, 3; 아라킨 3,
1; 3, 3.

유향(לבונה) 유향수 분비액을 말려 만든 수지. 쉐칼림 6, 5-6; 7, 1; 요마 2, 5; 쏘
타 2, 1; 에두욧 8, 1; 아보다 자라 1, 5; 제바힘 4, 3; 4, 5; 13, 4; 13, 6; 메나홋
1, 2 이하 마쎄켓 전체; 메일라 2, 9; 타미드 2, 5.

유효하다(כשר) 어떤 사람이나 물건이 특정한 일을 하거나 어떤 용도로 쓰일 때 유

대 법전통에 따라 그것이 자격이 있고 유효한지 여부를 논의하면서 표현하는 말이다. 킬아임 3, 2; 슈비잇 10, 5; 테루못 8, 1; 샤밧 7, 3; 에루빈 3, 4; 페싸힘 5, 3; 쑤카 1, 5; 3, 1-2; 3, 5-6; 3, 9; 로쉬 하샤나 1, 8; 3, 6; 메길라 2, 4-6; 예바못 4, 2; 6, 3; 8, 2; 9, 1-3; 12, 1; 네다림 1, 3; 나지르 6, 10; 쏘타 9, 5; 기틴 1, 5; 2, 1-2; 2, 4; 2, 6; 3, 3; 6, 3; 9, 2; 9, 4-8; 키두쉰 4, 14; 바바 바트라 10, 1; 산헤드린 3, 1; 3, 4; 쉬부옷 3, 10-11; 4, 1; 5, 1; 에두욧 7, 3-4; 아보다 자라 2, 7; 제바힘 1, 1; 1, 3; 2, 5; 3, 1-4; 3, 6; 4, 6; 6, 5; 6, 7; 8, 6; 8, 9; 8, 11-12; 9, 1; 10, 5, 메나홋 1, 1; 1, 4; 2, 5; 3, 1-3; 8, 1-3; 8, 6; 10, 6; 10, 9; 11, 2; 12, 2; 훌린 1, 4-6; 2, 5; 2, 8; 2, 10; 3, 2-4; 5, 1-2; 브코롯 7, 2; 7, 6; 타미드 2, 3; 미돗 3, 4; 키님 1, 2-3; 3, 1-5; 네가임 3, 1; 14, 5; 파라 1, 2-4; 5, 1; 5, 4; 5, 7; 6, 1; 6, 4; 7, 1; 7, 3-9; 7, 11-12; 8, 1; 8, 9-10; 9, 2; 9, 4; 9, 7; 9, 9; 11, 7-9; 12, 3; 12, 6; 12, 10-11; 미크바옷 1, 6; 1, 8; 2, 5-6; 3, 1; 4, 3-4; 5, 1; 5, 5; 6, 10-11; 7, 2-3; 8, 1; 닛다 6, 4; 야다임 1, 3-5; 4, 2.

유효한 취득 매매가 확정되는 시점에 관한 논의. 슈비잇 10, 9; 키두쉰 1, 4-5; 바바 메찌아 4, 1-2; 바바 바트라 5, 7 이하.

윤년 유대 태음력과 천체의 운행 사이에 생기는 차이를 조정하기 위해 19년 동안 윤년을 7번 시행한다. 페싸힘 4, 8; 메길라 1, 4; 예바못 16, 7; 네다림 8, 5; 바바 메찌아 8, 8; 산헤드린 1, 2; 에두욧 7, 7; 아라킨 9, 3.

윤달 유대 태음력과 양력 사이에 생기는 차이를 조정하기 위해 마지막 아다르월을 한 번 더 삽입한다. 슈비잇 10, 2; 에루빈 3, 7; 로쉬 하샤나 2, 8; 3, 1; 산헤드린 1, 2; 2, 2; 5, 3; 8, 2; 9, 3.

윤리적 원칙과 도덕적 격언들 페아 8, 9; 트루못 8, 12; 케투봇 5, 5; 쏘타 1, 4; 1, 7; 9, 15; 키두쉰 1, 10; 4, 14; 바바 메찌아 4, 10; 산헤드린 8, 5; 아봇 1, 1 이하 마쎄켓 전체; 호라욧 3, 7; 아라킨 3, 5; 8, 4; 크리톳 6, 9; 미돗 3, 4; 키님 3, 6; 오홀롯 7, 6.

음료수(מַשְׁקֶה) 정결법과 관련된 일곱 가지 음료수는 물, 이슬, 포도주, (올리브) 기름, 피, 우유, 그리고 꿀이다. 트루못 11, 2-3; 샤밧 16, 8; 산헤드린 8, 2; 에두욧 4, 6; 8, 4; 아보다 자라 2, 7; 켈림 2, 7; 8, 2-4; 8, 11; 9, 4-5; 9, 8; 10, 8; 15, 6; 25, 8; 26, 2; 오홀롯 5, 2; 파라 8, 5-6; 토호롯 1, 9; 2, 1; 2, 6-7; 3, 1; 3, 3; 8, 8-9; 9, 8; 닛다 2, 6; 마크쉬린 1, 1; 1, 3; 3, 5; 6, 2-4; 6, 7-8; 자빔 2, 2; 테불 욤 2, 1-2; 2, 4; 4, 1; 우크찜 3, 11.

음식의 부정 정결하거나 부정한 음식, 또는 음식이 부정해지거나 음식의 부정이 다른 물체로 전이되는 현상과 관련된 규정들. 할라 1, 8; 홀린 4, 7; 9, 1; 9, 7; 메일라 4, 5; 켈림 8, 10; 토호롯 1, 1 이하 마쎄켓 전체; 닛다 6, 5; 우크찜 3, 4.

의도(כונה/מחשבה) 행위의 책임을 판단할 때나 여타 법규정을 적용할 때 행위자의 의도는 중요한 판단 기준이 된다. 브라홋 2, 1; 에루빈 4, 4; 로쉬 하샤나 3, 7-8; 메길라 2, 2; 모에드 카탄 1, 10; 2, 3; 하기가 2, 6; 예바못 13, 13; 바바 캄마 5, 4; 산헤드린 9, 2; 제바힘 1, 1; 1, 4; 2, 2 이하; 3, 1; 3, 4 이하; 4, 6; 6, 7; 8, 12; 메나홋 1, 3-4; 홀린 2, 7; 브코롯 5, 3; 크리톳 4, 3; 켈림 17, 15; 25, 9; 26, 7-8; 오홀롯 7, 3; 파라 9, 4; 토호롯 1, 3; 8, 6; 마크쉬린 3, 8; 야다임 1, 3; 욱크찜 3, 1.

의사(רופא) 로쉬 하샤나 1, 7; 카두쉰 4, 14; 브코롯 4, 4; 크리톳 3, 8; 켈림 12, 3; 17, 12; 26, 3; 오홀롯 2, 3.

이단/이단자(מינין) 랍비들과 다른 내용을 가르치는 자들. 브라홋 9, 5; 로쉬 하샤나 2, 1; 메길라 4, 8; 홀린 2, 9.

이마 대머리(גבחת) 앞 이마에서만 머리털이 빠진 자. 네가임 3, 6; 4, 3; 10, 10.

이발사(ספר) 킬아임 9, 3; 슈비잇 8, 5; 샤밧 1, 2; 페싸힘 4, 6; 모에드 카탄 3, 2; 키두쉰 4, 14; 켈림 13, 1; 15, 3; 24, 5.

이방인/외부인(גוי 고이/נכרי 노크리) 유대 공동체에 속하지 않은 외부인을 부르는 말이다. 브라홋 7, 1; 8, 6; 페아 2, 7; 4, 6; 4, 9; 드마이 3, 4; 5, 9; 6, 1-2; 6, 10; 슈비잇 4, 3; 5, 7; 5, 9; 트루못 1, 1; 3, 9; 8, 11-12; 할라 3, 5; 4, 7; 오를라 1, 2; 샤밧 1, 7-9; 2, 5; 16, 6; 16, 8; 23, 4; 24, 1; 에루빈 3, 5; 4, 1; 6, 1; 8, 5; 페싸힘 2, 1-3; 4, 3; 쉐칼림 1, 5; 7, 6; 베짜 3, 2; 타아닛 3, 7; 예바못 16, 5; 케투봇 2, 9; 네다림 3, 11; 나지르 9, 1; 쏘타 9, 2; 기틴 1, 5; 2, 5-6; 4, 6; 4, 9; 5, 8-9; 9, 2; 9, 8; 바바 메찌아 5, 6; 아보다 자라 1, 1 이하; 제바힘 4, 5; 메나홋 5, 3; 5, 5; 6, 1; 9, 8; 홀린 1, 1; 2, 7; 7, 2; 10, 3; 11, 2; 브코롯 1, 1; 2, 1; 2, 4; 3, 1-2; 5, 2; 8, 1; 아라킨 1, 2; 켈림 1, 8; 네가임 7, 1; 11, 1; 12, 1; 파라 2, 1; 토호롯 1, 4; 5, 8; 7, 6; 8, 6; 닛다 4, 3; 7, 3; 마크쉬린 2, 5-8; 2, 10; 자빔 2, 3. 이방인들의 축제: 아보다 자라 1, 1-3.

이삭(יצחק) 족장 이삭. 바바 캄마 8, 6; 바바 메찌아 7, 1.

이스라엘 땅(ארץ ישראל) 이스라엘 땅은 농경이나 명절, 정결과 관련된 법과 그 법의 적용범위와 관련해서 외국 지역과 다른 지위를 가진다. 드마이 6, 11; 슈비잇

6, 1-2; 할라 4, 8; 오를라 3, 9; 쉐칼림 3, 4; 예바못 16, 7; 케투봇 13, 11; 기틴 1, 2- 3; 3, 5; 바바 캄마 7, 7; 아보다 자라 1, 8; 켈림 1, 6; 17, 7; 오홀롯 18, 7; 미크바옷 8, 1.

이스라엘 민족(עם ישראל) 외국인과 구별되는 이스라엘의 자손. 브라홋 4, 4; 8, 8; 드마이 5, 9; 6, 1; 슈비잇 4, 3; 5, 7; 5, 9; 트루못 1, 1; 마아쎄르 쉐니 5, 14; 할라 3, 5; 4, 7; 빅쿠림 1, 5; 샤밧 14, 4; 16, 8; 23, 4; 에루빈 6, 1; 8, 5; 페싸힘 2, 2-3; 예바못 16, 5; 케투봇 3, 5; 4, 3; 네다림 3, 10-11; 기틴 4, 9; 5, 9; 9, 8; 키두쉰 4, 7; 바바 캄마 4, 3; 바바 메찌아 5, 6; 산헤드린 10, 1; 마콧 2, 3; 3, 16; 아보다 자라 2, 4; 2, 6-7; 4, 9; 4, 11-12; 5, 3; 5, 7; (아봇 6, 11); 메나홋 5, 6; 브코롯 2, 1; 8, 1; 네가임 2, 1; 토호롯 7, 7; 미크바옷 8, 4; 닛다 2, 1; 4, 2; 7, 3; 마크쉬린 2, 3; 2, 5-8; 2, 10; 우크찜 3, 12. 제사장과 구별되는 일반 이스라엘 백성: 페아 8, 6; 드마이 6, 3-5; 트루못 6, 2; 7, 2; 8, 1; 9, 2-3; 11, 9-10; 페싸힘 5, 6; 7, 3; 쉐칼림 1, 3; 1, 6; 요마 6, 3; 7, 1; 쑤카 5, 4; 타아닛 4, 2; 하기가 1, 4; 예바못 2, 4; 6, 2; 7, 2-3; 7, 5; 8, 6; 9, 1-6; 10, 1; 11, 5; 11, 7; 13, 2; 15, 6-7; 케투봇 1, 5; 7, 1-2; 11, 6; 쏘타 3, 7; 4, 1; 7, 5; 7, 7; 8, 3; 8, 5; 기틴 3, 3-4; 5; 11, 5; 11, 8; 8, 5; 9, 2; 키두쉰 2, 10; 3, 1; 3, 12; 4, 1; 4, 4; 4, 6-7; 산헤드린 4, 2; 쉬부옷 1, 7; 에두욧 7, 9; 8, 2; 호라욧 3, 8; 제바힘 10, 8; 브코롯 1, 1; 4, 1; 5, 2; 5, 4; 아라킨 1, 1; 9, 8; 트무라 1, 1; 미돗 2, 5-6; 5, 1; 켈림 1, 8.

이웃에게 방해가 되는 불법행위 바바 바트라 2, 1 이하; 2, 7 이하.

이전 상태(חזקה) 정결법과 관련하여 의심이 생겼고 정결한지 부정한지 판단하기 어렵다면, 그 이전 상태가 변하지 않고 유지되는 것으로 간주한다. 바바 캄마 8, 1; 키두쉰 1, 3; 1, 5-6; 바바 바트라 3, 2-3; 3, 5-6; 9, 7; 샤밧 1, 4; 페싸힘 4, 9; 페아 3, 6.

이집트(מצרים) 브라홋 1, 5; 슈비잇 6, 1; 페싸힘 9, 5; 10, 5-6; 네다림 3, 2; 바바 바트라 8, 3; 아봇 5, 4; 야다임 4, 3. 이집트 사람들: 페싸힘 10, 5; 예바못 8, 3; 에두욧 2, 10; 아봇 5, 4.

이혼증서(גט) 토라의 법에 따라 부부가 이혼할 수 있는데, 남편은 아내에게 이혼증서를 써줄 의무가 있다. 마아쎄르 쉐니 4, 7; 에루빈 1, 7; 모에드 카탄 3, 3; 예바못 2, 6; 2, 9; 5, 1 이하; 케투봇 9, 9; 10, 5; 기틴 1, 1 그리고 마쎄킷 전체; 키두쉰 1, 1; 3, 7; 4, 9; 바바 메찌아 1, 7; 바바 바트라 10, 3; 에두욧 4, 7; 4, 9;

닛다 5, 5; 야다임 4, 8. 이혼 서류의 핵심 형식: 기틴 9, 3. 이혼 이유: 예바못 6, 6; 14, 1; 케투봇 5, 5; 7, 1; 기틴 4, 8; 9, 10; 키두쉰 2, 5. 이혼 날짜 서류: 기틴 8, 5; 9, 4. 이혼 증인 형식: 기틴 8, 9-10; 9, 6; 바바 바트라 10, 1.

인접한 소유물 서로 가깝게 붙어 있는 집이나 정원 사이에 벌어지는 문제. 바바 메찌아 10, 1 이하; 10, 6; 바바 바트라 2, 1 이하; 2, 4 이하.

인정 법적인 책임을 인정하는 것과 관련된 규정. 케투봇 3, 9; 바바 메찌아 3, 3; 쉬부옷 5, 4-5. 법적인 책임을 일부만 인정하는 경우: 케투봇 13, 4; 쉬부옷 6, 1 이하.

일꾼(פועל) 일꾼을 고용하기: 페아 5, 6; 킬아임 7, 6; 마아쎄롯 2, 7 이하; 3, 3; 샤밧 23, 3; 무에드 카탄 2, 1-2; 바바 메찌아 6, 1; 7, 1 이하.

잃어버린 재산(אבדה) 예바못 10, 1; 케투봇 4, 1; 4, 4; 6, 1; 기틴 5, 3; 5, 8; 8, 5; 바바 캄마 5, 7; 10, 2; 바바 메찌아 1, 3-5; 2, 1 이하; 3, 6; 바바 바트라 2, 6; 쉬부옷 6, 1; 호라욧 3, 7; 켈림 27, 12; 닛다 5, 7; 마크쉬린 2, 8.

임차하다(קבל) 소작계약 중에서 수확한 농산물을 일정한 비율로 나누는 방법(병작법)과 정해진 양을 지주에게 납부하는 방법(도작법/정도법)을 모두 가리킬 수 있는 말. 드마이 6, 8; 할라 4, 7; 바바 메찌아 5, 8; 9, 1 이하; 바바 바트라 3, 3; 10, 4; 쉬부옷 7, 8.

잃어버린 것(쉬흐하 שכחה) 농작물을 수확할 때 잊어버리고 거두지 않은 열매는 가난한 자들이 가져가도록 그대로 놓아두고, 다시 가서 수확하지 않는다. 페아 4, 3; 4, 6; 4, 9; 5, 4-5; 5, 7-8; 6, 1-11; 7, 1-2; 7, 8; 8, 2; 8, 8; 트루못 1, 5; 6, 5; 9, 2; 마아쎄르 쉐니 5, 10; 할라 1, 3; 오를라 1, 5; 네다림 11, 3; 기틴 5, 8; 에두옷 4, 3-4; 자빔 3, 1; 3, 3; 4, 3.

【ㅈ】

자격이 있다(ראוי) 유대 법전통에 따라 어떤 법을 적용하기에 적절한 상태를 가리킨다. 슈비잇 1, 3; 트루못 6, 6; 오를라 3, 7; 샤밧 10, 4; 16, 2; 하기가 1, 3; 2, 1; 예바못 7, 6; 케투봇 6, 6; 기틴 6, 5; 바바 캄마 1, 4; 2, 2; 4, 9; 5, 6; 6, 1; 바바 메찌아 3, 10; 10, 1; 바바 바트라 1, 5; 3, 4; 8, 5; 호라욧 1, 1; 1, 4; 산헤드린 4, 4; 제바힘 9, 1; 11, 3; 12, 1; 13, 8; 14, 1-2; 훌린 2, 4; 브코롯 8, 9; 크리톳 1, 6; 켈림 1, 5; 오홀롯 1, 8; 2, 3; 네가임 8, 5; 11, 11; 닛다 6, 4; 6, 11; 자빔 5, 2.

자식 자식을 낳기: 예바못 6, 6; 쏘타 4, 3; 기틴 4, 5; 에두욧 1, 13. 자식을 팔 권리: 케투봇 3, 8; 쏘타 3, 8; 훌린 1, 7. 자식의 스승: 키두쉰 4, 13.

자유인(חורין בן) 페아 3, 8; 트루못 8, 1; 페싸힘 8; 1; 키두쉰 3, 13; 케투봇 12, 2; 기틴 4, 4-6; 5, 2; 9, 3; 쏘타 9, 15; 바바 캄마 1, 3; 8, 6; 바바 바트라 10, 8; 산헤드린 11, 1; 에두욧 1, 13; 아봇 2, 16; 6, 2; 크리톳 2, 5; 슈비잇 6, 3; 아라킨 3, 3.

장례 관련 풍습들 브라홋 2, 6-7; 3, 1-2; 8, 6; 트루못 11, 10; 마아쩨르 쉐니 5, 12; 샤밧 23, 4-5; 페싸힘 8, 6; 8, 8; 타아닛 4, 7; 메길라 3, 3; 4, 3; 모에드 카탄 1, 5-6; 2, 1; 3, 5; 하기가 2, 4; 케투봇 2, 10; 4, 4; 바바 바트라 6, 7; 산헤드린 2, 1; 2, 3; 6, 6; 마콧 3, 5; 호라욧 3, 4; 메나홋 10, 9; 미돗 2, 2; 오홀롯 18, 4.

장로들(זקנים) 이집트에서 탈출한 이스라엘 백성을 지파별로 이끌던 노인들. 아봇 1, 1.

장막(קלעים) 성막의 장막은 거룩한 곳과 속된 곳을 구별하는 경계가 된다. 메길라 1, 11; 마콧 3, 3; 에두욧 8, 6; 제바힘 5, 3; 5, 5; 6, 1; 9, 2; 11, 5-6; 14, 4 이하.

장막의 방(לשכת הפרכת) 성소와 지성소를 구별하는 장막 관리와 관련된 방이다. 미돗 1, 1.

장식품(תכשיט) 여성들이 사용하는 장식품들. 샤밧 6, 1; 켈림 11, 8 이하.

장작의 방(לשכת העצים) 성전에서 필요한 장작을 보관하는 방이다. 미돗 2, 5.

재를 버리는 곳(בית הדשן) 번제단에서 나오는 재를 정기적으로 버리는 장소. 제바힘 5, 2; 6, 5; 12, 5; 메일라 2, 2-4; 2, 8.

재산 소유권이 불분명한 재산: 바바 메찌아 1, 1 이하; 8, 4-5. 공동소유의 재산: 바바 바트라 1, 4-5. 상속인들이 공동으로 소유하는 재산: 바바 바트라 9, 3 이하. 재산 분할: 바바 바트라 1, 1 이하; 1, 6.

재판관(דין) 재판관이 될 수 있는 자격: 산헤드린 3, 3 이하; 브코롯 4, 10; 5, 4. 재판관이 돈을 받는 것을 금지: 브코롯 4, 6. 상위 법정의 결정에 복종하지 않는 재판관: 산헤드린 11, 2 이하.

재혼 유예기간 이혼한 뒤 재혼할 때까지 3개월을 기다려야 한다. 예바못 4, 10; 11, 6.

저당 잡힌 재산(נכסים משועבדים) 케투봇 9, 7-8; 12, 2; 기틴 5, 2-3; 9, 4; 바바 바트라 10, 8; 쉬부옷 7, 7.

저수지(ברכה) 페아 2, 1; 샤밧 11, 4; 페싸힘 10, 6; 쉐칼림 4, 2; 쑤카 4, 9-10; 5, 4; 모에드 카탄 1, 6; 2, 3; 바바 바트라 2, 1; 2, 10; 홀린 2, 9; 메일라 3, 6-7; 오홀롯 16, 5; 파라 8, 11; 토호롯 4, 7; 8, 9; 미크바옷 1, 2-4; 1, 6; 5, 1; 6, 11; 마크쉬린 2, 2-3.

저주받은/배교의 도시 쑤카 3, 1-3; 3, 5; 산헤드린 1, 5; 9, 1; 10, 4 이하.

전도서/코헬렛(קהלת) 에두욧 5, 3; 야다임 3, 5.

전염병(דבר) 타아닛 3, 4; 3, 7.

전용하다(מעל) 성전에 속한 재물을 실수로 사용하는 경우. 쉐칼림 2, 2; 7, 7; 요마 5, 6; 베짜 5, 5; 하기가 1, 8; 나지르 4, 4; 4, 6; 바바 캄마 1, 2; 바바 메찌아 4, 7; 아보다 자라 2, 5; 제바힘 5, 5; 7, 3-4; 9, 6; 홀린 8, 6; 트무라 4, 1; 메일라 1, 1 이하 마쎄켓 전체; 크리톳 3, 9; 5, 2; 6, 6; 켈림 17, 9; 파라 4, 4.

전제(נסך, 奠祭) 포도주를 제물로 바치는 헌주 제의. 쉐칼림 4, 1; 4, 4; 5, 1-2; 5, 4; 7, 5-6; 요마 3, 5; 제바힘 4, 3; 9, 1; 10, 2; 13, 4; 메나홋 2, 4; 트무라 2, 1; 3, 1; 3, 4; 메일라 2, 9; 3, 3; 파라 1, 3.

절/부복하기(השתחוה) 성전 제의 중에 절하는 관습. 쉐칼림 6, 1; 6, 3; 미돗 2, 3; 2, 6.

절기(מועד) 미쉬나에서 절기(모에드)는 보통 절기 중간에 있는 날들을 의미한다. 절기의 첫날과 마지막 날은 안식일처럼 노동이 전면 금지된 반면에 절기 중간에는 일부 허락된다. 킬아임 7, 6; 샤밧 20, 2; 페싸힘 4, 7; 쑤카 3, 15; 베짜 3, 8; 메길라 4, 2; 모에드 카탄 1, 1과 마쎄켓 전체; 하기가 1, 3.

절기/축제의 제물(ראיון) 이스라엘 자손들은 일년에 세 번 성전에 올라가서 제사를 드려야 하며(유월절·칠칠절·장막절), 이때 제물을 바쳐야 한다(출애굽기 23: 17; 신명기 16:16-17). 페아 1, 1; 페싸힘 6, 3-4; 10, 9; 하기가 1, 1-3; 1, 8.

점거인(סיקריקון) 정부가 몰수한 땅을 소유하고 있는 점거인. 빅쿠림 1, 2; 2, 3; 기틴 5, 6.

접근권 바바 바트라 6, 5-6.

접촉(מגע) 부정을 전이하는 방법들 중 가장 기초적인 것. 킬아임 8, 5; 에두욧 3, 1; 6, 3; 제바힘 7, 6; 11, 8; 홀린 4, 4; 9, 4-5; 켈림 1, 1-2; 1, 5; 3, 4; 4, 3; 5, 3; 5, 6; 7, 3-5; 8, 10; 18, 6-8; 19, 5; 26, 4; 27, 7-10; 오홀롯 1, 8; 2, 3-4; 3, 1; 18, 2-3; 자빔 2, 4; 5, 1; 5, 11; 토호롯 2, 1; 6, 4; 파라 11, 6; 닛다 10, 6; 마크쉬린 4, 8.

젖으로 요리한 고기 토라의 명령(출애굽기 23:19; 34:26; 신명기 14:21)을 확대해석하여 모든 고기를 젖으로 조리하는 것을 금지. 훌린 8, 1 이하.

제4년째 농산물/생산물/열매 이스라엘 땅에 심은 나무에서 첫 3년 동안 열린 열매는 부정하고 제4년에 열린 열매는 구별하여 바치고 제5년부터 수확한다(레위기 19:23–15). 마아쎄르 쉐니 5, 4–5; 5, 10; 빅쿠림 2, 6; 바바 메찌아 4, 8; 7, 7; 산헤드린 1, 3. 제4년의 과수원: 페아 7, 6; 트루못 3, 9; 마아쎄르 쉐니 5, 1–3; 에두욧 4, 5; 파라 1, 1.

제거(בעור) 토라의 명령에 따라 매 3년 끝에 십일조를 창고에서 모두 꺼내어(제거하여) 레위인과 외국인, 고아, 과부에게 준다(신명기 14:28–29; 26:12–15). 페아 7, 6; 드마이 1, 2; 슈비잇 7, 1–2; 7, 5; 7, 7; 9, 2; 9, 5; 9, 8; 마아쎄르 쉐니 5, 3; 5, 6–8; 에두욧 4, 5; 닛다 6, 8.

제단(מזבח) 에루빈 10, 15; 쉐칼림 4, 4; 4, 9; 요마 1, 8; 4, 3; 5, 5–6; 쑤카 4, 5; 5, 5; 네다림 1, 3; 기틴 5, 5; 키두쉰 4, 5; 에두욧 7, 9; 제바힘 9, 1 외 다수; 메나홋 4, 1; 아라킨 8, 7; 트무라 7, 1; 메일라 3, 5; 타미드 1, 2; 1, 4; 6, 1; 7, 3; 미돗 1, 6; 3, 1. 제단을 돌기: 제바힘 5, 3; 6, 5; 타미드 2, 1; 미돗 3, 1; 켈림 17, 10.

제물(זבח) 갖가지 제물을 드리는 방법을 논한다: 제바힘 5, 1–8; 6, 1–5. 개인과 회중이 다르게 드리는 제물: 트무라 2, 1 이하. 제사를 시행하는 순서: 호라욧 3, 6; 제바힘 10, 1 이하. 제물이 무효가 되는 경우: 제바힘 1, 1 이하 마쎄켓 전체; 메나홋 1, 1 이하 마쎄켓 전체.

제빵사/빵 굽는 자(נחתום) 드마이 2, 4; 5, 1; 5, 3; 슈비잇 8, 4; 할라 1, 7; 2, 7; 에루빈 7, 11; 페싸힘 2, 8; 바바 메찌아 2, 1; 8, 6; 바바 바트라 2, 3; 에두욧 7, 7; 아보다 자라 4, 9; 켈림 5, 5; 15, 2; 마크쉬린 2, 8; 야다임 1, 5.

제사장(כהן) 브라홋 1, 1; 트루못 8, 1; 페싸힘 1, 6; 쉐칼림 1, 3–4; 쑤카 5, 6–8; 로쉬 하샤나 1, 7; 케투봇 1, 5; 2, 8; 쏘타 3, 7; 9, 15; 키두쉰 4, 1 이하; 아라킨 7, 3; 8, 5 등 다수. 제사장의 몫: 할라 4, 11; 베짜 1, 6; 네다림 11, 3; 훌린 10, 1 이하. 제사장 자격이 부족한 경우: 예바못 9, 1–2; 키두쉰 4, 6; 훌린 1, 6; 브코롯 7, 1이하. 제물을 무효로 만드는 제사장: 제바힘 2, 1 이하. 전쟁할 때 기름 부음을 받은 제사장: 쏘타 7, 2; 8, 1; 마콧 2, 6. 제사장의 딸: 케투봇 1, 5.

제사장의 축복기도(ברכת הכהנים) 토라에 기록된 축복기도문으로 신의 명령에 따라 아론의 자손들이 제사장의 자격으로 낭송한다(민수기 6:22–27). 타미드 5, 1;

로쉬 하샤나 4, 5; 메길라 4, 3; 4, 10; 쏘타 7, 2; 7, 9.

제화공(רצען) 신발을 수선하는 기술자. 페싸힘 4, 6.

조건이 무효가 되는 경우 키두쉰 3, 3; 바바 메찌아 7, 10-11; 테불 욤 4, 7.

조언자들의 방(לשכת פלהדרין) 속죄일 제의와 관련된 장소. 요마 1, 1.

종(עבד) 가나안 종: 마아쎄르 쉐니 4, 4; 에루빈 7, 6; 키두쉰 1, 3; 바바 캄마 8, 3; 8, 5; 바바 메찌아 1, 5; 아라킨 8, 4. 히브리 종: 마아쎄르 쉐니 4, 4; 에루빈 7, 6; 키두쉰 1, 2; 바바 캄마 8, 3; 바바 메찌아 1, 5; 브코롯 1, 7.

종기(שחין) 종기가 생기면 일주일 동안 부정하며 하얀 털과 터지는 현상을 기준으로 진찰한다. 케투봇 3, 5; 7, 10; 메나홋 6, 3; 크리톳 3, 8; 네가임 1, 5-6; 3, 2; 3, 4; 4, 3; 6, 8; 7, 1; 8, 5; 8, 7; 9, 1-3.

종사자들(ממנין) 성전에서 특별한 직임을 수행하라고 임명을 받은 자들. 쉐칼림 5, 1 이하; 요마 2, 1; 3, 1; 타미드 1, 2; 3, 1-2; 5, 1; 미돗 1, 2.

주고트(זוגות) 고대 랍비들을 가리키는 말로 유대 공동체를 대표하는 랍비 두 명이 한 '쌍'을 이루어 다스렸다는 전설이 있으며, 한 명은 지도자 한 명은 법원장이 되었다. 페아 2, 6; 하기가 2, 2; 아봇 1, 4-10

주인 없는 것(הפקר) 곡식이나 열매와 같은 농산물을 '주인 없는 것'으로 선포하면 누구든지 와서 가져갈 수 있다. 페아 1, 3; 1, 6; 4, 9; 6, 1; 트루못 1, 5; 6, 5; 할라 1, 3; 쉐칼림 1, 2; 예바못 13, 1; 마아쎄르 쉐니 5, 5; 네다림 4, 8; 에두욧 4, 3.

죽은 채 발견된 것(נבלה) 어떤 사람이 사냥해서 도살한 것이 아니라 죽은 채 발견한 동물은 부정하여 먹을 수 없다(신명기 14:21). 랍비 유대교에서는 이것을 적절한 제의적 도살을 거치지 않고 죽은 동물을 부르는 말로 사용한다. 빅쿠림 2, 9; 2, 11; 샤밧 2, 4; 10, 5; 바바 캄마 3, 9; 4, 1; 산헤드린 8, 2; 마콧 3, 2; 쉬부옷 3, 4; 에두욧 3, 1; 5, 1; 아보다 자라 2, 5; 제바힘 7, 6; 훌린 1, 1; 2, 4; 4, 4; 7, 5; 8, 4-5; 9, 1; 9, 7; 메일라 4, 3-4; 켈림 1, 2; 오홀롯 1, 7; 3, 1; 13, 5-6; 파라 8, 4; 토호롯 1, 1; 1, 4; 3, 4; 4, 3; 5, 1; 미크바옷 6, 7; 닛다 7, 1; 자빔 5, 3; 5, 8-10; 우크찜 3, 9.

죽은 자의 매장 킬아임 9, 4; 샤밧 23, 4-5; 모에드 카탄 1, 6; 케투봇 11, 1; 바바 메찌아 6, 1; 산헤드린 6, 5-6; 켈림 23, 4.

죽을 죄에 해당하지 않는 재판 산헤드린 1, 1 이하; 3, 1 이하; 4, 1-2.

준비과정(הכשר) 음식은 율법 규정이 인정하는 일곱 가지 음료수로 젖어 있어야 부정해질 수 있는데, 이렇게 음료수로 적시는 준비과정에 관한 법규정들이 존재한다. 아보다 자라 2, 7; 제바힘 10, 5; 홀린 9, 7; 토호롯 1, 1; 1, 3; 테불 욤 4, 1; 우크찜 3, 1-3; 3, 9.

증서(שטר) 법원의 명령을 적은 문서 또는 공식적인 권위를 인정하는 문서를 가리킨다. 페아 3, 6; 슈비잇 10, 1; 케투봇 4, 4; 5, 1; 9, 9; 13, 8-9; 쏘타 8, 2; 8, 5-6; 기틴 1, 5-6; 4, 4-5; 8, 2; 키두쉰 1, 1-3; 1, 5; 바바 메찌아 1, 8; 4, 9; 바바 바트라 9, 7; 10, 3; 10, 6-8; 쉬부옷 6, 5; 7, 7; 에두욧 1, 13; 브코롯 8, 8.

증여 재산을 가족이나 다른 사람에게 증여하는 문제. 페아 3, 7; 바바 바트라 9, 6-7.

증인(עד) 법정에서 증언하는 증인에 대한 여러 규정들이다. 증인에 대한 심사: 산헤드린 3, 6; 4, 5; 5,1 이하. 증인의 신뢰성: 케투봇 2, 2 이하; 브코롯 4, 10. 거짓 증인: 바바 카마 7, 3; 바바 바트라 3, 4; 산헤드린 6, 2; 11, 1; 11, 6; 마콧 1, 1 이하. 사례를 받는 것을 금지: 브코롯 4, 6. 증인이 될 수 없는 사람: 로쉬 하샤나 1, 8; 산헤드린 3, 3 이하; 마콧 1, 8; 에두욧 2, 7.

지방(חלב) 가축이나 짐승의 지방 부위로 먹는 것이 금지되어 있다(레위기 3: 17). 브라홋 1, 1; 4, 1; 빅쿠림 2, 9-10; 샤밧 2, 1; 5, 4; 15, 3; 19, 6; 페싸힘 6, 1;7, 5; 요마 2, 3; 4, 6; 6, 8; 메길라 2, 5-6; 타아닛 2, 7; 바바 바트라 7, 4; 아보다 자라 2, 5-6; 크리톳 1, 1; 3, 1- 2; 3, 4; 4, 1-2; 5, 5-8; 6, 7; 아봇 2, 7; 제바힘 2, 2; 12, 1; 홀린 7, 1; 8, 6; 9, 2; 타미드 2, 1; 2, 5; 4, 2-3; 메일라 4, 2; 마콧 3, 2; 토호롯 3, 4; 우크찜 3, 2-3; 3, 9.

지성소(קדש הקדשים) 성전 내부에서 가장 거룩한 곳. 브라홋 4, 5-6; 9, 5; 쉐칼림 4, 4; 요마 5, 1; 미돗 4, 5; 4, 7; 5, 4; 켈림 1, 9; 네가임 14, 10; 파라 3, 9; 야다임 3, 5.

지적장애인/정박아(שוטה) 법적 행위의 주체가 될 수 없는 사람들 중 하나. 트루못 1, 1; 예바못 4, 6; 7, 5; 쏘타 4, 5; 기틴 2, 5-6; 5, 8; 바바 캄마 7, 6; 브코롯 7, 6; 토호롯 5, 8; 닛다 2, 1.

지참금 결혼할 때 신부가 신랑에게 가져오는 재산. 예바못 7, 1; 케투봇 6, 2-7; 13, 5.

진설병(לחם הפנים) 예루살렘 성전의 성소에 매일 진설하여 둔 열두 덩이의 빵을 말한다. 페싸힘 7, 4; 쉐칼림 1, 4; 4, 1; 5, 1; 6, 4; 요마 2, 5; 3, 11; 쑤카 5, 7; 아봇 5, 5; 제바힘 9, 5; 14, 3; 메나홋 4, 4; 5, 3, 6.; 6, 2, 6, 7; 11, 1 이하; 메일라 2, 7; 타미드 3, 3; 미돗 1, 6.

집(בית) 집과 집에 속한 것으로 간주하는 물품들. 바바 바트라 4, 1 이하. 집 임대

계약: 슈비잇 9, 7; 바바 메찌아 8, 6 이하; 아보다 자라 1, 8-9. 집 임대기간 만료: 바바 메찌아 8, 6.

쫀 바르젤(צאן ברזל) 자산의 가치가 고정되었다는 의미로 '쫀 바르젤'(강철 양)이라고 불렀다. 예를 들어 아내가 결혼할 때 가져오는 재산 중에 이혼하는 남편이 아내에게 보전해주어야 할 액수이며 손실이나 가치하락을 책임져야 한다. 예바못 7, 1-2; 바바 메찌아 5, 6; 브코롯 2, 4.

찢겨 죽은 것(טרפה) 이 낱말은 히브리 성서에서 찢겨 죽은 동물을 부르는 말인데, 랍비 유대교에서는 적절한 방법으로 도살하지 않았거나 상처나 병 때문에 죽은 동물을 가리킨다. 샤밧 8, 5; 페싸힘 6, 6; 네다림 2, 1; 바바 캄마 7, 2; 에두욧 2, 2, 4; 5, 1; 아보다 자라 2, 6- 7; 제바힘 7, 6; 8, 1; 9, 3; 12, 4; 14, 2; 메나홋 7, 3; 홀린 2, 4; 3, 1; 3, 3-5; 4, 4; 5, 3; 6, 2; 8, 5; 브코롯 1, 5; 5, 6; 7, 7; 9, 4; 트무라 2, 3; 6, 1; 6, 5; 켈림 5, 2; 네가임 14, 5; 테불 욤 3, 2.

【ㅊ】

차등 있는 희생제물(קרבן עולה ויורד) 경우에 따라서 다른 제물을 바쳐야 한다는 규정. 네다림 1, 1; 쉬부옷 1, 2; 2, 1; 3, 7; 3, 10; 4, 2; 호라욧 2, 7; 크리톳 1, 2; 2, 3- 4 .

창조 기사 메길라 3, 6; 하기가 2, 1; 홀린 5, 5.

채무 증서(שטר חוב) 슈비잇 10, 5; 모에드 카탄 3, 4; 케투봇 9, 9; 기틴 3, 2; 4, 4; 8, 2; 키두쉰 1, 3; 바바 메찌아 1, 6; 바바 바트라 10, 2-3; 10, 5-8; 브코롯 8, 8.

처녀(בתולה) 약혼이나 결혼 여부와 상관없이 월경의 피를 본 적이 없는 어린 여성. 닛다 1, 4. 처녀의 결혼(처녀성): 케투봇 1, 1-2; 1, 4-5; 2, 1; 4, 7; 5, 1-2; 쏘타 8, 2.

처음 깎은 양털(ראשית גז) 할라 4, 9; 에두욧 3, 3; 홀린 11, 1 이하; 닛다 6, 7.

천(בגד) 옷이나 어떤 도구를 만드는 천은 무엇을 담을 공간이 있거나, 앉거나 누울 수 있을 때, 무엇을 덮을 수 있을 때 부정해질 수 있다. 켈림 27, 1 이하; 28, 1 이하.

첫 열매/맏물(בכורים) 밭 주인은 첫 열매 중 일부를 성전에 가져다 바쳐야 하며, 이 헌물은 제사장들의 몫이 된다(신명기 26:1–11). 페아 1, 1; 3, 6; 트루못 3, 6- 7; 4, 6; 9, 4; 11, 3; 마아쎄르 쉐니 1, 2; 5, 6; 할라 4, 9; 4, 11; 오를라 2, 1; 3, 3; 빅쿠림 1, 1 이하 마쎄켓 전체; 쉐칼림 6, 3; 8, 8; 쏘타 7, 2-3; 기틴 4, 9; 바바

메찌아 4, 8; 마콧 3, 3; 메나홋 5, 6; 10, 6; 메일라 4, 2; 켈림 1, 6.

첫/큰 아들(בכור) 바바 바트라 8, 3; 8, 5; 에두욧 7, 1; 브코롯 1, 6; 8, 1 이하.

첫째 십일조(מעשר) 곡식이나 열매 등 농업 생산물에서 십 분의 일을 떼어 성전에 바치는 헌물. 브라홋 7, 1; 드마이 5, 1-2; 7, 1-2; 7, 5 이하; 트루못 2, 2; 3, 5 이하; 마아쎄롯 2, 5; 4, 6; 마아쎄르 쉐니 5, 6; 5, 10; 할라 1, 3; 샤밧 18, 1; 에루빈 3, 2; 페싸힘 2, 5-6; 쉐칼림 8, 8; 베짜 5, 2; 예바못 9, 4-6; 10, 1; 네다림 2, 4; 기틴 8, 5; 산헤드린 8, 2; 마콧 3, 2; 네가임 14, 3.

청각장애인/귀머거리/벙어리(חרש) 법적인 결정 권한이 없는 자들 중 하나다. 트루못 1, 1-2; 예바못 4, 5-6; 7, 4; 12, 4; 13, 7-10; 14, 1-5; 쏘타 4, 5; 기틴 2, 5-6; 5, 5; 5, 7-8; 산헤드린 8, 4; 에두욧 7, 9; 닛다 2, 1. 정박야: 에루빈 3, 2; 로쉬 하샤나 3, 8; 메길라 2, 4; 하기가 1, 1; 바바 캄마 4, 4; 5, 6; 6, 4; 8, 4; 쉬부옷 6, 4; 메나홋 9, 8; 훌린 1, 1; 6, 3; 아라킨 1, 1; 메일라 6, 2; 파라 5, 4; 토호롯 3, 6; 8, 6; 마크쉬린 3, 8; 6, 1; 자빔 2, 1; 야다임 1, 5.

초막절/장막절 미쉬나에서는 성서적 표현인 '수콧'(סכה) 대신 대부분 명절/절기(החג 또는 חג)를 사용한다. 마아쎄롯 3, 7; 빅쿠림 1, 6; 1, 10; 쉐칼림 3, 1; 6, 3; 요마 2, 5; 쑤카 1, 1 이하 마쎄켓 전체; 로쉬 하샤나 1, 2; 타아닛 1, 1-3; 메길라 3, 5; 하기가 1, 6; 네다림 7, 9; 쏘타 7, 8; 기틴 3, 8; 바바 메찌아 8, 6; 아봇 5, 9; 제바힘 13, 6; 메나홋 12, 4; 브코롯 9, 5; 아라킨 2, 3.

초막절의 전제 쉐칼림 6, 3; 쑤카 4, 1; 4, 9; 제바힘 6, 2; 미돗 2, 6.

초승달 관측 새 달이 시작되는 시점을 정하기 위해서 새로 뜨는 달을 관측한다. 로쉬 하샤나 1, 4 이하 마쎄켓 전체. 새 달을 알리는 방법: 로쉬 하샤나 2, 2 이하.

초태생(בכורה) 가축이 낳은 첫 새끼를 성전에 가져다 바쳐야 한다. 슈비잇 7, 3; 마아쎄르 쉐니 1, 2; 할라 4, 9; 4, 11; 오를라 3, 3; 페싸힘 9, 8; 쉐칼림 6, 3; 8, 8; 베짜 3, 4; 하기가 1, 4; 에두욧 2, 2; 5, 6; 제바힘 1, 2; 5, 8; 8, 2; 10, 3; 메나홋 9, 7; 훌린 2, 10; 4, 2; 10, 2-3; 브코롯 1, 1; 4, 1; 아라킨 8, 7; 트무라 1, 1; 3, 5; 5, 1; 미돗 2, 6; 네가임 2, 5; 파라 1, 4. 첫태생의 흠: 브코롯 6, 1.

추가기도(מוסף) 매일 낭송하는 기도문들 외에 안식일, 명절, 월초 등에 추가기도를 드린다. 타아닛 4, 1; 4, 3-5; 메길라 4, 2; 케투봇 3, 4; 에두욧 7, 8; 메나홋 4, 4; 켈림 5, 5; 5, 11; 27, 1; 오홀롯 8, 3.

축복 → **기도(문)/축복**

축복과 저주 요단강을 건넌 이스라엘이 세겜에서 선포했던 제의. 메길라 3, 6; 쏘

타 7, 2; 7, 5

출산의 부정(יולדת טמאת) 출산한 여성은 부정하며, 월경하는 여성과 비슷하게 생활에 제한을 받는다. 페싸힘 9, 4; 모에드 카탄 3, 2; 쏘타 1, 5; 에두욧 5, 4; 제바힘 14, 3; 크리톳 2, 1; 2, 4; 켈림 1, 8; 네가임 14, 3; 파라 3, 2; 닛다 3, 1 이하; 자빔 5, 6. 출산한 여성이 바치는 제물: 슈비잇 8, 8; 쉐칼림 1, 5; 2, 5; 네다림 4, 3; 크리톳 1, 3 이하; 키님 1, 1 이하.

치료와 치료 방법들 샤밧 6, 6; 6, 10; 8, 1; 9, 7; 10, 1; 14, 3-4; 22, 6; 페싸힘 4, 8; 요마 8, 6; 바바 캄마 7, 2; 산헤드린 10, 1; 에두욧 2, 5; 아보다 자라 2, 2; 마크쉬린 6, 7-8. 안식일에 치료하기: 요마 8, 6.

칠칠절(שבועות) 유월절에서 일곱째 주 뒤에 지키는 추수감사제 성격의 명절. 슈비잇 1, 1; 2, 1; 할라 4, 10; 빅쿠림 1, 3; 1, 6; 1, 10; 쉐칼림 3, 1; 쑤카 5, 7; 로쉬 하샤나 1, 2; 메길라 3, 5; 모에드 카탄 3, 6; 하기가 2, 4; 바바 바트라 6, 3; 에두욧 2, 10; 메나홋 3, 6; 4, 2; 5, 6; 7, 3; 훌린 5, 3; 브코롯 9, 5; 아라킨 2, 3.

【ㅋ】

카르페프(קרפף) 마을 밖에 울타리를 친 구역으로 보통 뗼감을 저장하는 용도로 쓴다. 에루빈 2, 3; 2, 5; 5, 2; 9, 1; 베짜 4, 2.

캐럽나무(חרוב) 속씨 상록식물에 속하는 관목이나 나무의 한 종이며 콩과로 분류한다(ceratonia siliqua). 드마이 2, 1; 킬아임 1, 2; 4, 1; 5, 1; 6, 6; 마아쎄롯 3, 4; 마아쎄르 쉐니 5, 2; 샤밧 6, 4; 쑤카 3, 12; 로쉬 하샤나 4, 1; 4, 3- 4; 타아닛 3, 5; 4, 6; 메길라 3, 3; 모에드 카탄 3, 6; 바바 바트라 2, 7; 2, 11; 2, 13; 4, 8-9; 산헤드린 10, 5; 아봇 5, 8; 6, 2; 메나홋 10, 5; 켈림 21, 2; 우크찜 1, 6.

코르반(קרבן) 성전에 바치는 희생제물과 봉헌물. 마아쎄르 쉐니 4, 10; 네다림 1, 2- 4; 2, 2; 2, 5; 3, 2; 3, 5; 9, 7; 11, 5; 나지르 2, 1-3.

코끼리(פיל) 야생의 큰 짐승으로 가축과 함께 수레를 끌거나 쟁기를 끌 수 없다. 킬아임 8, 6.

코남(קונם) 서원이나 맹세를 할 때 희생제물(코르반) 대신 사용하는 용어다. 네다림 1, 2 그리고 마쎄켓 전체; 기틴 4, 7; 바바 캄마 9, 10; 쉬부옷 3, 4.; 코나·코나스: 네다림 1, 2.

코이(כוי) 유대 법전통은 동물을 집에서 기르는 가축과 들에서 사냥하는 짐승으로 나눈다. 코이는 짐승일 수도 있고 가축일 수도 있는 동물을 가리키는데, 어떤 학자는 양(羊)의 한 종류라고 설명하고, 다른 학자는 숫염소와 암사슴의 잡종이라고 설명한다. 빅쿠림 2, 8 이하; 나지르 5, 7; 훌린 6, 1; 브코롯 1, 5.

쿠타인(כותי) 쿠타는 원래 메소포타미아의 도시 이름이며 쿠타인은 이곳 출신 사람을 말한다. 그러나 이 호칭은 미쉬나에서 사마리아 사람을 일컫는다. 브라홋 7, 1; 8, 8; 드마이 3, 4; 5, 9; 6, 1; 7, 4; 슈비잇 8, 10; 트루못 3, 9; 쉐칼림 1, 5; 로쉬 하샤나 2, 2; 케투봇 3, 1; 네다림 3, 10; 기틴 1, 5; 키두쉰 4, 3; 오홀롯 17, 3; 닛다 4, 1-2; 7, 4.

큰바다/대해(הים הגדול) 지중해와 같이 넓은 바다. 브라홋 9, 2; 파라 8, 8; 미크바옷 5, 4; 마크쉬린 5, 7.

킬아임(כלאים) '섞인 것들'이라는 뜻이며, 씨앗이나 식물을 섞어서 재배하거나, 가축을 이종교배하거나, 다른 가축들을 섞어서 밭을 가는 행위가 모두 금지된다(레위기 19:19; 신명기 22:9-10). 씨앗과 식물의 킬아임: 킬아임 1, 1 이하; 트루못 2, 6; 오를라 2, 3; 3, 9; 쉐칼림 1, 1-2; 모에드 카탄 1, 2; 키두쉰 1, 9. 가축의 킬아임: 킬아임 1, 6; 8, 1 이하; 바바 캄마 5, 7; 제바힘 8, 1; 9, 3; 14, 2; 브코롯 9, 1; 9, 4; 트무라 2, 3; 6, 1. 의복의 킬아임: 킬아임 8, 1; 9, 1 이하; 베짜 1, 10; 마콧 3, 8-9; 파라 12, 9; 우크찜 2, 6. 과수원의 킬아임: 킬아임 5, 8; 8, 1; 트루못 10, 5-6; 오를라 1, 6; 2, 1 이하; 3, 6-7; 키두쉰 2, 9; 트무라 7, 5; 메일라 4, 6.

【ㅌ】

타작 마당(גרן) 페아 5, 8; 킬아임 2, 5; 네다림 2, 4; 바바 바트라 2, 8; 산헤드린 4, 3; 브코롯 9, 5; 켈림 15, 4; 미돗 2, 5.

태아(שליל) 제바힘 3, 5; 훌린 7, 1; 9, 3.

테필린(תפילין) 쉐마와 다른 성구들을 써서 머리와 팔에 두르는 성구함. 브라홋 3, 1; 3, 3; 샤밧 6, 2; 8, 3; 16, 1; 에루빈 6, 3; 10, 1; 쉐칼림 3, 2; 메길라 1, 8; 모에드 카탄 3, 4; 네다림 2, 2; 기틴 4, 6; 산헤드린 11, 3; 쉬부옷 3, 8; 3, 11; 메나홋 3, 7; 4, 1; 아라킨 6, 3-4; 켈림 16, 7; 18, 8; 23, 1; 미크바옷 10, 2-4; 야다임 3, 3.

토기/흙으로 만든 그릇(חרש/כלי אדמה) 정결법과 관련해서 흙으로 만든 토기의 지위. 훌린 1, 6; 켈림 1, 1; 2, 1 이하; 8, 3-4; 10, 1; 27, 1; 파라 5, 5; 야다임 1, 2.

토다(תודה) 의무적으로 드리는 제사가 아니라 감사의 제물로 드리는 것. 할라 1, 6; 페싸힘 1, 5; 2, 5; 요마 3, 8; 4, 2; 6, 2; 네다림 1, 4; 산헤드린 6, 2; 제바힘 5, 6; 10, 2; 메나홋 2, 3; 3, 6; 5, 1; 6, 5; 7, 1-6; 9, 3; 13, 7; 훌린 2, 10; 트무라 3, 2; 메일라 4, 2.

토라(תורה) '가르침'이라는 뜻이며 신의 명령을 담은 법전통을 가리킨다. 하늘로부터 내려 받은 토라: 산헤드린 10, 1. 토라의 본질: 하기가 1, 8; 아봇 3, 19. 토라를 읽는 방법: 메길라 4, 1 이하. 토라 두루마리: 요마 7, 1; 베짜 1, 5; 예바못 16, 7; 쏘타 7, 7-8; 산헤드린 2, 4; 야다임 3, 5. 구전토라: 아봇 1, 1 이하.

토라 공부(תלמוד תורה) 토라를 읽고 배우는 일로, 그것은 이 세상에서 보상을 받고 다음 세상에 자리를 확보하는 지름길이다. 페아 1, 1; 하기가 1, 7; 케투봇 5, 6; 아봇 1, 1; 2, 2; 4, 13; 6, 2; 6, 5-6; 크리톳 6, 9. 토라를 공부하면 받는 복: 키두쉰 4, 14; (아봇 6, 1 이하).

투석형(동사형으로 סקל 또는 נסקל) 예바못 8, 6; 케투봇 4, 3; 쏘타 3, 8; 바바 캄마 4, 6; 산헤드린 6, 1 이하; 7, 1 이하; 9, 3; 10, 4; 에두욧 6, 1; 닛다 5, 5. 소가 투석형을 당하는 경우에 관하여: 키두쉰 2, 9; 바바 캄마 9, 2; 산헤드린 1, 4; 7, 4; 아보다 자라 5, 9; 제바힘 8, 1; 훌린 5, 3; 트무라 7, 4; 크리톳 6, 2.

트루마트 할리슈카(תרומת הלשכה) 성전 금고에 바치는 헌금이며, 이 돈은 희생제물(코르반)을 사는 데 쓴다. 쉐칼림 3, 2; 4, 1-2; 네다림 2, 4.

【ㅍ】

패(ציץ) 제사장들이 쓰는 모자 이마 부분에 붙이는 '패'를 뜻한다. 페싸힘 7, 7; 요마 7, 5; 쏘타 7, 6; 제바힘 8, 12; 메나홋 3, 3; 타미드 7, 2.

퍼지는 현상(פשיון) 피부병 환부가 줄어들지 않고 퍼지면 악성 피부병자로 확진한다. 네가임 1, 3; 3, 6-8; 4, 1-2; 5, 2; 6, 5-6; 8, 3; 9, 1; 9, 3; 10, 1; 10, 3; 10, 5; 11, 7.

페아(פאה) 이 낱말은 원래 '모퉁이'라는 말이며, 유대법에서 추수 때 가난한 이들을 위해 남겨두어야 하는 곡식을 말한다(레위기 19:9-10). 페아 1, 1 이하 마쎄켓 전체; 트루못 1, 5; 6, 5; 9, 2; 기틴 5, 8; 메길라 4, 7; 페싸힘 4, 8; 할라 1, 3; 샤밧 6, 5; 9, 5; 마아쎄르 쉐니 5, 10; 슈비잇 5, 4; 7, 2; 네다림 11, 3; 파라 7,

8; 닛다 6, 6. 페아를 남겨야 하는 농업 생산물: 페아 1, 4-5.

폐기/제거(ביעור) 특정한 법규정 때문에 집에서 누룩, 십일조, 또는 제7년의 수확물을 제거하고 폐기해야 한다. 페아 7, 6; 드마이 1, 2; 슈비잇 7, 1-2; 7, 5; 7, 7; 9, 2; 9, 5; 9, 8; 마아쎄르 쉐니 5, 3; 5, 6; 빅쿠림 2, 2; 페싸힘 1, 3; 2, 1; 에두욧 4, 5; 닛다 6, 8.

포도(나무)(דלית,עריס, גפן) 포도나무의 다양한 형태가 규정된다. 덩굴이 심겨 있거나 걸려있는 형태에 따라 미쉬나는 다른 용어를 쓰지만 모두 '포도나무'로 번역했다. 브라홋 6, 1; 페아 1, 5; 4, 1-2; 7, 3; 7, 5; 7, 8; 킬아임 1, 8; 6, 1 이하; 7, 3; 슈비잇 4, 6; 4, 10; 9, 6; 마아쎄롯 1, 5; 1, 7; 3, 9; 쑤카 1, 4; 모에드 카탄 1, 1; 케투봇 8, 5; 나지르 6, 1; 6, 5; 쏘타 9, 15; 바바 바트라 2, 12; 에두욧 2, 4; 메나홋 8, 6; 타미드 2, 3; 미돗 3, 8; 닛다 9, 11.

포도원 가운데 있는 빈 땅(קרחת) 농작물을 섞어서 경작하지 못한다는 법규정과 관련하여 밭의 종류를 구별할 때 사용한다. 킬아임 2, 9; 4, 1; 네가임 3, 6; 4, 3; 10, 10.

포도원 바깥쪽에 있는 빈 땅(מחול) 농작물을 섞어서 경작하지 못한다는 법규정과 관련하여 밭의 종류를 구별할 때 사용한다. 킬아임 4, 1-3; 7, 3; 트루못 6, 1; 7, 1; 7, 3-4; 드마이 7, 4; 바바 캄마 8, 7; 9, 6; (아봇 6, 1); 메나홋 6, 5; 미크바옷 7, 3-4; 토호롯 9, 2-3; 마크쉬린 6, 5.

포도주(יין) 포도주는 일상생활뿐 아니라 제의의 주요 요소이므로 다양한 관련규정이 존재한다. 포도주에 대한 축복: 브라홋 6, 1; 6, 5-6; 7, 5; 8, 1; 페싸힘 10, 2. 소제와 함께 드리는 포도주: 메나홋 8, 6 이하. 십일조의 대상: 마아쎄롯 1, 7.

포도주틀(גת) 포도를 짜서 포도주를 만드는 압착기를 일컫는다. 바바 메찌아 4, 12; 아보다 자라 4, 8; 5, 11; 파라 4, 2; 드마이 6, 7; 켈림 15, 5; 24, 10; 토호롯 10, 8.

푸림(פורים) 유대인들이 학살을 면했다는 에스더서에서 유래한 명절. 로쉬 하샤나 1, 3; 타아닛 2, 10; 메길라 3, 4-6; 모에드 카탄 3, 9; 에두욧 7, 7.

프로즈불(פרוזבול) 안식년이 지나도 채무가 사라지지 않아서 꼭 갚아야 할 의무가 있다고 기록한 계약서. 페아 3, 6; 슈비잇 10, 3-7; 모에드 카탄 3, 3; 케투봇 9, 9; 기틴 4, 3; 우크찜 3, 10.

피(דם) 피 섭취 금지: 크리톳 5, 1. 살아 있는 피: 제바힘 3, 1-2; 크리톳 5, 1. 피 덮기(야생 동물을 도살했을 때 그 피를 흙으로 덮을 의무): 빅쿠림 2, 9; 베짜 1,

2; 에두욧 4, 2; 홀린 6, 1 이하; 12, 1.

피굴(פיגול) 지정된 기한 외에 먹으려는 의도로 집전된 희생제물(레위기 7:18)이며, '혐오스러운 것'으로 간주한다. 마아쎄르 쉐니 3, 2; 오를라 2, 16; 페싸힘 10, 9; 네다림 1, 3; 마콧 3, 2; 제바힘 2, 2-3; 2, 5; 3, 4-5; 4, 1; 4, 3-5; 6, 7; 메나홋 1, 3-4; 2, 1-5; 11, 8; 홀린 8, 6; 트무라 7, 1; 크리톳 1, 1; 3, 2; 4, 2; 메일라 1, 2-4; 2, 1-9; 4, 1; 4, 4; 토호롯 3, 4.

핀하스의 방(לשכת פנחס) 성전 동쪽 니카노르 문에 있는 사무실로 의복과 관련된 일을 하는 곳. 미돗 1, 4.

피부병자의 방(לשכת המצורעים) 피부병이 나아서 정결례를 시행하는 환자들이 털을 깎고 제물을 삶는 장소. 미돗 2, 5.

【ㅎ】

하누카(חנוכה) 헬라 제국의 지배자들을 내쫓고 성전을 정화한 날을 기념하는 명절. 빅쿠림 1, 6; 로쉬 하샤나 1, 3; 타아닛 2, 10; 메길라 3, 4; 3, 6; 모에드 카탄 3, 9; 바바 캄마 6, 6. 등잔을 밝히는 관습(נר חנוכה): 바바 캄마 6, 6.

하늘나라(מלכות שמים) 신이 다스리는 왕국을 에둘러 이르는 말. 브라홋 2, 2; 2, 5.

하브달라(הבדלה) 안식일이나 명절의 종결을 의미하는 의식. 브라홋 5, 2; 8, 5; 요마 5, 1; 홀린 1, 7.

하루(יום) 유대 전통에서 하루는 저녁에 시작하여 그날 밤과 다음 날 낮을 가리킨다. 홀린 5, 5.

하얀 털(שער לבן) 피부병 환부에 하얀 털이 나면 부정하다. 네가임 1, 3; 1, 5-6; 3, 3-4; 4, 1; 4, 3-7; 4, 10-11; 5, 2-3; 6, 8; 8, 2-3; 8, 7; 9, 1; 9, 3; 10, 2; 파라 2, 5.

하스몬 사람/하스모니아가 사람(חשמונאי) 헬라 제국 왕들을 내쫓고 독립한 뒤 유다를 다스렸던 왕조와 그 왕족을 가리키는 말. 미돗 1, 6.

학교/학습소(בית המדרש) '해석의 집'이라는 뜻으로 랍비들이 제자들과 모여 토라와 구전전승을 공부하던 기관을 말한다. 브라홋 4, 2; 드마이 2, 3; 7, 5; 샤밧 16, 1; 18, 1; 페싸힘 4, 4; 베짜 3, 5; 아봇 5, 14; 메나홋 10, 9; 테불 욤 11, 10; 야다임 4, 3-4.

할라(חלה) 제사장에게 제공하는 가루반죽 제물. 드마이 1, 3; 5, 1-3; 슈비잇 9, 9; 트루못 7, 5-7; 마아쎄르 쉐니 5, 10; 할라 1, 1; 오를라 2, 1; 샤밧 2, 6; 페싸힘 2, 5; 베짜 1, 6; 3, 5; 케투봇 7, 6; 네다림 2, 1; 바바 메찌아 4, 8; 에두욧 1, 2; 아봇 5, 8; 메나홋 10, 4; 10, 7; 메일라 4, 2; 파라 1, 1; 미크바옷 1, 5; 닛다 10, 7; 테불 욤 1, 1-2; 4, 2-3.

할라카(הלכה) 토라의 법전통을 생활에 적용하기 위해 결정한 규정. 페아 2, 6; 3, 6; 4, 1-2; 킬아임 5, 1; 슈비잇 9, 5; 오를라 3, 9; 에루빈 4, 8; 하기가 1, 8; 예바 못 4, 13; 8, 3; 네다림 4, 3; 나지르 7, 4; 기틴 6, 7; 바바 캄마 3, 9; 산헤드린 11, 6; 에두욧 1, 5; 8, 7; 아봇 3, 12; 3, 19; 5, 7-8; 6, 3; 메나홋 4, 3; 크리톳 3, 9; 오홀롯 16, 1; 닛다 1, 3; 야다임 4, 3.

할렐(הלל) 찬양시인 시편 113-118편을 '할렐' 시편이라고 부른다. 페싸힘 5, 7; 9, 3; 10, 7; 쑤카 4, 1; 4, 8; 로쉬 하샤나 4, 7; 타아닛 4, 4-5; 메길라 2, 5; 쏘타 5, 4. **대할렐(הלל הגדול)**: 시편 136편. 타아닛 3, 9.

할례(ברית המילה) 샤밧 9, 3; 18, 3; 19, 1; 페싸힘 3, 7; 메길라 2, 4; 네다림 3, 11; 아라킨 2, 2; 크리톳 1, 1; 네가임 7, 5. 합법적 할례: 샤밧 19, 6; 메길라 2, 4.

향/분향(קטרת) 쉐칼림 4, 5; 5, 1; 요마 1, 2; 2, 4; 3, 4-5; 3, 11; 5, 1; 7, 4; 마콧 3, 2; 에두욧 8, 1; 제바힘 4, 3; 4, 5; 9, 5; 13, 4; 메나홋 4, 4; 크리톳 1, 1; 메일 라 2, 9; 타미드 2, 5; 5, 2; 5, 4; 6, 3; 켈림 17, 11.

해충(כנה/כינה) 쉐칼림 4, 9; 바바 바트라 6, 2; 메나홋 8, 2; 파라 9, 2; 마크쉬 린 6, 1.

행상/봇짐장수(רוכל) 마아쎄롯 2, 3; 샤밧 9, 7; 켈림 2, 4; 12, 1.

헌주(נסך) 제물로 바치는 포도주. 아보다 자라 4, 8; 5, 1-2; 5, 7-10.

형상(צלם) 형상을 만드는 것을 금지하는 규정. 아보다 자라 3, 1-3.

헤렘(חרם) 헤렘은 '봉헌하다'는 뜻이고 제물 전체를 온전히 바치는 것을 말한다(레위기 27:28). 미쉬나에서 제사장이나 성전에 봉헌한 재산을 말하며, 서원이 '금지'된 객체에 초점을 둔다면 헤렘은 '신성함'에 초점을 두며, 서원자가 지목한 사람이나 사물로부터 아무 이익을 누리지 않겠다는 것을 의미한다. 할라 4, 9; 샤밧 9, 6; 네다림 1, 1-2; 2, 4-5; 5, 4; 산헤드린 10, 5-6; 아보다 자라 3, 3-4; 브코롯 7, 3; 아라킨 8, 4-6; 켈림 23, 5; 28, 9.

헤브론(חברון) 요마 3, 1; 타미드 3, 2.

헬(חיל) 성전 건물 외부를 두르고 있는 낮은 울타리. 페싸힘 5, 10; 쉐칼림 8, 4; 미돗 1, 5; 1, 7; 1, 9; 2, 3; 켈림 1, 8; 파라 3, 11.

헬레네(הילני) 프톨레미 왕조 문바즈 왕의 어머니 또는 아디아베네의 여왕. 요마 3,

10; 나지르 3, 6.

호렙산 아봇 6, 2.

혼인(נשואין) 혼인과 관련된 다양한 가족관계 규정들. 예바못 1, 1 이하 마쎄켓 전체; 케투봇 1, 1 이하 마쎄켓 전체. 서로 다른 집안의 혼인: 키두쉰 4, 1-3. 불법적인 혼인: 예바못 2, 4; 3, 12.

혼인계약서(כתבה) 혼인할 때 남편과 아내의 의무, 아내가 가져온 재산 등을 기록하는 문서. 페아 3, 7; 8, 8; 빅쿠림 3, 12; 예바못 4, 3-4; 15, 7; 케투봇 1, 2 이하 마쎄켓 전체; 네다림 9, 5; 11, 12; 쏘타 1, 5; 4, 1-3; 4, 5; 6, 1-2; 기틴 4, 3; 4, 8; 5, 2; 8, 5; 9, 4; 키두쉰 2, 5; 바바 메찌아 1, 5; 바바 바트라 9, 8-9; 10, 7; 마콧 1, 1; ㅂ ㅋ롯 8, 9; 아라킨 6, 1-2.

홍수의 세대(דור מבול) 바바 메찌아 4, 2; 산헤드린 10, 3; 에두욧 2, 10.

화덕(תנור) 트루못 10, 4; 오를라 3, 5; 샤밧 1, 11; 3, 2; 페싸힘 2, 1; 7, 2; 베짜 4, 5; 모에드 카탄 1, 9; 바바 바트라 2, 1-2; 켈림 3, 6; 5, 1 이하; 8, 1 이하; 9, 1; 9, 3 이하; 오홀롯 5, 1; 12, 1 이하.

화로의 방(בית המוקד) 성전에서 일하는 제사장들이 횃불을 보관하는 방. 타미드 1, 1; 1, 3; 3, 8; 미돗 1, 1; 1, 5-8.

화목제(שלמים) 바친 제물의 일부를 제단 위에서 태우고 일부는 제사장에게 주고 일부는 헌제자가 가져가는 제사. 일반 성물이므로 성전 뜰 어느 곳에서나 도살할 수 있고 성전 바깥 예루살렘 성내에서 먹을 수 있다. 트루못 3, 8; 페싸힘 5, 2; 9, 6; 쉐칼림 2, 5; 하기가 2, 3; 네다림 1, 4; 나지르 4, 4; 제바힘 1, 2; 5, 7 그리고 마쎄켓 전체; 트무라 3, 1. 회중이 바치는 화목제: 제바힘 5, 5; 메나홋 5, 7.

화상(מכוה) 네가임 1, 5-6; 3, 4; 4, 3; 6, 8; 7, 1; 8, 5; 8, 7; 9, 1- 2.

화장품(תכשיט) 페싸힘 3, 1.

화형 사형의 한 형태인 화형. 산헤드린 7, 2. 화형을 선고할 죄목: 트루못 7, 2; 산헤드린 9, 1; 11, 6.

확대 해석 토라의 규정을 특정한 방향으로 확대 해석하는 관례. 마아쎄르 쉐니 5, 10; 쉬부옷 3, 5.

확진하다(החליט) 피부병 증상이 나타나서 제사장에게 진찰을 받았고, 격리기간이 지나도 환부가 줄어들지 않고 증상이 심해지면, 악성피부병자로 확진한다. 켈림 1, 5; 아르킨 9, 4; 네가임 1, 3; 8, 8; 8, 10; 나지르 8, 2.

환전상 성전에 내는 반 쉐켈을 위해 화폐를 교환해주는 사람 또는 그 일을 위해 설치한 탁자. 마아쎄르 쉐니 4, 3; 쉐칼림 1, 3; 키두쉰 3, 2; 바바 메찌아 2, 4; 3, 11; 4, 6; 9, 12; 쉬부옷 7, 6; 에두욧 3, 8; 메일라 6, 5; 켈림 12, 5.

회개(תשובה) 죄를 용서받기 위해 회개가 필수적이다. 요마 8, 8-9.

회계담당자(גזבר) 성전에서 행정과 회계를 담당하는 제사장. 빅쿠림 3, 3; 페아 1, 6; 2, 8; 4, 8; 쉐칼림 2, 1; 할라 3, 3-4; 메일라 3, 8; 메나홋 8, 2; 8, 7.

회당(כנסת, 시나고그 Synagogue) 브라홋 7, 3; 트루못 11, 10; 에루빈 10, 10; 페싸힘 4, 4; 요마 7, 1; 쑤카 3, 13; 로쉬 하샤나 3, 7; 메길롯 3, 1-3; 네다림 5, 5; 9, 2; 쏘타 7, 7-8; 마콧 3, 12; 쉬부옷 4, 10; 아봇 1, 1-2; 네가임 13, 12.

후산(שליא, 後産) 해산한 뒤에 태반과 양막이 나오는 일. 제바힘 3 ,5; 훌린 4, 7; 브코롯 3, 1; 8, 1; 트무라 7, 4; 크리톳 1, 3; 닛다 3, 4.

흠(מום) 새를 찢겨 죽은 것으로 만드는 흠: 훌린 3, 3. 가축을 찢겨 죽은 것으로 만드는 흠: 훌린 3, 1; 3, 5; 4, 6. 제사장 자격을 취소하는 흠: 브코롯 7, 1 이하.

희년(יובל) 유대법에 따라 50년마다 돌아오는 해방의 해. 로쉬 하샤나 1, 1; 3, 5; 키두쉰 1, 2; 브코롯 8, 10; 아라킨 7, 1; 7, 3-5; 9, 1; 9, 7.

히브리어(עברית) 기틴 9, 6; 9, 8; 야다임 4, 5. 거룩한 언어: 예바못 12, 6; 쏘타 7, 2-4; 8, 1; 9, 1.

히솝 풀/마조람(אזוב) 우슬초와 유사하지만 서아시아와 유럽 남부에만 자라며 향기가 나는 관목. 슈비잇 8, 1; 마아쎄롯 3, 9; 샤밧 14, 3; 페싸힘 9, 5; 네가임 14, 1; 14, 6; 파라 3, 10; 11, 6-9; 12, 1; 12, 3; 12, 5-6; 12, 11; 우크찜 2, 2.

도판 출처

미쉬나 길라잡이
탈무드의 뿌리인 최초의 유대법전을 읽는다

지은이 최중화
펴낸이 김언호

펴낸곳 (주)도서출판 한길사
등록 1976년 12월 24일
주소 10881 경기도 파주시 광인사길 37
홈페이지 www.hangilsa.co.kr
전자우편 hangilsa@hangilsa.co.kr
전화 031-955-2000~3 **팩스** 031-955-2005

부사장 박관순 **총괄이사** 김서영 **관리이사** 곽명호
영업이사 이경호 **경영이사** 김관영 **편집주간** 백은숙
편집 박희진 노유연 이한민 박홍민 배소현 임진영
관리 이주환 문주상 이희문 원선아 이진아 **마케팅** 정아린 이영은
디자인 창포 031-955-2097
CTP출력·인쇄 예림 **제책** 경일제책사

제1판 제1쇄 2024년 7월 22일

값 30,000원

ISBN 978-89-356-7872-3 93230

이 책은 2017년부터 2020년까지 대한민국 교육부와 한국연구재단의
토대기초연구지원을 받아 수행된 연구다(2017S1A5B4053274).